普通高等教育"十一五"国家级规划教材

石油工程岩石力学基础

(第二版·富媒体)

陈勉 金衍 侯冰 主编

石油工业出版社

内容提要

本书是石油工程岩石力学的入门教材。全书以岩石的结构特点、力学性质、强度理论为基础，通过对油田地应力和井壁围岩应力状态的分析，系统地阐述了井壁稳定、水力压裂、油气井出砂、地球物理资料的应用等石油工程中的岩石力学问题。

本书可作为石油工程、油气储运工程、海洋油气工程、地球物理勘探等专业的本科生、研究生教材，也可供从事钻井、采油、油藏、测井等工作的工程技术人员参考。

图书在版编目（CIP）数据

石油工程岩石力学基础：富媒体 / 陈勉，金衍，侯冰主编.—2版.—北京：石油工业出版社，2022.5（2025.2重印）
普通高等教育"十一五"国家级规划教材
ISBN 978-7-5183-5273-9

Ⅰ.①石… Ⅱ.①陈…②金…③侯… Ⅲ.①石油工程-岩石力学-高等学校-教材 Ⅳ.①TE21

中国版本图书馆 CIP 数据核字（2022）第 043385 号

出版发行：石油工业出版社
（北京市朝阳区安华里2区1号楼　100011）
网　　址：www.petropub.com
编辑部：（010）64523733　图书营销中心：（010）64523633
经　　销：全国新华书店
排　　版：北京密东文创科技有限公司
印　　刷：北京中石油彩色印刷有限责任公司

2022年5月第2版　2025年2月第3次印刷
787毫米×1092毫米　开本：1/16　印张：10.75
字数：265千字
定价：27.00元
（如发现印装质量问题，我社图书营销中心负责调换）
版权所有，翻印必究

第二版前言

由陈勉、金衍、张广清编写的《石油工程岩石力学基础》已经出版超十年了。在这十余年里，我们对石油工程岩石力学的认识已经发生很大的变化，这一方面是由于非常规油气的蓬勃发展，学术界对石油工程岩石力学的研究日益深入；另一方面，在高等学校的课程体系中，许多大学已经将相关专业本科生的"石油工程岩石力学基础"课程从选修课变成必修课，同时将硕士研究生的"石油工程岩石力学"列为学位课。因此，有必要顺应石油工程岩石力学科学研究与教学的变化，修订此教材。

依据读者对第一版教材的大量反馈信息，我们对第二版做了如下更新：

(1) 精简了部分内容，期望将一些深入的内容移到硕士研究生课程中。

(2) 增加了"历史注释"部分和"探索与展望"部分，使读者能更全面地了解相关内容的发展。

(3) 增加了富媒体内容。

(4) 大幅度修改了思考题，补充了习题，并附有习题答案。

本版教材由陈勉、金衍、侯冰担任主编，具体编写分工为：第1章、第3章由陈勉编写，第2章由周舟编写，第4章由庞惠文和侯冰编写，第5章、第9章由林伯韬和郭旭洋编写，第6章、第8章由侯冰编写，第7章由卢运虎编写，第10章由金衍和夏阳编写，全书由陈勉负责统稿。富媒体部分由侯冰和周舟制作。全书的插图由庞惠文重新绘制。

研究生薄克浩、汪涛、张其星、邓英豪、鞠盈彤、郝亚龙、毛渝、王琪琪、方正、王士国、王溯、白冰、张鲲鹏、李佳欣、陈思源、韦世明、樊永东、孙正心、崔壮、常智、戴一凡、王振宇、张鑫、刘雨晴和朱海涛等同学参与资料整理和文字校对工作。

我国石油工程岩石力学的先驱、我的博士后导师黄荣樽教授在世时一直致力于石油工程岩石力学教育工作，这本教材的再次出版也是对黄荣樽教授的纪念。

感谢中国石油大学(北京)石油工程学院岩石力学实验室全体师生的支持和帮助。

由于编者水平有限,书中不足之处在所难免,恳请读者批评指正。

陈勉
2021 年 8 月

第一版前言

岩石包括组成岩石的固体骨架、孔隙、裂缝以及其中的流体，因此岩石力学往往会应用到弹性力学、塑性力学、流体力学、渗流力学等力学学科的诸多理论方法。岩石的性质几乎牵涉到所有力学分支，岩石力学的研究是各种力学理论的综合运用。不同岩石力学问题的研究，可能包括瞬时变形运动，也可能包含与地质演化时间相关的长期变形运动。

岩石力学是一门研究天然材料变形、破坏等力学性质的学科，它与以金属材料为主要研究对象的材料力学、弹性力学、结构力学不同，其研究对象很少是均质的，甚至也不是各向同性和连续的。岩石力学与以液体、气体为主要研究对象的流体力学、气体动力学也不同。岩石材料赋存于地下，其力学性质难于直接测试和观察，而若将其取至地面进行测试则岩石的力学性质往往发生了较大的变化，加之岩石中的流体存在于裂隙或孔隙之中，与岩石骨架相互作用，使岩石的受力情况更加复杂。

近年来，越来越多的大学在石油工程、地球物理勘探、测井等专业开设石油工程岩石力学课程，但是有关石油工程岩石力学的教材尚少。1992年起，笔者在中国石油大学(北京)为石油工程、地球物理勘探、测井、物理等专业的本科生、研究生讲授石油工程岩石力学课程，深感迫切需要一本适用于石油类专业学生的岩石力学教材。为此，1997年，笔者与金衍教授合作编写了《石油工程岩石力学》讲义，2006年以此讲义为基础，申报为普通高等教育"十一五"国家级规划教材。

科学技术是不断发展的，岩石力学也是不断发展的。近十余年来，石油工业界对岩石力学的认识有了许多变化，岩石力学理论已经更广泛地应用于石油工程之中。2008年，笔者与金衍、张广清两位教授合作在科学出版社出版了《石油工程岩石力学》。但是，那本书的篇幅和理论体系作为大学生教材并不适用。本书是在《石油工程岩石力学》讲义的基础上，吸收最新的教学研究成果完善而成的，主要是面向石油类专业本科生和研究生。它当然不是一本深入论述石油工程岩石力学理论和技术知识的专著，而是介绍石油工程岩石力学基础知识的入门教材。在内容的选取上，尽量注意少而精；在内容的讲解上，力图低起点，仅仅要求读者提前掌握水力学、材料力学等基础力学知识。

本书由陈勉、金衍、张广清共同编写完成，其中第 1 章、第 2 章、第 3 章由陈勉编写，第 4 章、第 5 章、第 6 章、第 7 章、第 9 章和第 10 章由金衍编写，第 8 章由张广清编写。

美国亚利桑那州立大学的陈康平教授从力学学术和人才培养的角度，与笔者进行了多次交流，使笔者受到许多有益的启发。笔者的博士研究生侯冰、陈军海和杨沛参与了本教材的资料收集和后期校对工作。还有不少老师、同事、研究生，对本书提出了许多宝贵意见，笔者在此一并表示感谢。

"石油工程岩石力学"目前尚无完整而系统的理论技术体系，笔者恳请专家学者提出宝贵意见，并参与完善这一理论技术体系，这将是一件非常有益、有趣的事情。

陈勉

2010 年 6 月于中国石油大学(北京)

目　　录

第1章　绪论 ·· 1
　1.1　概述 ·· 1
　1.2　岩石力学发展历史 ··· 2
　1.3　岩石力学的研究方法 ·· 3
　1.4　石油工程岩石力学研究对象及特点 ·· 4
　思考题 ·· 5

第2章　岩石的物理力学性质及其测定 ··· 6
　2.1　概述 ·· 6
　2.2　岩石的物理性质 ··· 8
　2.3　岩石的力学性质 ··· 10
　2.4　岩石力学性质测定 ·· 12
　探索与展望 ··· 21
　历史注释 ·· 21
　思考题 ·· 22
　习题 ··· 22

第3章　岩石的应力与应变 ··· 24
　3.1　基本假设与应力张量 ·· 24
　3.2　平衡方程 ·· 28
　3.3　柯西公式与坐标变换 ·· 30
　3.4　应变张量 ·· 34
　3.5　线性弹性本构方程 ·· 36
　探索与展望 ··· 38
　历史注释 ·· 40
　思考题 ·· 42
　习题 ··· 43

第4章　岩石的破坏 ·· 44
　4.1　岩石破坏机理 ·· 45
　4.2　岩石破坏准则 ·· 47
　探索与展望 ··· 53
　历史注释 ·· 54
　思考题 ·· 55
　习题 ··· 55

1

第 5 章 岩石中的流体压力和流动 ········· 56
5.1　岩石的渗流特征 ········· 57
5.2　岩石的渗流模型 ········· 61
5.3　岩石的有效应力 ········· 63
5.4　一维固结问题 ········· 67
探索与展望 ········· 69
历史注释 ········· 69
思考题 ········· 70
习题 ········· 70

第 6 章 油田地应力与井壁围岩应力状态 ········· 71
6.1　地层孔隙压力 ········· 71
6.2　油田地应力理论模型 ········· 72
6.3　直井井壁围岩应力 ········· 75
6.4　大斜度井、水平井井壁围岩应力 ········· 77
6.5　油田地应力的现场测试方法 ········· 80
6.6　油田地应力的室内测试方法 ········· 85
6.7　地应力场评价模型 ········· 92
探索与展望 ········· 93
历史注释 ········· 94
思考题 ········· 95
习题 ········· 96

第 7 章 井壁坍塌与破裂 ········· 97
7.1　井壁坍塌的原因 ········· 97
7.2　垂直井壁的坍塌与破裂压力 ········· 98
7.3　斜井井壁的坍塌与破裂压力 ········· 103
探索与展望 ········· 107
历史注释 ········· 107
思考题 ········· 109
习题 ········· 109

第 8 章 水力压裂 ········· 110
8.1　水力压裂概述 ········· 110
8.2　水力裂缝破裂与延伸机理 ········· 114
8.3　裂缝形态及其影响因素 ········· 116
8.4　水力压裂的裂缝模型 ········· 119
8.5　小型压裂 ········· 125
8.6　水力压裂物理模拟实验装置 ········· 128
探索与展望 ········· 129
历史注释 ········· 129
思考题 ········· 130
习题 ········· 130

第9章 油气井出砂 ... 131
9.1 油气井出砂概述 ... 131
9.2 砂拱数学模型 ... 134
9.3 出砂工程预测方法 ... 137
9.4 防砂方法及其选择 ... 139
探索与展望 ... 141
历史注释 ... 141
思考题 ... 142
习题 ... 142

第10章 地球物理中的岩石力学 ... 143
10.1 弹性介质中的纵波与横波 ... 143
10.2 岩石弹性与强度参数的声学响应 ... 146
10.3 三个压力的测井解释 ... 148
探索与展望 ... 151
历史注释 ... 152
思考题 ... 152
习题 ... 152

参考文献 ... 153
习题答案 ... 156

富媒体资源目录

序号	对应章节	名称	页码
1	1.1	彩图 1.1.1 岩浆岩、沉积岩和变质岩	2
2	1.2	彩图 1.2.1 2021 年度石油工程岩石力学论坛合照	3
3	2.4	视频 2.4.1 CDEM 在单轴压缩实验里的应用（中国科学院力学所冯春提供）	17
4	2.4	视频 2.4.2 单轴（拟三轴）实验讲解	18
5	4	彩图 4.0.1 某砂岩样品三轴实验前后岩心对比	44
6	5	彩图 5.0.1 油砂三维孔隙和骨架结构	56
7	5	彩图 5.0.2 页岩数字岩心裂缝识别	56
8	6.5	彩图 6.5.3 美国 Drilling Formulas 公司通过 Down Hole Video Camera 拍摄的井壁崩落椭圆	83
9	6.6	视频 6.6.1 声发射凯塞尔效应法讲解	87
10	6.6	彩图 6.6.5 全直径岩心古地磁轴向标识	90
11	7	彩图 7.0.1 滤液漏失后岩石坍塌破坏本质	97
12	7.1	视频 7.1.1 水基 30°岩心物理模拟实验	98
13	7.1	视频 7.1.2 水基水平井岩心物理模拟实验	98
14	8.1	彩图 8.1.2 水力压裂法裂缝扩展示意图	110
15	8.4	视频 8.4.1 水力裂缝动态扩展（由 Lawrence Livermore National Laboratory，Livermore 付鹏程提供）	125
16	8.4	视频 8.4.2 水力裂缝动态扩展[由中国石油大学（北京）侯冰、刘伟共同提供]	125
17	8.6	视频 8.6.1 真三轴水力压裂物理模拟实验讲解	128
18	9.1	彩图 9.1.1 油气井出砂示意图	131
19	10.1	彩图 10.1.1 某井岩心样品照片及纵横波曲线	143

第1章 绪 论

1.1 概 述

21世纪以来,岩石力学在石油工业中得到空前重视,同时在石油工业领域的应用也成为岩石力学的研究热点。在全球极富影响力的学术组织美国岩石力学学会(ARMA)的全部技术机构中,包含了水力压裂、次生地震、钻井力学与工程、地下储存与利用一共四个委员会,大多数与石油工程相关,由此可以看出石油工程在岩石力学中的地位。

在一般意义上,岩石力学是力学的一个分支。在《中国大百科全书·力学》中对岩石力学的定义为:"岩石力学是运用力学和物理学的原理研究岩石的力学和物理性质的一门科学,目的在于充分掌握和利用岩石的固有性质,解决和解释生产建设中的实际问题。"1966年,美国科学院岩石力学委员会曾给岩石力学下过定义:"岩石力学是研究岩石力学性能的理论和应用的科学,是探讨岩石对其周围物理环境中力场的反应的力学分支。"比较而言,第二个定义更加强调岩石材料全部赋存于地质环境中,这些材料的自然特征取决于其形成的方式和周围的地质作用。

地球的表层称为地壳,其上部最基本的物质是岩石,人类的一切活动和生产实践都局限在地壳的表层范围内,因而岩石和岩石派生出来的地壳构成了人类生存的物质基础及生活、生产实践活动的环境。

岩石是由矿物或岩屑在地质作用下按一定规律聚集而形成的自然物体。岩石有其自身的矿物成分、结构和构造。岩石的结构是指组成岩石最主要的物质成分,颗粒大小、形状及相互组合的情况。例如,沉积岩内存在碎屑结构、泥质结构和生物结构等结构特性。岩石的构造是指其组成成分的空间分布及其相互间的排列关系,例如沉积岩的层理构造和变质岩中的片理构造等。岩石中的矿物成分和性质、结构、构造等的存在和变化,都会对岩石的物理力学性质产生影响。岩石按其成因可分为三大类——岩浆岩、沉积岩和变质岩(图1.1.1、彩图1.1.1)。

带气泡孔的岩浆岩

雅丹地区沉积岩局部特写

沉积岩中的红色大理石

图1.1.1 岩浆岩、沉积岩和变质岩

彩图1.1.1 岩浆岩、沉积岩和变质岩

(1)岩浆岩是岩浆冷凝而形成的岩石。由于组成岩浆岩的各种矿物的化学成分和物理性质较为稳定,它们之间的联结是牢固的,因此岩浆岩具有较高的力学强度和较强的均质性。

(2)沉积岩是由母岩(岩浆岩、变质岩和早已形成的沉积岩)在地表经风化剥蚀而产生的物质,通过搬运、沉积和固结成岩作用而形成的岩石。组成沉积岩的主要物质成分为颗粒和胶结物。颗粒包括各种不同形状及大小的岩屑及某些矿物。胶结物常见的成分有钙质、硅质、铁质及泥质等。沉积岩的物理力学性质不仅与矿物和岩屑的成分有关,而且与胶结物的性质有很大的关系,钙质胶结的沉积岩胶结强度大,而泥质胶结的沉积岩和一些黏土岩强度就较小。另外,受沉积环境的影响,沉积岩具有层理构造,这就使得沉积岩沿不同的方向表现出不同的力学性质,通常具有层状各向异性或正交各向异性特性。

(3)变质岩是指地壳中原有岩石受构造运动、岩浆活动或地壳内热流变化等内应力影响,其矿物成分、结构构造发生不同程度变化而形成的岩石。它在矿物成分、结构构造上具有变质过程中所产生的特性,也常常残留有原岩的某些特点。因此,它的物理力学性质不仅与原岩的性质有关,而且与变质作用的性质及变质程度有关。

岩石是岩块、岩体的统称。岩块是不包含岩石宏观结构特征的最小岩石单元。通常岩块的物理力学性质可以在实验室里用一定标准的实验进行测定。实验所用的岩石是不含显著弱面的岩石块体,所以通常都把它作为连续介质及均质体来看待。除了岩块为主要组成部分外,地层岩体还包含有各种节理、裂隙、孔隙、孔洞等。这些地层岩体经历了漫长的地质历史过程,经受过各种地质作用。在地应力的长期作用下,在地层岩体内保留了各种各样的永久变形和地质构造形迹,使地层岩体内部存在着各种各样的地质界面,例如不整合、褶皱、断层、层理、片理、劈理和节理等。由此可见,这种由岩块和各种各样的结构面共同组成的综合体称为岩体。在确定岩体的强度和稳定性能时,仅从局部岩块的力学性质判断往往是不准确的,需要研究岩块与结构面的综合力学性质。许多工程实践表明,在某些岩石强度很高的工程中,发生大规模的变形和破坏的原因,不是岩石强度不够,而是岩体的整体强度不够,岩体中结构面的存在将大大地削弱岩体的整体强度,导致其稳定性降低。

1.2 岩石力学发展历史

岩石力学的发展是与人类活动紧密联系的。但是,作为一门学科,岩石力学是近七十年才发展起来的。

1951年,在奥地利成立了国际上第一个地区性的地质力学学会——奥地利地质力学学会。自1957年法国塔罗勃(J. Talobre)的《岩石力学》专著出版以来,有关岩石力学的著作如雨后春笋,不断涌现。1962年,由奥地利地质力学学会发起,建立了国际岩石力学学会(International Society for Rock Mechanics,简称ISRM)。1965年,由美国地球物理联合会(American Geophysical Union,简称AGU)、美国矿业冶金勘探学会(Society for Mining, Metallurgy & Exploration,简称SME)、美国土木工程师学会(The American Society of Civil Engineers,简称ASCE)、美国材料与试验协会(American Society for Testing and Materials,简称

ASTM)、美国地质学会(Geological Society of America,简称 GSA)、美国矿业工程师学会(American Institute of Mining Engineers,简称 AIME)等单位联合组成岩石力学学会委员会(Intersociety Committee for Rock Mechanics,简称 ICRM),后改称联邦岩石力学委员会(U.S. National Committee for Rock Mechanics,简称 USNC/RM),把岩石力学在各个领域中取得的成果进行交流推广。随后,又成立了美国岩石力学协会(American Rock Mechanics Association,简称 ARMA),进一步推动了岩石力学的发展,并从 1965 年起每年举行一次全美岩石力学学术大会,至今没有间断过。1966 年,国际岩石力学学会在里斯本召开了第一届国际岩石力学学术大会。在这个时期,岩石力学作为一个独立的学科开始进入新的阶段。国际岩石力学学会出版了《岩石力学》(季刊)和《国际岩石力学及矿业科学学报》,并附有岩土力学文摘(International Journal of Rock Mechanics and Mining Sciences Geomechanics Abstract)。

在我国,从 20 世纪 50 年代开始,随着国民经济建设的发展,陆续建立了一些岩石力学的研究机构,如中国科学院岩土力学研究所等。从 1979 年起,中国以团体会员国名义参加了国际岩石力学学会,并成立了国际岩石力学学会中国小组,1985 年,成立了中国岩石力学与工程学会。通过我国岩石力学界的不断努力探索,我国在世界岩石力学界的地位逐步提高。1997 年,在黄荣樽教授的倡议下,中国岩石力学与工程学会成立了以石油工程为主要研究对象的深层岩石力学专业委员会,黄荣樽教授任首届主任委员。2001—2018 年,由陈勉教授任主任委员。2018 年至今,由金衍教授任主任委员,并更名为深层岩石力学与油气工程专业委员会。每年一度的石油工程岩石力学论坛涉及石油科技和教育,是我国岩石力学和石油工程学术界最重要的学术交流活动之一。2021 年度石油工程岩石力学论坛的合照如图 1.2.1(彩图 1.2.1)所示。

彩图1.2.1 2021年度石油工程岩石力学论坛合照

图 1.2.1　2021 年度石油工程岩石力学论坛合照

1.3　岩石力学的研究方法

岩石力学是一门边缘交叉学科,它与工程实践密切结合而发展。岩石具有特殊的固体介质力学特性,这个特殊的力学性质与它所处的环境有关,如天然岩石所处应力状态一般称为岩石的初始应力状态。在岩石受到工程活动扰动后,岩体的应力出现了变化,这时岩石所处的应力状态称为次生应力状态。此时将岩石力学和工程地质相结合进行研究是十分重要和必要的。对于节理岩体,特别需要了解岩体结构面的分布、网络特性、岩体结构类型,才能进行岩体的数值模拟和分析。

为了准确了解岩石的力学特征和赋存环境,需要进行大量的工程实验和理论研究。岩石工程实践包括勘探、现场原位测试、工程结构监测、岩体构造定位、地应力测试、岩石力学参数测试、工程开挖、爆破、地下流体压力实验、岩体网络测定、声波测试等,这些工程实践可为了解岩石的基本特征提供基础性的参数。

研究岩石的力学性质,除了宏观工程实验方法,还可以开展细观实验和微观分析方法,例如电镜扫描、层析技术等。

一般而言,岩石力学的研究方法可分为如下四大类:

(1)地质研究方法:对岩体进行地质方面的研究始终是岩石力学研究的基础,在整个岩石工程过程中,地质性质的研究应当列在第一位。①岩石岩相、盐层特征的研究,如软弱岩体的成分、可溶盐类、含水蚀变矿物、不抗风化岩体成分及原生结构。②岩体结构的地质特性研究,如断续结构面的几何特征、岩体力学特征、软弱面的充填物及地质特性。③赋存地质环境研究,如地应力的成因、地下水分布与化学特征及地质构造对环境的影响。

(2)物理力学研究方法:①岩体结构的探测,应用地球物理化学方法和技术来探查各种结构面的力学特征和化学特征。②地质环境的物理性质分析与测量,如地应力的形成机制及分布、地质环境中热力与水力存在的性状、水化学的分布特征,应用大规模地质构造层析技术、地质雷达探测技术确定岩体构造。③岩体物理力学性质的测定,如岩块力学特性的室内实验、原位岩体的力学性质测试、钻孔测试、工程变形监测、位移反分析等。主要运用的手段是基于震动的动态测试,如超声波测试、地震波测试、电磁波测试、计算机层析方法(CT)测试。这些测试利用岩体的波动特性,来研究岩体的力学特性。

(3)数学力学分析方法:岩石力学的研究,除了以上地质方法、物理力学方法的研究外,还要进行数学力学方法研究,从而构成岩石力学的理论基础。①岩石本构关系的研究,即对岩石进行宏观到细观甚至微观的力学特性研究。②数值分析方法,由于计算机计算性能的提高,岩石力学的数值分析方法得到了长足的发展,已由线性发展到非线性,由岩体连续力学发展到非连续力学,在差分法(Difference Methods,简称 DM)、有限元法(Finite Element Method,简称 FEM)之后又出现了离散元法(Discrete Element Method,简称 DEM)和不连续变形分析法(Discontinuous Deformation Analysis,简称 DDA)、数值流形法(Numerical Manifold Method,简称 NMM)、无单元法(Element Free Method,简称 EFM)和快速拉格朗日法(Fast Lagrangian Analysis of Continuum,简称 FLAC)等。③多元统计和随机分析,这两种方法可以深入地研究因岩体介质的随机分布特性而造成传统方法难以解决的问题。④物理和数值模拟仿真分析。

(4)整体综合分析法:就整个工程进行多种分析的方法,并以系统工程为基础的综合分析。

1.4 石油工程岩石力学研究对象及特点

在与石油工程有关的岩石力学研究中,所涉及的地层深度大多在 1000~10000m 范围内,研究对象以沉积岩层为主体，岩石处于较高的围压、温度和孔隙压力作用下，其性质已完全不同于浅部地层，它可能经过脆—塑性转变成塑性，也可能由于高孔隙压力的作用呈现脆性破坏。这与水电站的坝基设计、高边坡稳定、隧道和巷道的开挖及支护、建筑的桩基工程、地下洞室及城市地铁建造等不超过1000m深度的地表或浅层问题不同，也不同于以火成岩和变质岩为研究主体、深度超过万米的下地壳与上地幔岩石物理力学问题。

(1) 石油工程岩石力学所涉及的围压可达200MPa。事实上，地层的围压来源于非均匀的原地应力场，若垂向应力源于地层自重，那么应力梯度平均为0.023MPa/m，多数地区最大水平应力往往大于垂向应力，且两个水平地应力梯度的比值常达到1.4~1.5以上。在山前构造带地区，不但地应力梯度高，最大和最小水平地应力的比值也很大。因此，在研究地应力分布规律(包括数值大小及主方向)时，主要依靠水力压裂、岩石声波发射实验、岩石剩磁分析、差应变分析、地震和构造资料反演、测井资料解释等间接方法。

(2) 石油工程岩石力学所涉及的温度可达250℃。一般的地温梯度是3℃/100m，高的可超过4℃/100m，具体的地温梯度往往需要实际测定。当温度超过150℃后，温度对岩石性质的影响将变得十分明显。

(3) 石油工程岩石力学所涉及的沉积岩层的孔隙和裂隙中的高压流体(包括各种液体和气体)的孔隙压力可达200MPa。常规的静水孔隙压力梯度为0.00981MPa/m，而异常高压可超过0.02MPa/m。

思考题

1. 与主要研究金属材料的材料力学、弹性力学相比，岩石力学在研究方法和研究对象上有哪些不同点？

2. 石油工程岩石力学与水利水电、地下工程等的岩石力学相比，有哪些不同？

3. 请查阅相关文献，叙述"岩石力学""地质力学""岩土力学""Rock Mechanics""Geomechanics"各个概念的异同之处。

第2章 岩石的物理力学性质及其测定

2.1 概　　述

岩石是岩块、岩体的统称。岩块是不包含岩石宏观结构特征的最小岩石单元,岩体是包括宏观结构特征的岩石。本节从岩石的细观特征与宏观特征两方面介绍岩石。

2.1.1 岩石的结构

岩石是由矿物或岩屑在地质作用下按一定的规律聚集而形成的自然体。一般而言,大部分新鲜岩石质地较坚硬致密,孔隙小而少,抗水性强,透水性弱,力学强度高。

所谓岩石的结构,是指组成岩石矿物颗粒之间的相互关系。石油工程领域主要研究矿物间的联结特点。岩石中结构联结类型有两种:

(1)结晶联结:矿物颗粒通过共用原子或离子的方式使不同颗粒相互嵌合在一起,如岩浆岩、大部分变质岩及部分沉积岩。这种联结使晶体颗粒之间紧密接触,故形成的岩石强度较大,但随结构不同有一定差异。

(2)胶结联结:矿物颗粒通过胶结物联结在一起。胶结物常见的成分有钙质、硅质、铁质及泥质等,如沉积岩、部分黏土岩等。对于这种联结的岩石,其强度主要取决于胶结物及胶结类型。从胶结物来看,硅质、铁质胶结的岩石强度最高,钙质次之,泥质胶结强度最低。针对油气储层岩石,胶结后的岩石存在孔隙,是油气储集区域。从胶结类型看,根据胶结物与颗粒之间及颗粒之间的关系,有三种基本类型:

①基质胶结:颗粒间彼此不接触,完全被胶结物包围,岩石强度取决于胶结物性质;

②接触胶结:只有连接处才有胶结物胶结,一般胶结不牢固,岩石强度较低,透水性较好;

③孔隙胶结:胶结物完全或部分地填充于颗粒间孔隙中,胶结一般比较牢固,岩石强度和透水性主要由胶结物性质和填充程度决定。

2.1.2 岩石的主要物质成分

岩石是构成岩体的基本单元,而岩石也有其自身的矿物成分、结构与构造。其中,构成岩石的矿物称为造岩矿物。造岩矿物可分为五大类:含氧盐、氧化物和氢氧化物、卤化物、硫化物及自然元素,其中含氧盐中的硅酸盐、碳酸盐及氧化物类矿物最常见,构成99.9%的岩石,如常见的石英(SiO_2)、正长石($KAlSi_3O_8$)、方解石($CaCO_3$)等。

目前已发现的矿物有3000多种,石油工程中主要遇到的造岩矿物有正长石、斜长石、石英、黑云母、白云母、角闪石、辉石、橄榄石、方解石、白云石、高岭石、赤铁矿等。它们的含量因岩石的不同成因而异。

油气储层岩石中某些易溶物、黏土矿物等特殊物质的存在，常使岩石物理力学性质复杂化。一些易溶矿物，如石膏、芒硝、岩盐、钾盐等在水的作用下易被溶蚀，从而使岩石的孔隙度加大、结构变松、强度降低。一些含芒硝的岩石，由于芒硝的物态变化，如液态变固态、不含结晶水变含结晶水，能引起体积的变化。

另外，黏土岩石中的蒙脱石遇水膨胀后强度会降低，凝灰岩中一些不稳定的物质极易分解成膨润土，遇水也易膨胀和软化。

2.1.3 岩体的特征

石油工程领域普遍关注的岩体特征主要包括经过各种地质作用后产生的裂缝、层理、断层、溶洞等。

(1) 裂缝指在构造应力作用下破裂而产生的裂隙。有些领域也将裂缝认为是一种节理，在石油工程领域普遍称为裂缝。石油工程研究的裂缝分为三种：原生裂缝(地质构造产生)、次生裂缝(地质变迁产生)、人工诱导裂缝(石油工程领域压裂产生人造缝)。裂缝中会填充黏土矿物等物质，对石油开采产生影响。

(2) 层理是岩石沿垂直方向变化所产生的层状构造。油气储层中常见的沉积岩中的层理通常是沉积过程中沉积环境或沉积作用变化的标志。在所形成的层理面上下的物质成分、结构和性质存在不同程度的差异。

(3) 断层一般指岩体受地壳运动作用形成的位移显著的构造结构面，也称为破碎带。其内部包含了大量的裂缝、层理，破碎更加密集并且规模更大。通常根据其受到的构造应力大小及方向的不同，将断层分为正断层(张性断层)、逆断层(压性断层)及滑移断层(剪切断层)。可以根据断层类型预测储层内岩石的力学性质。

(4) 石油工程领域研究的溶洞主要存在于碳酸盐岩及岩盐储层中，其成因是地下水沿碳酸盐岩等岩体的层理、节理或裂隙进行溶蚀扩大而成的空洞，并伴有水力、机械等其他的侵蚀作用及生物作用。国内含溶洞的碳酸盐岩油气储层主要位于塔里木盆地，其溶洞主要分为厅堂洞、干流洞、支流洞、末梢洞等。厅堂洞的洞径与洞高之比为 13∶1，干流洞、支流洞和末梢洞的洞径与洞高之比都约为 10∶1。这些溶洞具有良好的储集物性，是油气储存的重要场所。

2.1.4 岩体的宏观性质

在石油工程岩石力学领域，通常对岩体的宏观性质做出基本的假设，包括岩石的均质/非均质性、各向异性及连续/非连续性。

(1) 岩体的均质性/非均质性。岩体中的所有物质成分、性质、结构及其组合状况都一致时称其具有均质性，不一致时称其具有非均质性。一般岩体体积巨大，内部组成多种多样，因此普遍是非均质性的。只有在少数情况下，如实验室中使用的小尺寸岩心，在某些局部范围内，岩石的物理力学性质基本一致，可看作其是均质性的。

(2) 岩体的各向异性。各向异性是指物体的全部或部分物理力学特性随方向不同而表现出一定差异的性质。岩体的许多物理力学性质，如弹性模量、抗压(拉)强度、声波传播速度等,就随加载或测试方向不同而有显著差别。

(3)岩体的连续性/非连续性。岩体具有接连不断的性质称其具有连续性。但是岩体一般包含有裂缝、层理、断层、溶洞等,这些地质特征具有不同的性质,导致岩体性质的中断,即不连续了,这一特征称为岩体的非连续性。

2.2 岩石的物理性质

岩石的物理性质是指由岩石固有的物质组成和结构特征所决定的密度、孔隙度、渗透率、流体饱和度、膨胀性、软化性及热学性质等基本属性。

2.2.1 岩石的密度

岩石单位体积(包括岩石内孔隙体积)的质量称为岩石的密度。岩石密度的表达式为:

$$\rho = \frac{m}{V} \tag{2.2.1}$$

式中,ρ 为岩石的密度,g/cm^3;m 为被测岩样的质量,g;V 为被测岩样的体积,cm^3。

深部储层岩体受到更高的应力作用,导致沉积岩压实程度更高,相同体积下岩石,相较于浅层同种类沉积岩石的密度更高、更致密。

2.2.2 岩石的孔隙度

岩石是由孔隙和固体骨架共同组成的宏观物质。一般将孔隙度 ϕ 定义为单位岩石总体积 V 中的孔隙体积,即:

$$\phi = V_\phi / V = \frac{V_\phi}{V_\phi + V_s} \tag{2.2.2}$$

式中,V_ϕ 为孔隙体积,m^3;V_s 为岩石骨架体积,m^3。

孔隙度是衡量岩石质量的重要物理性质指标之一。岩石的孔隙度反映了孔隙裂隙在岩石中所占的百分比,孔隙度越大,岩石中的孔隙裂隙就越多,相应岩石结构会有所不同,同时孔隙中充填的流体也会影响岩石的受力,对岩石的强度等力学性质有一定影响。表2.2.1列出了几种常见岩石的孔隙度。

表 2.2.1 常见岩石的孔隙度

岩石名称	孔隙度,%	岩石名称	孔隙度,%	岩石名称	孔隙度,%
花岗岩	0.5~4.0	砾岩	0.8~10.0	石英片岩及角闪岩	0.7~3.0
闪长岩	0.18~5.0	砂岩	1.6~28.0	云母片岩及绿泥石片岩	0.8~2.1
辉长岩	0.29~4.0	泥岩	3.0~7.0	千枚岩	0.4~3.6
辉绿岩	0.29~5.0	页岩	0.4~10.0	板岩	0.1~0.45
玢岩	2.1~5.0	石灰岩	0.5~27.0	大理岩	0.1~6.0
安山岩	1.1~4.5	泥灰岩	1.0~10.0	石英岩	0.1~8.7
玄武岩	0.5~7.2	白云岩	0.3~25.0	蛇纹岩	0.1~2.5

续表

岩石名称	孔隙度,%	岩石名称	孔隙度,%	岩石名称	孔隙度,%
火山集块岩	2.2~7.0	片麻岩	0.7~2.2	凝灰岩	1.5~7.5
火山角砾岩	4.4~11.2	花岗片麻岩	0.3~2.4		

2.2.3 岩石的渗透率

岩石中存在的各种裂隙、孔隙为流体和气体的流动提供了通道。在压力作用下,岩石允许流体通过的性质称为岩石的渗透性。岩石的渗透性对很多岩石工程有非常重要的影响。例如,在油气开发中,岩石的低渗透性将会导致油气采出率的低下,甚至无法正常生产。

绝大多数岩石的渗透性可用达西定律(Darcy's law)来描述:

$$Q = \frac{K}{\mu} \frac{\mathrm{d}p}{\mathrm{d}x} A \tag{2.2.3}$$

式中,Q 为单位时间从压降方向通过流体的量,m^3/s;p 为流体的压力,Pa 或 MPa;μ 是流体的黏度,Pa·s,对于20℃的水,$\mu=1.005$Pa·s;A 为垂直于 x 方向的横截面积,m^2;K 为用面积表示的渗透系数(物理单位为 m^2),其值只取决于岩石的渗透性(率),与流体性质无关。通常将达西 D 定义为渗透率的一个基本单位,$1D=9.87×10^{-9}cm^2$。

岩石的渗透率取决于岩石孔隙喉道的大小及其形态。一般的砂岩,因其喉道大而具有较高的渗透率。然而,颗粒极细的粉砂岩,其渗透率就很低。粒间孔隙状石灰岩的渗透率一般较高,而晶间孔灰岩的渗透率就很小。

岩石中流体的渗流会产生各种应力(如摩擦力等),对于岩石的力学状态会造成不同程度的影响。

2.2.4 岩石的流体饱和度

当储层岩石孔隙中同时存在多种流体(原油、天然气或地层水)时,某种流体所占的体积分数称为该种流体的饱和度。在物理上,饱和度描述给定流体在孔隙中所占据空间的大小,它表征了岩石的孔隙被给定流体所占据的程度。

流体饱和度定义为储层岩石孔隙中某一流体的体积与孔隙体积的比值,常用百分数或小数表示,用公式表示为:

$$S_1 = \frac{V_1}{V_\phi} \tag{2.2.4}$$

式中,V_1 为流体在孔隙中所占据的体积,m^3;S_1 为该流体的饱和度。

饱和度越高表明孔隙中流体越多,因此孔隙内部流体在外界因素影响下产生的物理化学变化,更容易对岩石孔隙产生影响,从而更大程度影响到岩石整体性质。

2.2.5 岩石的膨胀性

岩石的膨胀性指岩石浸水后体积增大的性质。某些黏土矿物(如蒙脱石、水云母及高岭石)的岩石经过水化作用后体积膨胀,使得岩石产生膨胀。岩石膨胀会造成强度降低、柔度增加并导致应力的不均匀,影响岩石的力学状态。

2.2.6 岩石的软化性

岩石的软化性指岩石与水作用时强度降低的性质。大部分未经风化的结晶岩在水中不易软化,而许多沉积岩石(如黏土岩、泥质砂岩、泥灰岩等)在水中极易软化。

软化系数(K_R)为岩石试件的饱和抗压强度(σ_{cw})与干抗压强度(σ_c)的比值:

$$K_R = \frac{\sigma_{cw}}{\sigma_c} \qquad (2.2.5)$$

岩石中含有较多的易溶物、黏土矿物时,岩石的软化性较强,软化系数较小。岩石软化性强会对钻井过程中的井壁稳定造成影响。

2.2.7 岩石的热学性质

岩石常用的热学性质指标有导热系数和热膨胀系数等。岩石传导热的能力,称为热传导性,常用导热系数 κ 表示。根据热力学第二定律,物体内的热量通过热传导作用不断地从高温点向低温点流动,使物体内部温度逐渐均一化。

岩石在温度升高时体积膨胀、温度降低时体积收缩的性质,称为岩石的热膨胀性,用线膨胀(收缩)系数或体膨胀(收缩)系数表示。在温度变化的条件下,由于热胀冷缩使得岩石结构发生改变,会影响岩石的受力状态。

2.3 岩石的力学性质

岩石的力学性质主要包括弹性、塑性、黏性、脆性、延性、蠕变特性及强度等。

2.3.1 弹性

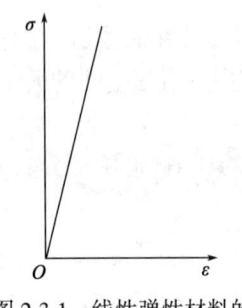

图 2.3.1 线性弹性材料的应力—应变关系

弹性是指在一定的应力范围内,物体受外力作用产生变形,而去除外力(卸荷)后能够立即恢复其原有的形状和尺寸的性质。产生的变形称为弹性变形,一般把具有弹性性质的物质称为弹性介质。弹性按其应力—应变关系又可分为两种类型:应力 σ 与应变 ε 呈直线关系的线性弹性(或胡克弹性、理想弹性)(图 2.3.1),以及应力 σ 与应变 ε 呈非直线关系的非线性弹性。

2.3.2 塑性

塑性是指物体受力后,在应力超过屈服应力时仍能继续变形而不立即断裂,撤去外力(卸荷)后变形又不能完全恢复的性质。不能恢复的那部分变形称为塑性变形,或称永久变形、残余变形。在外力作用下只发生塑性变形,或在一定的应力范围内只发生塑性变形的物体,称为塑性介质。

理想塑性材料的应力—应变关系如图 2.3.2 所示,当应力低于屈服应力时,材料性质为弹性;当应力达到屈服应力之后,变形不断增长而应力不变,应力—应变曲线呈水平直线。

在屈服点之后,应力—应变曲线呈上升曲线,说明晶粒滑到新位置之后,晶粒镶嵌、挤紧和增大,如使之继续滑动,要相应增大应力。这种现象称为应变硬化(图 2.3.3)。

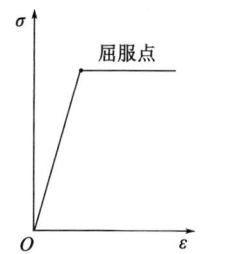

图 2.3.2　理想塑性材料的应力—应变关系

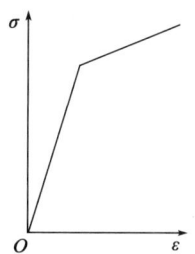

图 2.3.3　应变硬化材料的应力—应变关系

2.3.3　黏性

黏性是指物体受力后变形不能在瞬时完成,且应变速率随应力的大小而改变的性质。理想的黏性材料(如牛顿流体),其应力—应变速率关系为过坐标原点的直线(图 2.3.4)。应变速率随应力变化的变形称为流动变形。

2.3.4　脆性与延性

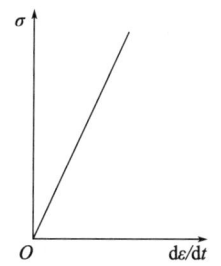

图 2.3.4　黏性材料的应力—应变速率关系

根据岩石的变形与破坏关系,还可以将岩石性质分为脆性与延性。脆性是指物体受力后,变形很小时就发生破裂的性质。延性是指物体能承受较大变形而不丧失其承载力的性质。

材料的延性与脆性是根据其受力破坏前的总应变及全应力—应变曲线上负坡的坡降大小来划分的。破坏前总应变小,负坡较陡者为脆性,反之为延性。工程上一般以 5% 为标准进行划分,总应变大于 5% 者为延性材料,反之为脆性材料。赫德(Heard)以 3% 和 5% 为界限,将岩石划分三类:总应变小于 3% 者为脆性岩石;总应变在 3%～5% 者为半脆性岩石;总应变大于 5% 者为延性岩石。按以上标准,大部分地表岩石在低围压条件下都是脆性或半脆性的。当然岩石的延性与脆性是相对的,在一定的条件下可以相互转化,如在高温高压条件下,常温常压下的脆性岩石可表现出很高的延性。

2.3.5　蠕变特性

蠕变特性指岩石在长时间应力作用下,变形不断增长的特性。区别于弹性、塑性等在特定应力下应变一定的特征,蠕变是只要存在应力,其应变会一直变化。

岩石的蠕变行为除了和岩石性质有关外,还和温度、差应力等因素有关。岩石的蠕变特性通常用固定应力下岩石的应变—时间曲线来描述。当将一固定应力施加于岩石上时,岩石立即发生变形,然后随着时间的增加,应变也逐渐增加。岩石蠕变的应变与时间 t 的关系如图 2.3.5 所示。

根据应力状态的变化可将蠕变过程划分为四个阶段。

(1)瞬时变形:常应力刚刚作用于岩石试件上就出现弹性应变 ε_e。

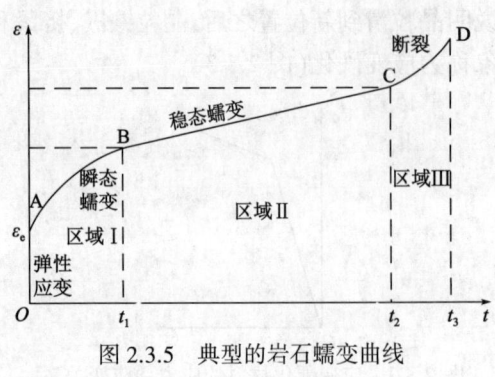

图 2.3.5 典型的岩石蠕变曲线

(2)瞬态蠕变:也称为阻尼蠕变,又称第一蠕变阶段,对应区域Ⅰ。在到达 t_1 之前的时间里,岩石的应变尽管不断增加,但应变增长的速度却在不断地减小。这种变形通常称为瞬态蠕变,瞬态蠕变应变不是永久变形,在 t_1 时刻如果去掉外加应力,弹性应变立即恢复,而蠕变应变则随时间慢慢地恢复,其恢复的速率越来越慢。从理论上讲,只要时间足够长,瞬态蠕变的应变是可以恢复的。

(3)稳态蠕变:也称为等速蠕变,又称第二蠕变阶段,对应区域Ⅱ。如果加载时间足够长,$t>t_1$,这时岩石中的应变以稳定速度增长,应变和时间的关系在图上表现为一条直线。在 t_1~t_2 之间,蠕变速率为常数。稳态蠕变阶段岩石的变形是不可恢复的,是一种永久变形。这就是说,如果岩石发生了稳态蠕变,当去掉外加应力后,岩石应变将不会复原。

(4)加速蠕变(第三蠕变阶段):对应区域Ⅲ。如果外加应力足够高,则当加载时间超过某一特征值 t_2 以后,岩石的蠕变应变会加速,直至岩石破裂,这种越来越快的蠕变叫作第三期蠕变。对于地下岩层,由于处于三向压力状态,除地层相对滑移外,不会造成加速蠕变,也就是说岩石蠕变只有瞬态蠕变和稳态蠕变阶段。

2.3.6 强度

岩石在各种荷载作用下,达到破坏时所能承受的最大应力称为岩石的强度。石油工程岩石力学领域主要关注的强度包括抗压强度、抗拉强度、抗剪强度等。岩石抗压强度就是岩石在压力作用下所能承受的最大压应力。岩石的抗拉强度就是岩石在拉力作用下抵抗破坏的极限能力,它在数值上等于破坏时的最大拉应力值。岩石的抗剪强度是岩石抵抗剪切破坏的极限能力。

2.3.7 实际岩石的力学性质

岩石是矿物的聚合体,具有复杂的成分和结构,因此其力学属性也是复杂的。岩石在外力作用下呈现何种性状,一方面取决于其成分与结构;另一方面还和它的受力条件(如荷载的大小及其组合情况、加载方式及速率、应力路径等)密切相关。例如,在常温常压下,岩石既不是理想的弹性材料,也不是简单的塑性或黏性材料,而往往表现出弹—塑性、弹—黏—塑性或黏—弹性等性质。此外,岩石所赋存的条件,如温度、水、地应力等对其性状影响也很大。

2.4 岩石力学性质测定

岩石力学性质主要通过岩石力学室内实验得到,这些实验主要包括岩石单轴压缩实验、岩石三轴抗压实验、岩石拉伸破裂实验等。

2.4.1 岩石单轴压缩实验

单轴压缩实验,也称无侧向围压压缩实验(图 2.4.1),通过对岩石轴向加载应力,测量岩石轴向应力及轴向和径向变形来研究岩石的力学性质。实验的试样通常为圆柱体,为了减少端部效应的影响,长度和直径的比值一般为 2~3。

1. 变形阶段的划分及特征应力值

通过测量岩石轴向应力及轴向和径向应变,可以得到岩石的应力—应变曲线(图 2.4.2)。分析曲线可以得到以下五个阶段:

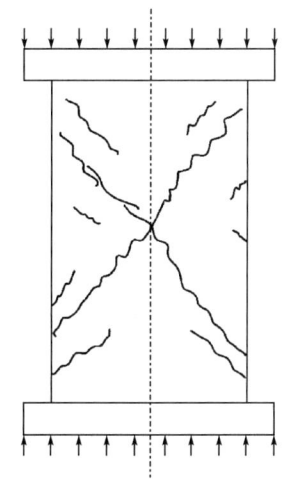

图 2.4.1 岩石的单轴压缩实验

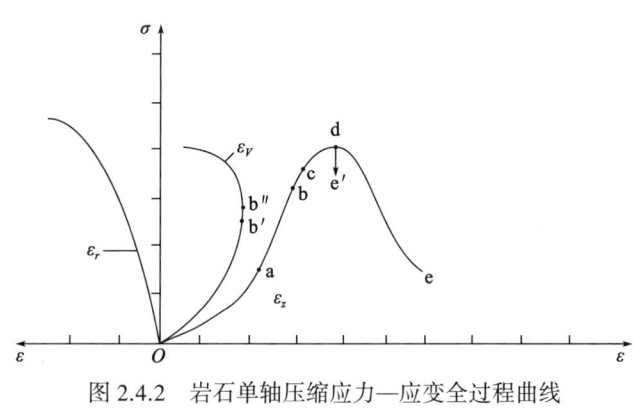

图 2.4.2 岩石单轴压缩应力—应变全过程曲线
σ—应力; ε_z—轴向应变; ε_r—径向应变; ε_V—体积应变

(1) Oa 段:在这一阶段,岩石的应力—轴向应变(σ—ε_z)曲线微呈上凹形,岩石的应力—径向应变(σ—ε_r)曲线较陡,体积随压力增加而压缩,即 ε_V 为正值。

(2) ab 段:岩石的应力—轴向应变曲线近似呈直线。b 点的应力值称为比例极限或弹性极限。

(3) bc 段:曲线由 b 点开始偏离直线,特别是 σ—ε_V 曲线,随 σ 的增大而变陡直至相反,岩石的体积由压缩转为膨胀。c 点的应力值称为屈服极限。

(4) cd 段:σ—ε_z 曲线斜率迅速减小,岩石体积膨胀加速,变形随应力迅速增长。至 d 点,应力达最大值。d 点的应力值称为峰值强度或单轴极限抗压强度,用 σ_c 表示。

(5) d 点以后阶段:由于普通实验机刚度不够,加上采用传统的等加载速率的加载方式,必然使压力机在岩石受压变形过程中储存大量变形能。当岩石达最大承载力之后,岩石的破裂控制不了压力机变形能的突然释放,致使岩石急剧破坏(图 2.4.2 的 de′线)而得不到 d 点之后的曲线。刚性压力机的出现,使岩石 d 点之后的破坏得到控制,从而获得了岩石应力—应变全过程曲线 Oabcde。d 点以后的曲线说明,岩石在破裂点 d 之后,并不是完全失去承载能力,而是保持较小的数值,即为残余强度。

由此可见,通过对岩石应力—应变关系阶段的划分,可得到四个特征应力值,即比例极限、屈服极限、峰值强度及残余强度。应指出的是,岩石由于成分、结构不同,其应力—应变关系不尽相同,并非所有岩石都可明显划分出五个变形阶段。

通过单轴压缩实验,可测定以下参数:

（1）岩石的单轴抗压强度，即岩石试件在单轴压力下达到破坏的极限强度，数值上等于破坏时的最大轴向应力，通常用σ_c(Pa)表示：

$$\sigma_c = \frac{F}{A} \quad (2.4.1)$$

式中，F为破坏时所加的荷载，称为破坏荷载，N；A为原始横截面积，m²。

【例题 2.4.1】 从某油田处取得直径25mm、高度50mm的圆柱形白云岩岩样，经抗压强度实验测得岩样破坏时的轴向最大载荷为536.25kN，计算该岩样的单轴抗压强度。

解：$\sigma_c = \frac{F}{A} = \frac{536250}{\pi \times 0.025^2} = 273109882(\text{Pa}) = 273.11(\text{MPa})$。

（2）弹性模量，指弹性阶段为直线时，应力—应变曲线的斜率，即单轴应力时，应力相对应变的变化率，表示为：

$$E = \frac{\Delta \sigma_z}{\Delta \varepsilon_z} \quad (2.4.2)$$

式中，$\Delta \sigma_z$、$\Delta \varepsilon_z$分别是轴向应力、应变的增量。

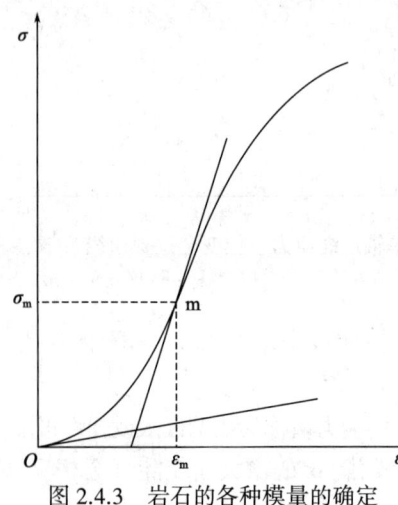

图 2.4.3　岩石的各种模量的确定

【例题 2.4.2】 从某油田处取得圆柱形花岗岩岩样，经抗压强度实验测得的应力—应变曲线中直线段轴向应力增量为12MPa，应变增量为0.25，计算该岩样的弹性模量。

解：$E = \frac{\Delta \sigma_z}{\Delta \varepsilon_z} = \frac{12}{0.25} = 48(\text{MPa})$。

如图 2.4.3 所示，当轴向的应力—应变关系不成直线时，岩石的变形特征可以用以下几种模量说明：

①初始模量，是应力—应变曲线在原点切线的斜率，即：

$$E_{初}(0) = \left. \frac{\mathrm{d}\sigma}{\mathrm{d}\varepsilon} \right|_{\varepsilon = 0} \quad (2.4.3)$$

②切线模量，是对应于曲线上某一点 m 的切线的斜率，即：

$$E_{切}(\varepsilon_m) = E_{\tan}(\varepsilon_m) = \left. \frac{\mathrm{d}\sigma}{\mathrm{d}\varepsilon} \right|_{\varepsilon = \varepsilon_m} \quad (2.4.4)$$

③割线模量，是曲线上某一点 m 与坐标原点连线的斜率，即：

$$E_{割}(\varepsilon_m) = E_{\sec}(\varepsilon_m) = \frac{\sigma_m}{\varepsilon_m} \quad (2.4.5)$$

割线模量与切线模量的关系为：

$$E_{割}(\varepsilon) = \frac{1}{\varepsilon} \int_0^{\varepsilon} E_{切}(\varepsilon') \mathrm{d}\varepsilon' \quad (2.4.6)$$

由初始弹性模量和不同轴压下的割线模量可以计算出不同轴压下的切线模量。采用测量应变的方法测量岩石应力常常要用到切线模量。

（3）岩石的泊松比，指岩石在单向受压条件下径向应变ε_r（即横向应变）与轴向应变ε_z（即

纵向应变)之比,即横向伸长与纵向缩短的比率:

$$v = -\frac{\varepsilon_r}{\varepsilon_z} \tag{2.4.7}$$

因为泊松比是由弹性理论引入的,故只适用于岩石弹性变形阶段,即只有在荷载不会使裂隙发生或发展的有限范围内,这种比例性才能保持特定数值。公式中引入的负号,是考虑到当岩石轴向缩短时,径向是伸长的,这样可将泊松比定义为一个正值。

【例题 2.4.3】 从某油田处取得圆柱形白云岩岩样,经抗压强度实验测得的应变曲线中弹性段径向应变为 0.43,轴向应变为 1.28,计算该岩样的泊松比。

解:$v = -\dfrac{\varepsilon_r}{\varepsilon_z} = -\dfrac{-0.43}{1.28} = 0.337$。

在计算弹性模量和泊松比时应注意:

(1) 在单轴抗压破坏实验中,大多数岩石表现为脆性破坏,因此可以直接测得单轴抗压强度 σ_c。但是由于应力—应变曲线(图 2.4.4)通常是非线性的,所以 E 和 v 的值会随轴向应力值的不同而不同。在实际工作中,通常在 $\dfrac{1}{2}\sigma_c$ 处取 E 和 v 的值。

(2) 岩石的弹性模量和泊松比受岩石矿物组成、结构构造、风化程度、孔隙性、含水率、微结构面及其与荷载方向的关系等多种因素的影响,变化较大。如果岩石是各向异性的,泊松比和弹性模量就不再是描述岩石力学性质的有效参数。

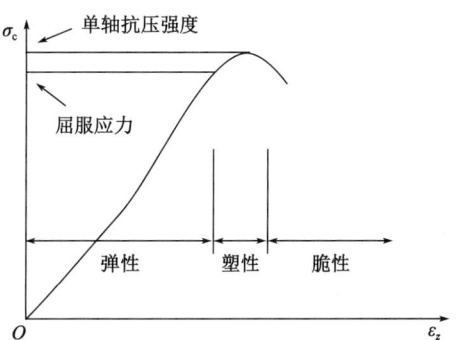

图 2.4.4 单轴抗压实验应力—应变曲线简图

(3) 从理论上讲,试件上的最大裂缝和裂纹决定了单轴抗压强度值。而且单轴抗压强度 σ_c 的实验结果对试件的非均匀性、取心或岩心处理过程中所产生的裂缝极为敏感,从而产生很大的随机性。为了减少这种不确定性,可以在较小的围压下做三轴抗压实验,这样可以消除岩石中非固有裂隙的影响。

2. 峰值前的变形

对于岩石峰值前的变形,由于成分、结构不同,其变形机理比较复杂,但大致可归纳为三种类型,并分别呈现不同的曲线形状(图 2.4.5)。

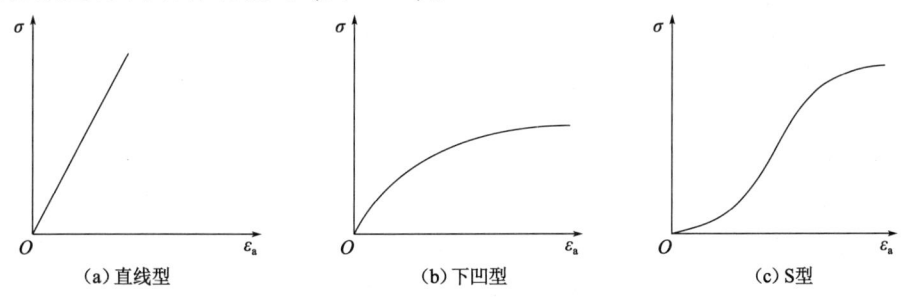

图 2.4.5 岩石峰值前轴向应力—应变曲线的基本类型
ε_a—轴向应变

1) 以弹性变形为主的变形

其轴向应力—应变曲线呈直线型[图2.4.5(a)]。一些结构致密、岩性坚硬的岩石(如石英、玄武岩、硅质灰岩等)的变形,多属这种类型。其特点是:轴向应力—应变曲线不具压密段(图2.4.2的Oa段),曲线斜率一般较大,比例极限和屈服极限十分靠近,且很快达到峰值。如果在应力—应变直线段卸载时,变形可完全恢复,说明岩石的变形主要为弹性变形,也就是说,变形是由岩石内部物质所组成的空间格架受力发生的压密和歪斜所引起的。岩石轴向应力—应变曲线的斜率,即代表岩石固有的弹性模量。

2) 以塑性变形为主的变形

其轴向的应力—应变曲线呈下凹型[图2.4.5(b)],其特点是:变形没有明显的阶段,而是随着压应力的增大而不断增长,卸载后大部分变形不能恢复;应力—应变曲线的斜率不是常数,而是随着应力的增加而减小。这种变形,主要反映了矿物晶格之间、黏土矿物聚片体之间的滑移。这种变形类型,不宜简单地用弹性模量等参数表征,最好还是用应力—应变曲线来描绘。岩盐、饱和水的半坚硬泥岩在加载速率较低时的变形为这种类型。

3) 以裂纹行为为主导的变形

一些中—粗粒结构的岩石,如花岗岩、大理岩、砂岩等,常具有许多晶间或晶内裂纹,如矿物之间的界面、缝隙、矿物内部节理等。这些裂纹的大小与矿物颗粒直径属同一数量级。它们的存在,对岩石的变形和破坏起了重要的控制作用。这类岩石的应力—应变曲线,主要反映了微裂纹在单轴受压条件下的力学行为。

这类岩石轴向的应力—应变曲线属S型[图2.4.5(c)]。在单向受压条件下,岩石变形直至破坏经历了裂纹闭合—线性变形—裂纹稳定扩展的非线性变形—裂纹加速扩展直至岩石破裂四个阶段,与上述岩石变形阶段的前四个阶段(图2.4.2)相对应,即:

(1) Oa 段——裂纹闭合阶段:这一阶段是张开裂纹在压应力作用下闭合而引起的。随着压应力的增加,裂纹逐渐闭合,岩石刚度加大,应力—应变曲线斜率增大,呈上凹形。岩石的初始模量反映了张开裂纹的闭合刚度。

(2) ab 段——线性变形阶段:岩石应力—应变曲线呈直线,但压力卸去后,岩石变形并不能完全恢复,即加载、卸载曲线不重合。因此,岩石在这阶段的变形除了岩石的弹性变形之外,还包括闭合裂纹的相互滑动。一般把包含裂纹岩石的弹性模量称为有效弹性模量E_{eff},而把未受裂纹的存在所影响的岩石的弹性模量称为固有弹性模量E。加载时,岩石变形包括弹性变形和闭合裂纹的相互滑动,因此加载曲线的斜率为岩石的有效弹性模量,它低于没有裂纹岩石的固有弹性模量。卸载时,由于在较大轴向压力σ_a作用下,裂纹表面摩擦阻力较大,使卸载初期裂纹表面不能做反向滑动。因此,卸载初期岩石的变形仅仅是岩石的弹性恢复变形,卸载初期曲线的斜率代表岩石固有的弹性模量。

(3) bc 段——裂纹稳定扩展的非线性变形阶段:岩石中的裂纹在应力作用下开始扩展,岩石中发生新的裂纹,应力—体积应变曲线从b'点开始偏离直线(图2.4.2),b'点即为裂纹开始扩展的特征点。随着裂纹的继续发生和扩展,岩石的体积应变增量由压缩转为膨胀,这个力学过程,称为扩容。图2.4.2中b''点即为扩容点。扩容现象,是岩石破坏的前兆。

(4) cd 段——裂纹加速扩展直至岩石破裂阶段:随着裂纹的进一步扩展,裂纹在试件某些部位密集、搭接、相连,形成某些宏观裂缝。宏观裂缝又通过裂纹的阶梯状连接,形成有强烈应变集中的裂缝带,并不断向试件端部延伸,直至试件破裂。表现在应力—轴向应变曲线上,斜率迅速减小,并呈下凹形。

由上述可见,对于中—粗粒结构的岩石,微裂纹的行为在岩石的变形过程中起了控制作用。ab 段并不是完全的弹性变形,而且,岩石在应力达到屈服极限之后的行为,也与材料力学中的屈服概念不同,它表现为裂纹的加速扩展。

3. 峰值后的变形

传统的单轴压缩实验,是在普通的材料实验机中把力作为控制变量,以恒定的加载速率加载。由于实验机的刚度不够,必然使加载系统在岩石受压变形过程中储存了大量的变形能。在岩石承受的力达到峰值以后,随着变形的增加,岩石承载能力下降,如果:

$$\frac{\mathrm{d}p}{\mathrm{d}u} > K_{\mathrm{m}} \tag{2.4.8}$$

式中,p 为试件单位面积上受的轴向压力;u 为试件在压力作用下的位移;K_{m} 为压力机加载系统的刚度。

这时,压力机加压系统储存的变形能突然释放,在极短的时间内给试件增加一个较大的位移,以致试件在瞬间完全破坏,这时,岩石的破裂和破坏是一个概念,图 2.4.2 的 d 点可看成岩石完全破坏点。

当试件在峰值后的压力—位移曲线下降的斜率小于压力机的压力—位移曲线的斜率时,上述情况是不会发生的。因此一些学者就想用提高压力机加压系统刚度的办法来获得岩石的应力—应变全过程曲线,这就导致刚性压力机的出现。最初的刚性压力机,是从加大机器的刚度入手,用平行钢柱与试件同时受压,使机器的刚度达 1.85×10^5 MPa(一般实验机刚度为 0.9×10^5 MPa)。20 世纪 70 年代以来,伺服控制的刚性实验机的出现,对岩石峰值后变形特性的研究起了很大的推动作用。其工作原理是用岩石试件的变形作为控制变量,并用这一信号的反馈来控制机器压板的位移速率或加载速率。例如,当岩石因裂纹扩展发生大应变时,通过传感器把这一信号输入伺服控制器中,伺服控制器给伺服阀信号,使伺服阀打开,压力下降,使试件保持恒定的变形速率,从而控制了岩石的破坏,并取得峰值后的变形曲线。

岩石峰值后的变形曲线,实质上是岩石破坏过程曲线。也就是说,在应力达到峰值时,岩石只出现宏观破裂,并未完全失去承载力,即未完全破坏。图 2.4.2 中的 de 曲线段,反映了岩石出现宏观破裂之后,随变形发展直至完全破坏的过程。此外,也有不少学者对岩石单轴压缩实验进行了数值模拟工作(视频 2.4.1)。

视频 2.4.1 CDEM 在单轴压缩实验里的应用(中国科学院力学所冯春提供)

2.4.2 岩石三轴抗压实验

在石油钻井或开采过程中,岩石处于各向异性应力场中,受到三轴应力作用,即除受到轴向应力外,还受到径向应力(围压)。为了更好地了解岩石在储层条件下的力学性能和强度特性,需要进行在一定围压下(必要时还要考虑温度的作用)的实验测定,通常采用三轴抗压实验。

三轴抗压实验通常分为常规三轴抗压实验和真三轴抗压实验(又称岩石三轴不等应力实验)。常规三轴抗压实验(图 2.4.6)中试件受三个彼此正交的应力 σ_1、σ_2、σ_3 作用,其中有两个相等,如$\sigma_2=\sigma_3$。真三轴抗压实验是岩石在三个彼此正交方向上受不同的力,使获得的应力状态$\sigma_1>\sigma_2>\sigma_3$。真三轴抗压实验虽能研究中间主应力$\sigma_2$对岩石试件力学性能的影响,但十分复杂,很难做岩石抗压强度、抗剪强度方面的实验。中国石油大学(北京)岩石力学实验室2014年购置的RTR—1500高温高压岩石三轴仪,是美国GCTS(Getechnical Cnsulting and Testing Systems)公司生产的一套岩石地应力综合测试系统,设备照片和基于该系统的单轴(拟三轴)实验讲解参照视频2.4.2。

视频2.4.2 单轴(拟三轴)实验讲解

在常规三轴抗压实验中,试件制作要求与单轴抗压强度实验的要求相同。加载方式是使岩样的轴向应力σ_z和径向围压σ_r等值增加到规定围压值后,保持σ_r不变,继续增加σ_z直至岩石破坏。其中,作用于柱形岩样长轴方向的最大主应力由压力机施加,而相等的最小主应力由流体围压通过不透水的金属或橡皮保护套作用在试样的外围面上。达到峰值荷载时,应力状态为$\sigma_z=\dfrac{F}{A}$和$\sigma_r=p$(最大围压一般对应着远离井眼的最小有效主应力),其中F是圆柱体能承受的与其轴线平行的最大荷载,p是侧向介质中的压力。在不同围压下做若干次实验,可以得到一组$(\sigma_z-\sigma_r)$—ε_z曲线(图2.4.7)。可以看出:当围压增大时,不但岩石的强度增大,峰值应力增加,同时塑性变形也增大(破坏前的应变加大)。这说明,岩性较弱的砂岩原来具有较大的孔隙,在围压作用下,孔隙闭合而使岩石刚度增大。

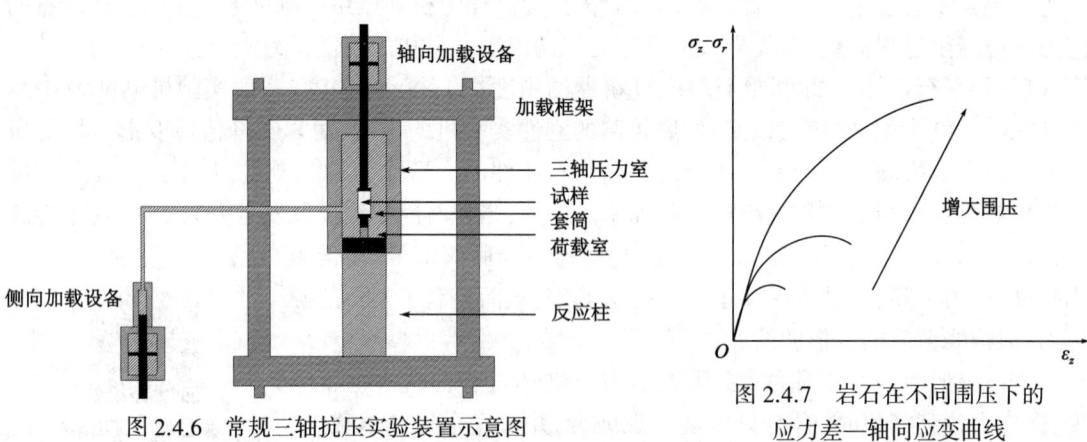

图2.4.6 常规三轴抗压实验装置示意图

图2.4.7 岩石在不同围压下的应力差—轴向应变曲线

前面的讨论只涉及无孔隙流体的三轴实验,还可做饱和试样的三轴实验,其中有的带孔压,有的为零孔压。一般情况下,岩石的弹性性能和强度取决于有效应力σ_e,即:

$$\sigma_e = \sigma - p_p \quad (2.4.9)$$

式中,σ为正应力,p_p为孔隙压力。

常规三轴抗压实验可分为排水实验和不排水实验。排水实验的孔隙压力是一已知常量,所以可以很好地对实验进行控制。对于低渗透性页岩(渗透率在10^{-9}D范围内)进行不排水实验,在实验过程中要控制孔隙压力,该实验需要较长的稳定时间(达到拟稳定流动的时间)。

在排水实验中,可以根据轴向应力—应变曲线的斜率得出弹性模量($E=\sigma/\varepsilon$),并根据径向应变、轴向应变比得出泊松比($\upsilon=-\varepsilon_r/\varepsilon_z$)。同样可以通过最大剪切应力与应变差的关系曲线的斜率得到剪切模量。剪应力峰值代表了剪切强度。当岩石由脆性转为韧性时,就很难定义其破裂点了,因为破裂点可能是应力—应变曲线斜率的微小变化点。岩石破裂后的行为是非常重要的,因为它可以表征岩石的残余强度的大小。因此必须强调三轴抗压实验要在位移可控的荷载实验机上进行。

对于页岩,一般建议采用固结不排水实验。实验中首先在排水情况下施加静液压外荷载,使孔隙压力保持一个恒定值。实验的三轴阶段是在不排水条件下进行的,在整个实验过程中要监测孔隙压力。

【例题 2.4.4】 从某油田处取得直径 25mm、高度 50mm 的圆柱形碳酸盐岩岩样,经三轴抗压强度实验测得围压 0MPa 时轴向最大载荷为 536.25kN,围压 20MPa 时轴向最大载荷为 552.50kN,围压 40MPa 时轴向最大载荷为 590.00kN,计算不同围压下该岩样的抗压强度。

解:围压 0MPa:$\sigma_{c1} = \dfrac{F}{A} = \dfrac{536250}{\pi \times 0.025^2} = 273109882 \, (\text{Pa}) = 273.110 \, (\text{MPa})$

围压 20MPa:$\sigma_{c2} = \dfrac{F}{A} = \dfrac{552500}{\pi \times 0.025^2} = 281385939 \, (\text{Pa}) = 281.386 \, (\text{MPa})$

围压 40MPa:$\sigma_{c3} = \dfrac{F}{A} = \dfrac{590000}{\pi \times 0.025^2} = 300484532 \, (\text{Pa}) = 300.485 \, (\text{MPa})$

2.4.3 岩石的拉伸破裂实验

岩石的抗拉强度由拉伸破裂实验测得,可分为直接法和间接法两种。

1.直接法

直接法拉伸破裂实验指在岩石轴向施加拉力直至试件破坏,获得抗拉强度。

试件制作和要求基本上与单轴抗压实验相同,试件如图 2.4.8 所示。用黏合剂将圆柱形岩石试件的两端与固定在压机压盘上的金属前面板(压机上的帽套)黏合以传递压力。需要注意的是黏合剂的抗拉强度要高于试件的抗拉强度,并且加力设备与帽套、试件等的中心线保持在一条直线上,这样就保证了试件不被施加弯矩和扭矩,从而保证了纯拉伸实验的进行。设最大破坏拉力值为 F_c,原试件截面积为 A,则试件的抗拉强度 S_t 可用下式求得:

$$S_t = \dfrac{F_c}{A} \qquad (2.4.10)$$

2.间接法

由于对岩石进行直接单轴拉伸实验比较复杂,不易取得准确数据,一般采用间接实验方法确定抗拉强度。间接法包括巴西劈裂实验及点载荷强度实验。石油工程岩石力学研究中常用巴西劈裂实验。

1) 巴西劈裂实验

巴西劈裂实验是在压机压盘之间对岩石圆柱体施加径向压力,使试件在加载平面内以拉伸破裂的方式发生破坏(图 2.4.9)。

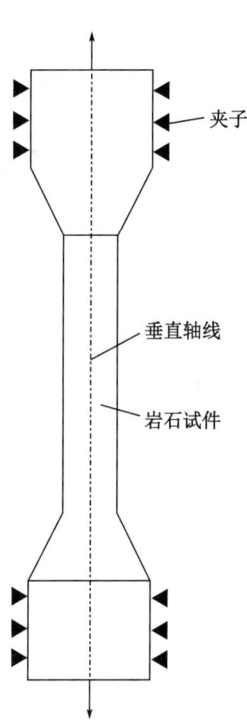

图 2.4.8 直接法拉伸破裂实验试件

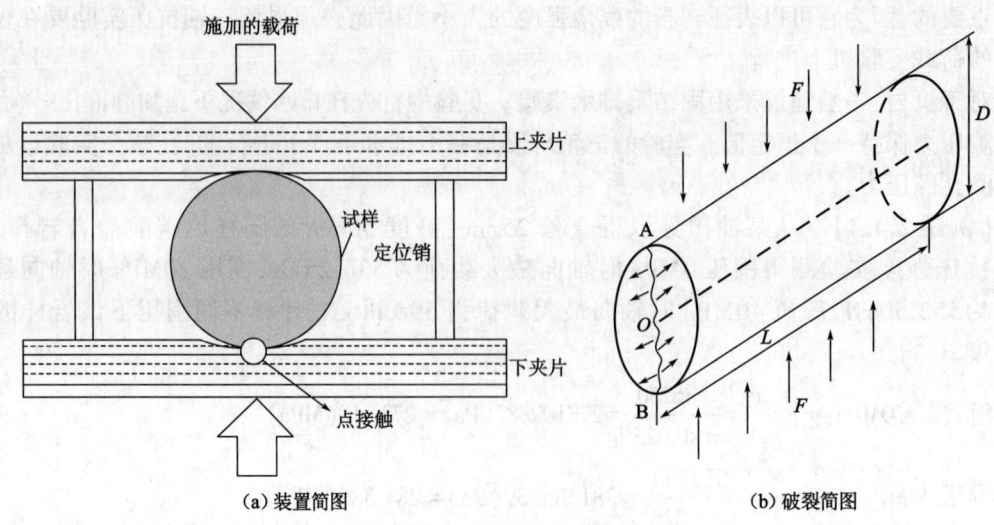

图 2.4.9 巴西劈裂实验示意图

如图 2.4.9(b)所示,由于外加径向压力的作用,在试件中心 O 的附近,与 AB 线正交方向上可形成大致相同的拉伸应力的作用。因此如增加荷载 F,就大致沿 AB 线出现整齐的断裂。为方便计算,一般取柱长 L 短于或等于它的直径 D。试件的抗拉强度按下式计算:

$$S_{t,B} = \frac{2F}{\pi DL} \tag{2.4.11}$$

式中,F 的单位是 N;D 和 L 的单位为 mm。

巴西劈裂实验所给出的实验结果比下文提到的点荷载强度实验的结果更具重复性,且做这种实验比做直接拉伸实验所要求的精确定位和端部加工容易得多。

【例题 2.4.5】 从某油田处取得花岗岩样,经巴西劈裂实验测得破裂载荷为 3.793kN,岩样直径为 25mm,厚度为 5mm,计算该岩样的抗拉强度。

解:$S_{t,B} = \dfrac{2F}{\pi DL} = \dfrac{2 \times 3793}{\pi \times 25 \times 5} = 19.318(\text{MPa})$。

2)点荷载强度实验

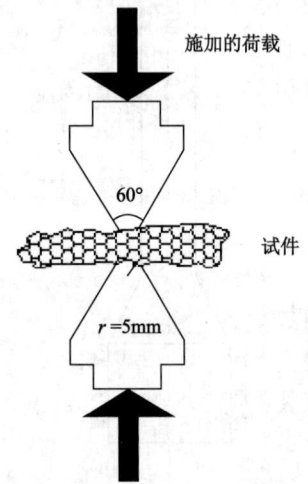

图 2.4.10 点荷载强度实验装置简图

点荷载强度(I_s)实验利用具有标准几何尺寸(锥角为 60°,端部弯曲半径为 5mm)的锥形压盘(其与试件的接触端是球形的)进行实验(图 2.4.10)。试件可以是岩心(轴向、径向加载),也可以是切下来的规则岩块(沿厚度方向加载),或直接采用一块不规则的岩石(两个相对的受载面应大致平行)。不规则块体的试件无需加工,又可在一定程度上保持其天然含水状态,更适合于现场应用。

由上述实验方法取得实验数据后,首先计算各试件未修正的点荷载强度 I_s(单位为 MPa):

$$I_s = \frac{F}{D_e^2} \tag{2.4.12}$$

式中,D_e 是等效岩心直径,即破坏时两加荷点间的距离(mm)。对于岩心径向实验,$D_e = D$(D 是圆柱体试件的直径);对于岩心轴向、规则块体和不规则块体实验,$D_e = (4A/\pi)^{1/2}$,其中,A 是通过压盘与试件接触点的所有径向平面中的最小横截面面积。

实验证实,I_s 不但与试样形状有关,而且是试件尺寸 D_e 的函数。为了便于比较,获得一致性的点荷载强度值,必须进行尺寸修正。以岩心直径 $D = 50$mm 为标准,通过在式(2.4.12)的右端乘以常数 $(D_e/50)^{0.45}$(D_e 以 mm 计量)进行尺寸修正,修正后的点荷载强度用 $I_{s(50)}$ 表示。

大量的实验证实,岩石点荷载强度与岩石抗拉强度之间有良好的相关性,即通过已求得的点荷载强度值可用下式估算单轴抗拉强度值:

$$I_{s(50)} = 0.80 S_t \tag{2.4.13}$$

式中,S_t 为单轴抗拉强度。

探索与展望

岩石力学与石油工程的结合,促进了我国石油天然气勘探开发的发展,作为现场基础数据支撑的高温高压岩石力学实验也在不断改进发展。近年来随着国内油气勘探的重大突破,深层超深层油气开采已成为当前的重要目标。而随着储层深度的增加,储层压力、温度逐渐增高,例如顺北部分区块油气埋深 8000~9000m,地层压力可达到 110MPa 以上,而在地热资源丰富的干热岩储层,埋深 3000~4000m 时储层温度可达到 200℃ 以上。因此为了充分模拟地层环境,准确测量储层环境下岩石的力学参数,岩石力学实验在温度及压力加载等方面不断突破创新,目前的实验仪器基本可以测量温度 0~200℃、围压 0~90MPa 时的岩石力学参数。

岩石力学实验在不断发展的同时也存在许多问题亟待改进:首先岩样高温测试时由于技术的限制,温度在 200℃ 左右时密封圈等零部件会因为无法承受高温而失效,因此在温度过高时,实验围压存在压力上限,难以增加至指定压力;其次很多高温高压实验仪器是加热加压一体化设备,但是在测试过程中由于实验舱密封性及隔热性较差,受环境温度影响容易导致实验中岩样无法保持储层温度,因此也无法实现储层高温高压环境的完全还原;最后在加热过程中,由于温度限制,在需要进行 300℃ 以上高温的岩石力学实验时,一体化加热加压设备无法实现,因此通常先将实验岩样在高温加热炉中加热至目标温度,后冷却至室温再进行岩石力学参数测量。而实际储层中高温高压条件同时存在,因此实验获得的岩石力学参数还是存在一定误差。

未来在高温高压岩石力学实验方面,对于高温高压储层条件下的环境还原依旧为主要突破点,高温条件下压力的保持及实验过程中温度的调控仍有待改进。目前通常使用硅油等液体介质对岩样施加围压,而由于受到传压介质碳化温度的限制难以实现高温加热同时加压。可以将传压介质改换为氩气或二氧化碳等气体,可以达到 1000℃ 以上的加压,但危险系数较高,在安全性和稳定性方面有待改进。

历史注释

岩石力学是从工程建设中形成、与工程建设紧密联系的一门新兴边缘性学科。其研究历史较短,发展迅速,但形成过程漫长。

早在公元前 2 世纪时,李冰利用岩体热胀冷缩特性,采用火烤水淋法破裂岩体,开凿都江堰宝瓶口,劈山修渠,开始了岩石力学的萌芽。公元 1 世纪,我国劳动人民利用冲击破碎法,开凿深数百米的盐井。历代采矿,采用支护、回填、留柱等方法,以防岩体冒顶、偏帮、压裂破碎等地压现象,就已经将岩石力学具体运用到了生产实践中,不过只是凭直观经验,尚无系统理念。

西方经第三次产业革命后,资本主义生产迅速发展,在人类经济建设活动中,岩石力学随之诞生。20 世纪初开始,针对岩石力学的研究开始了,首先海姆提出了静水压力理论,认为地下岩石处于一种静水压力状态,作用在地下岩石上的垂直压力和水平压力相等,为单位面积上覆岩层的重量。20 年代左右,开始用材料力学和结构力学的方法分析岩石力学的工程应用问题,其中普氏理论为代表性理论。但是当时岩石力学的理论并未实际应用到石油工程领域。30 年代以后,对岩石力学的理论研究进入了飞速发展阶段,弹性和塑性力学被引入油气开采的岩石力学计算中,并且建立了许多经典力学公式,如著名的劳纳—塔罗勃公式和卡斯特纳公式。60 年代时,岩石力学又引入了早期的有限元数值分析方法,同时发现了地应力在油气开采过程中的重要性,进行理论计算需要以地应力为前提。这一认识也促进了中国早期的地应力测量工作的开展,同时期达西定律等油气开采中的重要定律诞生。70 年代后研究岩石工程问题解析解和数值解的方法得到了新的发展,对于储层油气开采问题也实现了有限单元法、边界元法及杂交元法的广泛应用。80 年代后,弹塑性力学与岩石力学相结合并应用于石油工程中,目前已发展到各种黏弹性、弹塑性和黏弹塑性数值法,以及损伤断裂、损伤蠕变等各种模型的研究;现在的岩石力学计算模型综合了物理学、现代数理科学、系统工程等的最新研究成果;电子计算机的广泛应用为流变学、断裂力学、非连续介质力学、数值方法、灰色理论、人工智能、非线性理论等在岩石力学与工程中的应用提供了可能。同时,自 80 年代发展起来的岩石力学的三维模拟、人工智能、神经网络等学科也有效促进了岩石力学在石油工程中的应用。现在石油开采中的岩石力学问题已被当作一种系统工程来解决。系统论强调复杂事物的层次性、多因素性及相互关联和相互作用特征,这些为岩石力学和油气开采实践的结合提供了理论的依据。

📚 思考题

1.解释孔隙度、渗透率、蠕变、单轴抗压强度、单轴抗拉强度、单轴抗剪强度的含义。
2.岩石颗粒间的联结方式有哪几种?
3.岩石蠕变可分为几个阶段?各个阶段的特征是什么?
4.岩石力学实验机刚度对岩石压缩实验结果有什么影响?
5.抗压强度、弹性模量与围压有什么关系?

📚 习题

1.从某油田处取得露头岩石,并在 0°、45°、90°处分别取得直径 25mm、高度 50mm 的圆柱形岩样1号、2号、3号,经三轴抗压强度实验测得围压40MPa时1号轴向最大载荷为563.34kN,2号岩样围压40MPa时轴向最大载荷为502.30kN,3号岩样围压40MPa时轴向最大载荷为600.00kN,计算1号、2号、3号岩样的抗压强度,并说明这一现象表现了岩石的哪一物理性质。

2. 有一块几何尺寸7cm×7cm×7cm的立方体石英岩样,当岩样承受20t压力时,岩样轴向缩短了0.003cm,横向增加了0.000238cm,计算该岩样的弹性模量及泊松比。

3. 有一块岩石骨架体积为7cm^{3}的碳酸盐岩岩样,测量得其质量为26.6g,孔隙体积为3cm^3,计算该岩样的孔隙度及密度。

第3章 岩石的应力与应变

石油工程所涉及的地层处于深部,物理性质复杂,其变形和应力不易直观获得,往往要通过数学物理力学模型推演间接获得。线性弹性力学模型是最基本最常用的力学模型。在石油工程岩石力学分析中,或在部分地层,或在变形的部分阶段,几乎都涉及线性弹性力学模型。虽然在材料力学、工程力学中,已经学习了应力、应变和胡克定律的概念,但是在那些课程里,往往涉及的是一维问题,如杆、柱、梁等简单物体的性质,本章将简要地介绍应力、变形和线性弹性的一般理论方法。对弹性力学理论更深入的学习,可以另外研读弹性力学的专门教材。

3.1 基本假设与应力张量

岩石和许多固体材料一样,其微观结构复杂且多样。物质由分子组成,分子由原子组成,原子由原子核与电子组成,而原子核又由基本粒子组成。由支配基本粒子的根本物理定律出发,研究物质宏观行为的方法,称为物质结构论。除了极单纯体系的简单运动外,一般运用这种方法是非常复杂的,而且必须要使用统计力学中的近似、简化和平均化方法,这样就失去了从根本定律出发解决宏观实际问题的意义。弹性力学理论对物质微观结构不做任何假设,研究具有不同微观结构物质的共性行为。例如,应力就是一个对物质微观结构不敏感的物理量。

3.1.1 基本假设

为了把所研究的问题限制在一个易于解决的范围内,引进下列一些假设。

(1)固体材料是连续介质。这种介质无空隙地分布于物体所占的整个空间。事实上,连续性假设与物质结构论的分歧在一定程度上可以与统计平均的观点统一起来。从统计学的观点看,只要所研究物体的尺寸足够大,物质的性质就与体积的大小无关。通常工程上的岩心、储层的尺寸与孔隙、骨架微结构的大小相比其数量级差距是非常悬殊的。在力学分析中,从物体中取出的任一微小单元,在数学上是一个无限小量,但它却含有大量的孔隙。岩石微小孔隙与微小单元相比,进而与岩石尺寸相比小很多,因而连续性假设实际上是合理的。

根据连续性假设,用以表征物体变形和内力分布的量,就可以用坐标的连续函数来表示。这样,在进行岩石力学分析时,就可以应用数学分析这个强有力的工具。

采用局部小体积单元平均方法对连续多孔介质在宏观水平上建立数学模型时,所选取的平均范围称为代表性体积单元,即 REV(Representative elementary volume)。在多孔岩石介质力学计算中 REV 是一个很重要的概念,是大尺度计算的最小尺度。

(2)物体为均匀的且各向同性的,即认为物体内各点介质的力学性质相同,且各点的各方向的性质也相同。也就是说,表征这些特性的物理参数在整个物体内各点各方向都是不变的。

(3)物体的变形属于小变形,即认为物体在外力作用下所产生的变形,与其本身几何尺寸相比很小,可以不考虑变形引起的尺寸变化。这样,就可以用变形以前的几何尺寸来代替变形以后的尺寸。此外,物体的变形和各点的位移公式中二阶微量可以略去不计,从而使几何变形线性化。

(4)物体原来是处于一种无应力的自然状态,即在外力作用以前,物体内各点应力均为零。

(5)应力符号规定。在本章中规定:压应力为负,拉应力为正。而在其他章节中规定:压应力为正,拉应力为负。采用如此规定的主要原因有两个:一是在地球科学中,地球介质多为压应力,而不是拉应力;二是土壤力学、构造地质学等与岩石力学有着密切的联系,那些学科已经采用了压应力为正的规定。但是,要强调指出:岩石力学中的许多公式与弹性力学一致,仅仅是应力正负号的规定与弹性力学相反。

3.1.2 应力张量

在物体的运动中,物体的两部分之间或物体与外界间的力学作用是通过力来描述的。在岩石力学中主要研究两种类型的力:表面力和体积力。

表面力(简称面力)是作用在物体表面的外力,例如液体的压力、固体间的接触力等。物体上各点所受的面力一般是不同的。体积力(简称体力)由物体的自身质量决定,是物体外界的力源作用于物体内部单元的外力,如重力、电磁力和惯性力,其特点是总作用力的大小和受力物体局部的体积大小成正比。物体受外力作用后,内部不同部分之间将产生一个相互作用的力,即内力。对于处于平衡状态的物体,为研究其内部任一点 P 的内力,假想一个过 P 点的平面 C,将其截开成 A 和 B 两部分。如将 B 部分移去,则 B 对

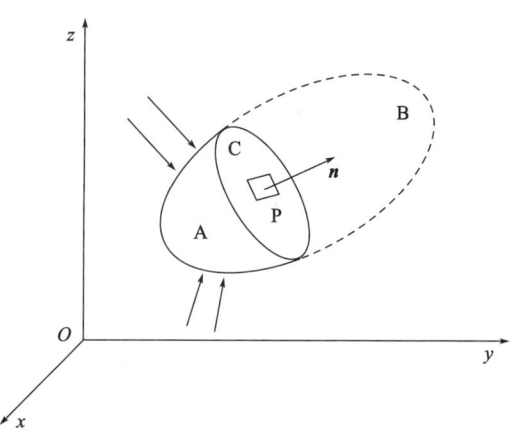

图 3.1.1 微元体截面的受力

A 的作用可用分布的内力替代,考察平面 C 上包括 P 点在内的微小面积,如图 3.1.1 所示。

(1)体积力。设介质内部位于 r 处有点 P,并设在它四周有体元 ΔV,作用于这个体元上的总体积力为 Δf。定义在 P 点处单位体积的体积力为:

$$f = \lim_{\Delta V \to 0} \frac{\Delta f}{\Delta V} \quad (3.1.1)$$

(2)表面力。它是作用于物体内部任何一个面上的力,起源于相邻质点的反作用。介质内一个任意面元 ΔS,有正、负两侧,ΔS 正侧面的质点作用于负侧面相邻的质点,同样后者也作

用于前者。设面元 ΔS 通过位于介质内 r 处点 P，面元的取向用 $\boldsymbol{n}$ 表示，$\boldsymbol{n}$ 是面元由负侧指向正侧的法向单位矢量。又设正侧面质点作用于负侧面质点的总面积力为 Δt。定义 P 点的单位面积的面积力分量为：

$$t = \lim_{\Delta S \to 0} \frac{\Delta t}{\Delta S} \tag{3.1.2}$$

实际上作用于面元上还有一个力偶，当 ΔS 趋于零时，这个力偶也趋于零。

通常将力 t 分解为垂直于截面、沿法线方向的分量 σ_n 和平行于截面的切向分量 τ_n，分别称为 C 截面上点 P 的法向应力和剪切应力。其量纲为 $[L^{-1}MT^{-2}]$，国际单位制（SI）单位为 Pa，即 N/m²。

常用应力单位换算见表 3.1.1。

表 3.1.1 应力单位换算表

名 称	千克力/厘米² kgf/cm²	兆帕 MPa	巴 bar	标准大气压 atm	米水柱 mH₂O	毫米汞柱 mmHg	磅力/英寸² psi
千克力/厘米² kgf/cm²	1	0.0981	0.981	0.9678	10	735.6	14.22
兆帕 MPa	10.2	1	10	9.869	102	7.5×10³	145
巴 bar	1.02	0.1	1	0.9869	10.2	750	14.5
标准大气压 atm	1.033	0.1013	1.013	1	10.13	760	14.7
米水柱 mH₂O	0.1	9.81×10⁻³	98.1×10⁻³	0.09678	1	73.56	1.422
毫米汞柱 mmHg	1.36×10⁻³	0.1333×10⁻³	1.333×10⁻³	1.316×10⁻³	13.6×10⁻³	1	19.34×10⁻³
磅力/英寸² psi	70.3×10⁻³	6.89×10⁻³	68.9×10⁻³	68.05×10⁻³	0.703	51.72	1

应力是单位面积上所施加的力。应力与岩石内部受力有关，也与切面方向 $\boldsymbol{n}$ 有关。

作用在岩石内部某点的力定义为：

$$t_n = \lim_{\Delta S \to 0} \frac{\Delta t}{\Delta S} \tag{3.1.3}$$

在直角坐标系中，使用 $\boldsymbol{e}_x$、$\boldsymbol{e}_y$ 和 $\boldsymbol{e}_z$ 表示坐标轴的单位基矢量，应力矢量表示为：

$$\boldsymbol{t}_n = t_x \boldsymbol{e}_x + t_y \boldsymbol{e}_y + t_z \boldsymbol{e}_z \tag{3.1.4}$$

式中 t_x、t_y、t_z 为应力矢量 $\boldsymbol{t}_n$ 沿坐标轴的分量。

因此，如果在 O 点选择一组直角坐标 (x,y,z)，在 P 点处参照 x、y、z 轴截取一个微小正交立方体（图3.1.2），其6个截面外法线方向，平行于 x、y、z 轴，由于该边长分别取无限小量 dx、dy、dz，因此，该单元体就代表了 P 点，只要 dx、dy、dz 尺寸取得足够小，就可近似认为单元体各截面上的应力分布是均匀的，且相互平行的两截面应力近似相等。于是，各面上的应力便可用在各截面中心的一个应力矢量来表示。而每个面上的全应力矢量又可参照 x、y、z 轴方向分解为一个正应力分量和两个剪应力分量,例如,P 点单元体与 y 轴垂直的右端平面上有应力分量 σ_y、τ_{yx}、τ_{yz}。

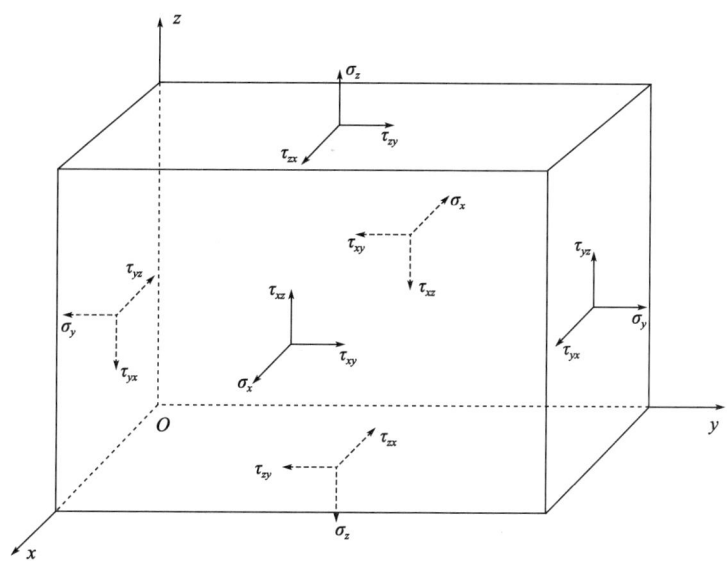

图 3.1.2　微元体各截面应力分量

为了研究方便,应力的符号采用如下规定：与坐标一致的方向为正,反之为负。剪应力正负号的规定,也采用弹性力学的规定,即某一截面的外法向与坐标方向一致(该截面称为正面)、该面上的剪应力指向其他坐标正方向时,该剪应力为正；在正面上剪应力指向其他坐标负方向者则为负。若某一截面上外法向与坐标轴负方向一致(称为负面)、该面上剪应力指向其他坐标轴负方向时,该剪应力为正；在负面上剪应力指向坐标轴正方向者为负。由图 3.1.2 可知,点 P 的应力状态需一组应力分量表示,即 3 个正应力 σ_x、σ_y、σ_z 和 6 个剪应力 τ_{xy}、τ_{yx}、τ_{yz}、τ_{zy}、τ_{zx}、τ_{xz}(根据剪应力互等定理知：$\tau_{xy}=\tau_{yx}$、$\tau_{yz}=\tau_{zy}$、$\tau_{zx}=\tau_{xz}$),于是,表示一点应力状态只需 6 个单独的应力分量。考察 3 个正面上的应力矢量 $t(e_x)$、$t(e_y)$ 和 $t(e_z)$。每个应力矢量沿空间坐标轴的 3 个分量中,一个分量垂直于作用面,是正应力,用 $\boldsymbol{\sigma}$ 表示,两个分量平行于作用面,是剪应力,用 $\boldsymbol{\tau}$ 表示,于是：

$$\begin{cases} \boldsymbol{t}(\boldsymbol{e}_x) = \sigma_{xx}\boldsymbol{e}_x + \tau_{xy}\boldsymbol{e}_y + \tau_{xz}\boldsymbol{e}_z \\ \boldsymbol{t}(\boldsymbol{e}_y) = \tau_{yx}\boldsymbol{e}_x + \sigma_{yy}\boldsymbol{e}_y + \tau_{yz}\boldsymbol{e}_z \\ \boldsymbol{t}(\boldsymbol{e}_z) = \tau_{zx}\boldsymbol{e}_x + \tau_{zy}\boldsymbol{e}_y + \sigma_{zz}\boldsymbol{e}_z \end{cases} \quad (3.1.5)$$

式中每个应力分量有 2 个下标,第 1 个下标代表作用面的外法线方向,第 2 个下标代表应力的作用方向,用符号表示为 $\sigma_{ij}(i,j=1,2,3)$,表示法线为 i 方向、切面上 j 方向的应力,称为 O 点的应力张量。为简便起见,正应力的 2 个相同下标只保留 1 个,式(3.1.5)中的 3 个应力矢量共 9 个分量。构成的应力张量在直角坐标中 9 个分量记为：

$$\sigma_{ij} = \begin{bmatrix} \sigma_x & \tau_{xy} & \tau_{xz} \\ \tau_{yx} & \sigma_y & \tau_{yz} \\ \tau_{zx} & \tau_{zy} & \sigma_z \end{bmatrix} \quad (3.1.6)$$

为了便于读者阅读各种相关文献,现将有关应力分量的不同表示记号列表如下:

表 3.1.2 应力分量各种记法

第一种记法	$\sigma_x, \sigma_y, \sigma_z, \tau_{yz}, \tau_{zx}, \tau_{xy}$
第二种记法	$\sigma_x, \sigma_y, \sigma_z, \sigma_{yz}, \sigma_{zx}, \sigma_{xy}$
第三种记法	$\sigma_{xx}, \sigma_{yy}, \sigma_{zz}, \sigma_{yz}, \sigma_{zx}, \sigma_{xy}$
第四种记法	$\sigma_{11}, \sigma_{22}, \sigma_{33}, \sigma_{23}, \sigma_{31}, \sigma_{12}$
第五种记法	σ_{ij}

在一项中重复一次的 i 指标,按照爱因斯坦求和的约定,表示对同类项从 1 到 3 求和。σ_{ij} 表示在直角坐标中有 9 个应力分量:

$$\sigma_{ij} = \begin{bmatrix} \sigma_{11} & \sigma_{12} & \sigma_{13} \\ \sigma_{21} & \sigma_{22} & \sigma_{23} \\ \sigma_{31} & \sigma_{32} & \sigma_{33} \end{bmatrix}, \sigma_{ij} = \sigma_{ji} \tag{3.1.7}$$

3.2 平衡方程

研究物体的平衡问题,首先从物体中取出一平行六面微元体加以研究。使平行六面微元体的面与各坐标面平行,并设其边分别为 dx、dy、dz,其体积为 dv = dxdydz。这平行六面微元体受到其周围部分物体的作用;将每个侧面上受到的作用力分别用三个应力分量表示,这些应力可以视为这个六面微元体所受到的外力。此外,物体中还存在体积力,这种力分布在物体的质量上。

将体积力沿坐标轴分解为三个分力 X、Y、Z;作用于六面微元体上的体积力为 $b_x \rho \mathrm{d}v$、$b_y \rho \mathrm{d}v$、$b_z \rho \mathrm{d}v$,其中 b_i 为单位质量的体积力。

在物体内各点的应力一般是不相同的,应力用该点的坐标 (x,y,z) 的函数表示。在六面微元体的后面 abcd(图 3.2.1)上作用的正应力为:

$$\sigma_x = f(x,y,z) \tag{3.2.1}$$

在六面微元体的前面 a′b′c′d′,坐标 x 得到增量 dx,因此这个面上的正应力为:

$$\sigma'_x = f(x+\mathrm{d}x, y, z) \tag{3.2.2}$$

上式可展开为级数:

$$f(x+\mathrm{d}x, y, z) = f(x,y,z) + \frac{\partial f(x,y,z)}{\partial x}\mathrm{d}x + \frac{1}{1\times 2}\times\frac{\partial^2 f(x,y,z)}{\partial x^2}(\mathrm{d}x)^2 + \cdots \tag{3.2.3}$$

可以略去含有一阶以上的高阶微量的所有各项,得:

$$\sigma'_x = \sigma_x + \frac{\partial \sigma_x}{\partial x}\mathrm{d}x \tag{3.2.4}$$

其他各应力均可依此类推。假设应力分量是坐标的连续函数,在物体全部域内还有连续的一阶偏导函数,由于六面微元体的各面是无限小的,作用在这些面上的应力可以看作是均匀分布的。

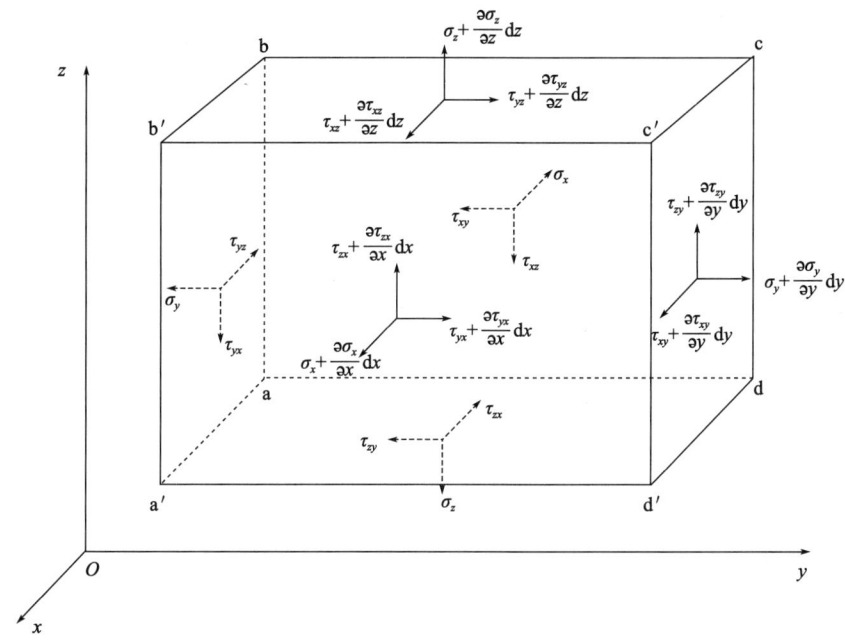

图 3.2.1 微元体的平衡

若所考虑的整个物体处于平衡状态,从它取出的六面微元体也应当处于平衡状态,所以六面微元体应满足六个静力平衡条件:

$$\Sigma X=0,\Sigma Y=0,\Sigma Z=0,\Sigma M_x=0,\Sigma M_y=0,\Sigma M_z=0 \tag{3.2.5}$$

式中 M_x、M_y、M_z 分别表示 x、y、x 三个方向上的力矩。

先应用平衡条件 $\Sigma X=0$,考虑所有投影于 x 轴上的力,即作用于前后二面上的正应力及其他面上与 x 轴平行的剪应力,还有与 x 轴平行的体积力,于是平衡条件为:

$$\left(\sigma_x+\frac{\partial \sigma_x}{\partial x}dx\right)dydz-\sigma_x dydz+\left(\tau_{xy}+\frac{\partial \tau_{xy}}{\partial y}dy\right)dxdz-\tau_{xy}dxdz$$
$$+\left(\tau_{xz}+\frac{\partial \tau_{xz}}{\partial z}dz\right)dxdy-\tau_{xz}dxdy+b_x\rho dxdydz=0 \tag{3.2.6}$$

上式经化简后,得下列方程的第一式。同理,应用平衡条件 $\Sigma Y=0$、$\Sigma Z=0$,得下列方程的第二式与第三式:

$$\begin{cases}\dfrac{\partial \sigma_x}{\partial x}+\dfrac{\partial \tau_{xy}}{\partial y}+\dfrac{\partial \tau_{xz}}{\partial z}+\rho b_x=0 \\[6pt] \dfrac{\partial \tau_{yx}}{\partial x}+\dfrac{\partial \sigma_y}{\partial y}+\dfrac{\partial \tau_{yz}}{\partial z}+\rho b_y=0 \\[6pt] \dfrac{\partial \tau_{zx}}{\partial x}+\dfrac{\partial \tau_{zy}}{\partial y}+\dfrac{\partial \sigma_z}{\partial z}+\rho b_z=0\end{cases} \tag{3.2.7}$$

式(3.2.7)的三个方程称为平衡微分方程。

现在考虑最后三个平衡条件。先利用条件 $\Sigma M_x=0$,以连接六面微元体前后二面中心的线 ee' 作为取力矩的轴,这矩轴与 x 轴是平行的,于是 $\Sigma M_{ee'}=0$,即 $\Sigma M_x=0$,有:

$$\left(\tau_{zy}+\frac{\partial \tau_{zy}}{\partial y}dy\right)dxdz\frac{dy}{2}+\tau_{zy}dxdz\frac{dy}{2}-\left(\tau_{yz}+\frac{\partial \tau_{yz}}{\partial z}dz\right)dxdy\frac{dz}{2}-\tau_{yz}dxdy\frac{dz}{2}=0$$

或

$$\tau_{zy}+\frac{1}{2}\frac{\partial \tau_{zy}}{\partial y}dy-\tau_{yz}-\frac{1}{2}\frac{\partial \tau_{yz}}{\partial z}dz=0 \tag{3.2.8}$$

略去微量后得到下列第一式。同理,利用其他两个平衡条件,可得下列第二式及第三式:

$$\begin{cases}\tau_{yz}=\tau_{zy}\\ \tau_{zx}=\tau_{xz}\\ \tau_{xy}=\tau_{yz}\end{cases} \tag{3.2.9}$$

这就是剪应力互等定律。在平衡方程中有9个未知应力分量,它们都是所考察点的坐标(x,y,z)的函数。

由于平衡方程里还有6个未知应力分量,未知应力分量的数目超过平衡方程的数目,要解决问题,必须进一步研究形变条件,并考虑物体的物理性质。

平衡方程的各种表达形式见表3.2.1。

表3.2.1 平衡方程的各种表达形式

直角坐标系 (x,y,z)	$\frac{\partial \sigma_x}{\partial x}+\frac{\partial \tau_{xy}}{\partial y}+\frac{\partial \tau_{xz}}{\partial z}+\rho b_x=0$ $\frac{\partial \tau_{yx}}{\partial x}+\frac{\partial \sigma_y}{\partial y}+\frac{\partial \tau_{yz}}{\partial z}+\rho b_y=0$ $\frac{\partial \tau_{zx}}{\partial x}+\frac{\partial \tau_{zy}}{\partial y}+\frac{\partial \sigma_z}{\partial z}+\rho b_z=0$
柱面坐标系 (r,θ,z)	$\frac{\partial \sigma_r}{\partial r}+\frac{1}{r}\frac{\partial \tau_{x\theta}}{\partial \theta}+\frac{\partial \tau_{rz}}{\partial z}+\frac{\sigma_r-\sigma_\theta}{r}+\rho b_r=0$ $\frac{\partial \tau_{r\theta}}{\partial r}+\frac{1}{r}\frac{\partial \sigma_\theta}{\partial \theta}+\frac{\partial \tau_{\theta z}}{\partial z}+\frac{2\tau_{rz}}{r}+\rho b_\theta=0$ $\frac{\partial \tau_{rz}}{\partial r}+\frac{1}{r}\frac{\partial \tau_{\theta z}}{\partial \theta}+\frac{\partial \sigma_z}{\partial z}+\frac{2\tau_{rz}}{r}+\rho b_z=0$
球面坐标系 (r,θ,φ)	$\frac{\partial \sigma_r}{\partial r}+\frac{1}{r}\frac{\partial \tau_{\theta r}}{\partial \theta}+\frac{1}{r\sin\theta}\frac{\partial \tau_{\varphi r}}{\partial \varphi}+\frac{1}{r}(2\sigma_r+\cot\theta\,\tau_{\theta r}-\sigma_\theta-\sigma_\varphi)+\rho b_r=0$ $\frac{\partial \tau_{r\theta}}{\partial r}+\frac{1}{r}\frac{\partial \sigma_\theta}{\partial \theta}+\frac{1}{r\sin\theta}\frac{\partial \sigma_\theta}{\partial \varphi}+\frac{1}{r}(3\tau_{r\theta}+\cot\theta\,\sigma_\theta-\cot\theta\,\sigma_\varphi)+\rho b_\theta=0$ $\frac{\partial \tau_{r\theta}}{\partial r}+\frac{1}{r}\frac{\partial \tau_{\theta\varphi}}{\partial \theta}+\frac{1}{r\sin\theta}\frac{\partial \sigma_\varphi}{\partial \varphi}+\frac{1}{r}(3\tau_{r\varphi}+2\cot\theta\,\tau_{\theta\varphi})+\rho b_\varphi=0$
张量表达	$\sigma_{ji,j}+\rho b_i=0$ 或 $\nabla\cdot\sigma+\rho b=0$

3.3 柯西公式与坐标变换

研究物体中任一点 M 的应力状态(图3.3.1),通过该点的各个斜微元面上的应力是不同的。设通过 M 点且平行于坐标面的三个微元面上的应力已知,欲求得通过该点的某一斜微元

面的应力,在 M 点附近取一斜微元面 abc,其外法线 **n** 与各坐标轴的方向余弦为:

$$\begin{cases} \cos(\boldsymbol{n},x) = n_1 \\ \cos(\boldsymbol{n},y) = n_2 \\ \cos(\boldsymbol{n},z) = n_3 \end{cases} \tag{3.3.1}$$

这个斜微元面 abc 与通过 M 点且平行于坐标面的三个微元面形成一个四面微元体。

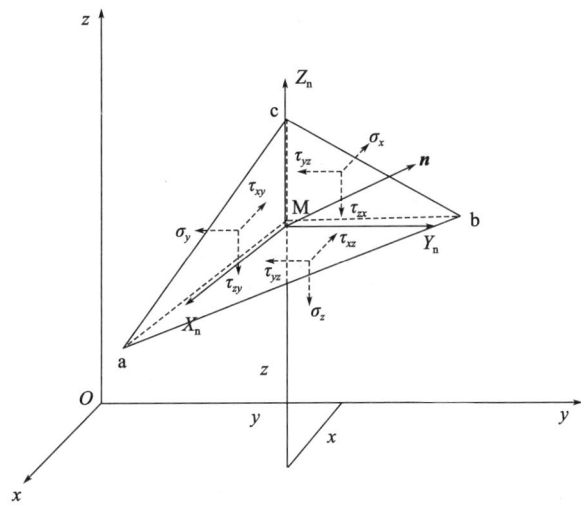

图 3.3.1 斜面上的应力

M 点至斜微元面 abc 的垂直距离 dh 是一个微量,即四面微元体的高度,斜微元面 abc 的面积为 ds,而其他三个微元面 Mcb、Mac、Mab 的面积为 d$s \cdot n_1$、d$s \cdot n_2$、d$s \cdot n_3$。

四面微元体的体积为:

$$\mathrm{d}v = \frac{1}{3}\mathrm{d}h \cdot \mathrm{d}s \tag{3.3.2}$$

由于这些微元面很小,其上作用的应力可以看作均匀分布。

设斜微元面 abc 上的应力 **t** 在坐标轴上的投影为 t_1、t_2、t_3。整个物体处于平衡状态,这个四面微元体也满足平衡条件。现考虑 x 方向平衡 $\Sigma X = 0$,即:

$$t_1 \mathrm{d}s - \sigma_x \mathrm{d}s \cdot n_1 - \tau_{xy} \mathrm{d}s \cdot n_2 - \tau_{xz} \mathrm{d}s \cdot n_3 + \rho b_x \mathrm{d}v = 0 \tag{3.3.3}$$

将式(3.3.3)除以 ds,并注意到:

$$\frac{\mathrm{d}v}{\mathrm{d}s} = \frac{1}{3}\mathrm{d}h \tag{3.3.4}$$

考虑 d$h \to 0$ 取极限,得下列方程的第一式。同理,按 $\Sigma Y = 0$、$\Sigma Z = 0$,得下列方程的第二式及第三式:

$$\begin{cases} t_1 = \sigma_x n_1 + \tau_{xy} n_2 + \tau_{xz} n_3 \\ t_2 = \tau_{yx} n_1 + \sigma_y n_2 + \tau_{yz} n_3 \\ t_3 = \tau_{zx} n_1 + \tau_{zy} n_2 + \sigma_z n_3 \end{cases} \tag{3.3.5}$$

当 d$h \to 0$ 时,斜微元面 abc 与通过 M 点所考察的斜微元面相重合,上述方程表示通过 M 点而其外法线为 **n** 的斜微元面的应力在坐标轴上的投影 t_1、t_2、t_3,可以用通过该点且平行于坐标面的三个微分面上的 9 个应力分量 σ_x、σ_y、σ_z、τ_{xy}、τ_{yx}、τ_{yz}、τ_{zy}、τ_{zx}、τ_{xz} 表示。因此物体中任一点的应力状态可以用上述 9 个应力分量来表达。式(3.3.5)写成张量形式为：

$$t_i = \sigma_{ij} n_j \tag{3.3.6}$$

这便是以应力矢量表示应力张量的柯西公式，或可写成矩阵形式：

$$\begin{bmatrix} t_1 \\ t_2 \\ t_3 \end{bmatrix} = \begin{bmatrix} \sigma_{11} & \sigma_{12} & \sigma_{13} \\ \sigma_{21} & \sigma_{22} & \sigma_{23} \\ \sigma_{31} & \sigma_{32} & \sigma_{33} \end{bmatrix} \begin{bmatrix} n_1 \\ n_2 \\ n_3 \end{bmatrix} \tag{3.3.7}$$

将 t_1、t_2、t_3 投影到法线 $\boldsymbol{n}$ 上，得到斜微元面上的正应力：

$$\begin{aligned}\sigma_n &= t_1 n_1 + t_2 n_2 + t_3 n_3 \\ &= \sigma_x (n_1)^2 + \sigma_y (n_2)^2 + \sigma_z (n_3)^2 + 2\tau_{xy} n_1 n_2 + 2\tau_{yz} n_2 n_3 + 2\tau_{zx} n_3 n_1\end{aligned} \tag{3.3.8}$$

写为张量形式：

$$\sigma_n = \sigma_{ij} n_i n_j \tag{3.3.9}$$

直角坐标系 $Oxyz$ 下空间中某一点的应力张量分量 σ_x、σ_y、σ_z、τ_{yz}、τ_{zx}、τ_{xy}，可利用柯西公式求出对于新坐标 $Ox'y'z'$ 的应力分量的变换公式。为了方便，将坐标原点 O 移至与所考察的点 M 重合，新直角坐标系 $Ox'y'z'$ 的各轴对于原直角坐标系 $Oxyz$ 各轴方向全弦列表如下：

表 3.3.1　新旧坐标变换

新＼旧	x	y	z
x'	$\alpha_{1'1}$	$\alpha_{1'2}$	$\alpha_{1'3}$
y'	$\alpha_{2'1}$	$\alpha_{2'2}$	$\alpha_{2'3}$
z'	$\alpha_{3'1}$	$\alpha_{3'2}$	$\alpha_{3'3}$

新旧坐标的基矢量变换关系为：

$$\begin{cases} \boldsymbol{e}_{x'} = \alpha_{1'1} \boldsymbol{e}_x + \alpha_{1'2} \boldsymbol{e}_y + \alpha_{1'3} \boldsymbol{e}_z \\ \boldsymbol{e}_{y'} = \alpha_{2'1} \boldsymbol{e}_x + \alpha_{2'2} \boldsymbol{e}_y + \alpha_{2'3} \boldsymbol{e}_z \\ \boldsymbol{e}_{z'} = \alpha_{3'1} \boldsymbol{e}_x + \alpha_{3'2} \boldsymbol{e}_y + \alpha_{3'3} \boldsymbol{e}_z \end{cases} \tag{3.3.10}$$

显然 $\alpha_{i'j}$ 是一个正交变换，即：

$$[\alpha_{i'j}]^{-1} = [\alpha_{i'j}]^T \tag{3.3.11}$$

对于新旧坐标系下的应力矢量 $\boldsymbol{t}$，有：

$$\begin{bmatrix} t_{x'} \\ t_{y'} \\ t_{z'} \end{bmatrix} = \begin{bmatrix} \alpha_{1'1} & \alpha_{1'2} & \alpha_{1'3} \\ \alpha_{2'1} & \alpha_{2'2} & \alpha_{2'3} \\ \alpha_{3'1} & \alpha_{3'2} & \alpha_{3'3} \end{bmatrix} \begin{bmatrix} t_x \\ t_y \\ t_z \end{bmatrix} \tag{3.3.12}$$

对于微元体斜面法向矢量 $\boldsymbol{n}$，有：

$$\begin{bmatrix} n_{x'} \\ n_{y'} \\ n_{z'} \end{bmatrix} = \begin{bmatrix} \alpha_{1'1} & \alpha_{1'2} & \alpha_{1'3} \\ \alpha_{2'1} & \alpha_{2'2} & \alpha_{2'3} \\ \alpha_{3'1} & \alpha_{3'2} & \alpha_{3'3} \end{bmatrix} \begin{bmatrix} n_x \\ n_y \\ n_z \end{bmatrix} \tag{3.3.13}$$

在新旧的坐标系下的柯西公式分别为：

$$\begin{bmatrix} t_x \\ t_y \\ t_z \end{bmatrix} = \begin{bmatrix} \sigma_x & \tau_{xy} & \tau_{xz} \\ \tau_{yx} & \sigma_y & \tau_{yz} \\ \tau_{zx} & \tau_{zy} & \sigma_z \end{bmatrix} \begin{bmatrix} n_x \\ n_y \\ n_z \end{bmatrix} \quad (3.3.14\text{a})$$

$$\begin{bmatrix} \alpha_{1'1} & \alpha_{1'2} & \alpha_{1'3} \\ \alpha_{2'1} & \alpha_{2'2} & \alpha_{2'3} \\ \alpha_{3'1} & \alpha_{3'2} & \alpha_{3'3} \end{bmatrix} \begin{bmatrix} t_x \\ t_y \\ t_z \end{bmatrix} = \begin{bmatrix} \sigma_{x'} & \tau_{x'y'} & \tau_{x'z'} \\ \tau_{y'x'} & \sigma_{y'} & \tau_{y'z'} \\ \tau_{z'x'} & \tau_{z'y'} & \sigma_{z'} \end{bmatrix} \begin{bmatrix} \alpha_{1'1} & \alpha_{1'2} & \alpha_{1'3} \\ \alpha_{2'1} & \alpha_{2'2} & \alpha_{2'3} \\ \alpha_{3'1} & \alpha_{3'2} & \alpha_{3'3} \end{bmatrix} \begin{bmatrix} n_x \\ n_y \\ n_z \end{bmatrix} \quad (3.3.14\text{b})$$

以上两式相比较,可得:

$$\begin{bmatrix} \sigma_x & \tau_{xy} & \tau_{xz} \\ \tau_{yx} & \sigma_y & \tau_{yz} \\ \tau_{zx} & \tau_{zy} & \sigma_z \end{bmatrix} = \begin{bmatrix} \alpha_{1'1} & \alpha_{1'2} & \alpha_{1'3} \\ \alpha_{2'1} & \alpha_{2'2} & \alpha_{2'3} \\ \alpha_{3'1} & \alpha_{3'2} & \alpha_{3'3} \end{bmatrix}^{\text{T}} \begin{bmatrix} \sigma_{x'} & \tau_{x'y'} & \tau_{x'z'} \\ \tau_{y'x'} & \sigma_{y'} & \tau_{y'z'} \\ \tau_{z'x'} & \tau_{z'y'} & \sigma_{z'} \end{bmatrix} \begin{bmatrix} \alpha_{1'1} & \alpha_{1'2} & \alpha_{1'3} \\ \alpha_{2'1} & \alpha_{2'2} & \alpha_{2'3} \\ \alpha_{3'1} & \alpha_{3'2} & \alpha_{3'3} \end{bmatrix} \quad (3.3.15)$$

即:
$$\sigma_{ij} = \alpha_{i'i}^{\text{T}} \, \sigma_{i'j'} \, \alpha_{j'j} \quad (3.3.16)$$

或
$$\sigma_{i'j'} = \alpha_{i'i} \, \sigma_{ij} \, \alpha_{j'j}^{\text{T}} \quad (3.3.17)$$

写成一般直角坐标系分量形式为:

$$\begin{cases} \sigma_{x'} = \sigma_x (\alpha_{1'1})^2 + \sigma_y (\alpha_{1'2})^2 + \sigma_z (\alpha_{1'3})^2 + 2\tau_{xy} \alpha_{1'1} \alpha_{1'2} + 2\tau_{yz} \alpha_{1'2} \alpha_{1'3} + 2\tau_{zx} \alpha_{1'1} \alpha_{1'3} \\ \sigma_{y'} = \sigma_x (\alpha_{2'1})^2 + \sigma_y (\alpha_{2'2})^2 + \sigma_z (\alpha_{2'3})^2 + 2\tau_{xy} \alpha_{2'1} \alpha_{2'2} + 2\tau_{yz} \alpha_{2'2} \alpha_{2'3} + 2\tau_{zx} \alpha_{2'1} \alpha_{2'3} \\ \sigma_{z'} = \sigma_x (\alpha_{3'1})^2 + \sigma_y (\alpha_{3'2})^2 + \sigma_z (\alpha_{3'3})^2 + 2\tau_{xy} \alpha_{3'1} \alpha_{3'2} + 2\tau_{yz} \alpha_{3'2} \alpha_{3'3} + 2\tau_{zx} \alpha_{3'1} \alpha_{3'3} \\ \tau_{x'y'} = \tau_{y'x'} = \sigma_x \alpha_{1'1} \alpha_{2'1} + \sigma_y \alpha_{1'2} \alpha_{2'2} + \sigma_z \alpha_{1'3} \alpha_{2'3} + \tau_{xy}(\alpha_{1'1} \alpha_{2'2} + \alpha_{2'1} \alpha_{1'2}) \\ \qquad + \tau_{yz}(\alpha_{1'2} \alpha_{2'3} + \alpha_{2'2} \alpha_{1'3}) + \tau_{zx}(\alpha_{1'1} \alpha_{2'3} + \alpha_{2'1} \alpha_{1'3}) \\ \tau_{y'z'} = \tau_{z'y'} = \sigma_x \alpha_{2'1} \alpha_{3'1} + \sigma_y \alpha_{2'2} \alpha_{3'2} + \sigma_z \alpha_{2'3} \alpha_{3'3} + \tau_{xy}(\alpha_{2'1} \alpha_{3'2} + \alpha_{3'1} \alpha_{2'2}) \\ \qquad + \tau_{yz}(\alpha_{2'2} \alpha_{3'3} + \alpha_{3'2} \alpha_{2'3}) + \tau_{zx}(\alpha_{2'1} \alpha_{3'3} + \alpha_{3'1} \alpha_{2'3}) \\ \tau_{x'z'} = \tau_{z'x'} = \sigma_x \alpha_{1'1} \alpha_{3'1} + \sigma_y \alpha_{1'2} \alpha_{3'2} + \sigma_z \alpha_{1'3} \alpha_{3'3} + \tau_{xy}(\alpha_{3'1} \alpha_{1'2} + \alpha_{1'1} \alpha_{3'2}) \\ \qquad + \tau_{yz}(\alpha_{1'2} \alpha_{3'3} + \alpha_{3'2} \alpha_{1'3}) + \tau_{zx}(\alpha_{1'1} \alpha_{3'3} + \alpha_{3'1} \alpha_{1'3}) \end{cases} \quad (3.3.18)$$

由于应力张量是对称的,可以找到一组坐标,在其中应力分量矩阵退化为对角形式:

$$\boldsymbol{\sigma} = \begin{bmatrix} \sigma_1 & 0 & 0 \\ 0 & \sigma_2 & 0 \\ 0 & 0 & \sigma_3 \end{bmatrix} \quad (3.3.19)$$

这组对应应力矩阵为对角矩阵的特殊坐标系称为主轴,相应的应力分量称为主应力,由主轴确定的平面称为主平面。

若一法向为 **n** 的切面上求得的应力矢量 **t** 与 **n** 的方向一致,则该切面上的剪应力必为零,则有:

$$t_i = \lambda n_i = \sigma_{ij} n_j \quad (3.3.20)$$

写成分量形式有:

$$\begin{cases} (\sigma_x - \lambda) n_1 + \tau_{yx} n_2 + \tau_{zx} n_3 = 0 \\ \tau_{xy} n_1 + (\sigma_y - \lambda) n_2 + \tau_{zy} n_3 = 0 \\ \tau_{xz} n_1 + \tau_{yz} n_2 + (\sigma_z - \lambda) n_3 = 0 \end{cases} \quad (3.3.21)$$

用张量记为：

$$(\sigma_{ij} - \lambda \delta_{ij}) n_j = 0 \tag{3.3.22}$$

式中δ_{ij}称为克罗内克尔(Kronecker)符号，定义为：

$$\delta_{ij} = \begin{cases} 1, & \text{当 } i = j \text{ 时} \\ 0, & \text{当 } i \neq j \text{ 时} \end{cases} \tag{3.3.23}$$

这是一个求(n_1, n_2, n_3)的线性齐次方程组问题，由于单位法向向量$|\boldsymbol{n}| = 1$，即$n_1^2 + n_2^2 + n_3^2 = 1$。因此$n_1$、$n_2$、$n_3$不可能同时为零，即方程有非零解。有非零解的条件是其系数行列式为零：

$$\begin{vmatrix} \sigma_x - \lambda & \tau_{xy} & \tau_{xz} \\ \tau_{yx} & \sigma_y - \lambda & \tau_{yz} \\ \tau_{zx} & \tau_{zy} & \sigma_z - \lambda \end{vmatrix} = 0 \tag{3.3.24}$$

将式(3.3.24)展开可得一元三次方程，该方程为特征方程：

$$\lambda^3 - I_1 \lambda^2 + I_2 \lambda + I_3 = 0 \tag{3.3.25}$$

式中I_1、I_2、I_3分别为：

$$\begin{cases} I_1 = \sigma_x + \sigma_y + \sigma_z \\ I_2 = \begin{vmatrix} \sigma_x & \tau_{xy} \\ \tau_{yx} & \sigma_y \end{vmatrix} + \begin{vmatrix} \sigma_y & \tau_{yx} \\ \tau_{zy} & \sigma_z \end{vmatrix} + \begin{vmatrix} \sigma_z & \tau_{zx} \\ \tau_{xz} & \sigma_x \end{vmatrix} \\ I_3 = \begin{vmatrix} \sigma_x & \tau_{xy} & \tau_{xz} \\ \tau_{yx} & \sigma_y & \tau_{yz} \\ \tau_{zx} & \tau_{zy} & \sigma_z \end{vmatrix} \end{cases} \tag{3.3.26}$$

求解特征方程式，可得到三个特征根σ_1、σ_2、σ_3，这三个特征根被称为主应力。于是：

$$(\lambda - \sigma_1)(\lambda - \sigma_2)(\lambda - \sigma_3) = 0 \tag{3.3.27}$$

根据根与系数的关系得：

$$\begin{cases} I_1 = \sigma_1 + \sigma_2 + \sigma_3 \\ I_2 = \sigma_1 \sigma_2 + \sigma_2 \sigma_3 + \sigma_3 \sigma_1 \\ I_3 = \sigma_1 \sigma_2 \sigma_3 \end{cases} \tag{3.3.28}$$

这里I_1、I_2、I_3是应力张量σ_{ij}的三个主不变量，分别称为第一、第二、第三应力不变量。

一般情况下，三个主应力的次序按其代数值的大小排列，即$\sigma_1 \geq \sigma_2 \geq \sigma_3$。在求得主应力后，还可以求出主应力所在的方向。从线性代数理论可知，在任何一点都存在着三个主应力，其对应的主方向相互垂直。

3.4 应变张量

岩石在外界因素(如外力、温度等)作用下，不但能产生整体运动而且也会发生变形。所谓变形，是指岩石内部各点之间的相对距离发生改变。一般情况下岩石中每点的位移是不同的，每点的位移是其坐标(x, y, z)函数。考察一个物质点P，其初始所处空间位置是：

$$r = xe_x + ye_y + ze_z \tag{3.4.1}$$

受外力作用后，P 点运动至 P′，其位置矢量变为：

$$r' = x'e_x + y'e_y + z'e_z \tag{3.4.2}$$

两位置矢量之差就是 P 点的位移，矢量 $\overrightarrow{PP'}$ 称为位移矢量，用 u 表示，即：

$$u(x,y,z) = r' - r \tag{3.4.3}$$

或用分量表示：

$$\begin{cases} u_x(x,y,z) = x' - x \\ u_y(x,y,z) = y' - y \\ u_z(x,y,z) = z' - z \end{cases} \tag{3.4.4}$$

为了描述物体内一点的变形，考察过这点的任意一微小线段，即线元。线元在变形前后的相对变化量定义为正应变：

$$\varepsilon = \frac{l - l_0}{l_0} \tag{3.4.5}$$

式中，l_0 为变形前长度，l 为变形后长度，ε 为正应变。

为了描述线元方向的相对变化，以过同一点且与原线元垂直的另一线元作为参照，变形前后夹角的改变定义为剪应变：

$$\gamma = \frac{\pi}{2} - \alpha \tag{3.4.6}$$

式中，α 为线元变形后夹角。

从应变的定义可知，正应变以伸长为正，缩短为负；而剪应变以锐角为正，钝角为负。

在直角坐标下，应变与位移关系为：

$$\begin{cases} \varepsilon_{xx} = \dfrac{\partial u_x}{\partial x} \\[4pt] \varepsilon_{yy} = \dfrac{\partial u_y}{\partial y} \\[4pt] \varepsilon_{zz} = \dfrac{\partial u_z}{\partial z} \\[4pt] \varepsilon_{xy} = \varepsilon_{yx} = \dfrac{1}{2}\left(\dfrac{\partial u_x}{\partial y} + \dfrac{\partial u_y}{\partial x}\right) \\[4pt] \varepsilon_{yz} = \varepsilon_{zy} = \dfrac{1}{2}\left(\dfrac{\partial u_y}{\partial z} + \dfrac{\partial u_z}{\partial y}\right) \\[4pt] \varepsilon_{zx} = \varepsilon_{xz} = \dfrac{1}{2}\left(\dfrac{\partial u_z}{\partial x} + \dfrac{\partial u_x}{\partial z}\right) \end{cases} \tag{3.4.7}$$

应变张量可以用一对称矩阵表达：

$$\begin{bmatrix} \varepsilon_{xx} & \varepsilon_{xy} & \varepsilon_{xz} \\ \varepsilon_{yx} & \varepsilon_{yy} & \varepsilon_{yz} \\ \varepsilon_{zx} & \varepsilon_{zy} & \varepsilon_{zz} \end{bmatrix}$$

式(3.4.7)用张量形式可以写为：

$$\varepsilon_{ij} = \frac{1}{2}\left(\frac{\partial u_i}{\partial x_j} + \frac{\partial u_j}{\partial x_i}\right) \tag{3.4.8}$$

应变与位移关系也称为几何方程，其在不同坐标系下的表达形式见表 3.4.1。

表 3.4.1 几何方程的各种表达形式

直角坐标系 (x,y,z)	$\varepsilon_{xx} = \frac{\partial u_x}{\partial x},\ \varepsilon_{yy} = \frac{\partial u_y}{\partial y},\ \varepsilon_{zz} = \frac{\partial u_z}{\partial z}$ $\varepsilon_{xy} = \varepsilon_{yx} = \frac{1}{2}\left(\frac{\partial u_x}{\partial y} + \frac{\partial u_y}{\partial x}\right)$ $\varepsilon_{yz} = \varepsilon_{zy} = \frac{1}{2}\left(\frac{\partial u_y}{\partial z} + \frac{\partial u_z}{\partial y}\right)$ $\varepsilon_{zx} = \varepsilon_{xz} = \frac{1}{2}\left(\frac{\partial u_z}{\partial x} + \frac{\partial u_x}{\partial z}\right)$
柱面坐标系 (r,θ,z)	$\varepsilon_{rr} = \frac{\partial u_r}{\partial r},\ \varepsilon_{\theta\theta} = \frac{1}{r}\left(\frac{\partial u_\theta}{\partial \theta} + u_r\right),\ \varepsilon_{zz} = \frac{\partial u_z}{\partial z}$ $\varepsilon_{r\theta} = \varepsilon_{\theta r} = \frac{1}{2}\left(\frac{\partial u_\theta}{\partial r} + \frac{1}{r}\frac{\partial u_r}{\partial \theta} - \frac{u_\theta}{r}\right)$ $\varepsilon_{\theta z} = \varepsilon_{z\theta} = \frac{1}{2}\left(\frac{\partial u_\theta}{\partial z} + \frac{1}{r}\frac{\partial u_z}{\partial \theta}\right)$ $\varepsilon_{zr} = \varepsilon_{rz} = \frac{1}{2}\left(\frac{\partial u_r}{\partial z} + \frac{\partial u_z}{\partial r}\right)$
球面坐标系 (r,θ,φ)	$\varepsilon_{rr} = \frac{\partial u_r}{\partial r},\ \varepsilon_{\theta\theta} = \frac{1}{r}\left(\frac{\partial u_\theta}{\partial \theta} + u_r\right),\ \varepsilon_{\varphi\varphi} = \frac{1}{r}\left(\frac{1}{\sin\theta}\frac{\partial u_\varphi}{\partial \varphi} + u_r + \cot\theta\, u_\theta\right)$ $\varepsilon_{r\theta} = \varepsilon_{\theta r} = \frac{1}{r}\frac{\partial u_r}{\partial \theta} + \frac{\partial u_\theta}{\partial r} - \frac{u_\theta}{r}$ $\varepsilon_{\theta\varphi} = \varepsilon_{\varphi\theta} = \frac{1}{2r}\left(\frac{1}{\sin\theta}\frac{\partial u_\theta}{\partial \varphi} + \frac{\partial u_\varphi}{\partial \theta} - \cot\theta\, u_\varphi\right)$ $\varepsilon_{\varphi r} = \varepsilon_{r\varphi} = \frac{1}{2}\left(\frac{\partial u_\varphi}{\partial r} + \frac{1}{r\sin\theta}\frac{\partial u_r}{\partial \varphi} - \frac{1}{r}u_\varphi\right)$

应变张量的各分量有明确的几何意义。ε_{xx} 表示 x 方向线元 dx 的单位伸长率，ε_{yy}、ε_{zz} 分别表示线元 dy 和 dz 的单位伸长率。ε_{xy} 表示在 x 和 y 方向上的两个线元之间夹角的减少量的一半，类似地，可给出 ε_{xz}、ε_{yz} 的几何解释。

设一点处物质微元的初始体积为 v_0，受力变形后产生体积变化 Δv_0。表征体积变化的体积应变为：

$$\varepsilon_v = \frac{\Delta v}{v_0} = \varepsilon_{xx} + \varepsilon_{yy} + \varepsilon_{zz} \tag{3.4.9}$$

3.5 线性弹性本构方程

岩石在弹性范围内，应力与应变呈一一对应的线性关系，对这种弹性体的本构关系描述就是胡克定律。胡克定律的张量形式为：

$$\sigma_{ij} = C_{ijkl}\, \varepsilon_{kl} \tag{3.5.1}$$

式中，σ_{ij} 为应力张量，ε_{kl} 为应变张量，C_{ijkl} 为弹性常数张量。

当考虑到应力张量和应变张量的对称性,以及岩石材料的各向同性性质时,胡克定律可化简为:
$$\sigma_{ij} = \lambda \theta \delta_{ij} + 2\mu \varepsilon_{ij} \tag{3.5.2}$$
式中,$\theta = \varepsilon_{kk} = \varepsilon_{11} + \varepsilon_{22} + \varepsilon_{33}$,是应变张量第一主不变量;$\lambda$ 和 μ 称为拉梅常数。

在直角坐标系中,各向同性线性弹性岩石的胡克定律的分量形式为:
$$\begin{cases} \sigma_{xx} = \lambda(\varepsilon_{xx} + \varepsilon_{yy} + \varepsilon_{zz}) + 2\mu \varepsilon_{xx} \\ \sigma_{yy} = \lambda(\varepsilon_{xx} + \varepsilon_{yy} + \varepsilon_{zz}) + 2\mu \varepsilon_{yy} \\ \sigma_{zz} = \lambda(\varepsilon_{xx} + \varepsilon_{yy} + \varepsilon_{zz}) + 2\mu \varepsilon_{zz} \\ \sigma_{xy} = 2\mu \varepsilon_{xy} \\ \sigma_{xz} = 2\mu \varepsilon_{xz} \\ \sigma_{yz} = 2\mu \varepsilon_{yz} \end{cases} \tag{3.5.3}$$

若用 σ_{ij} 表示 ε_{ij},则:
$$\varepsilon_{ij} = \frac{1}{E}[(1+v)\sigma_{ij} - vI_1\delta_{ij}] \tag{3.5.4}$$

其中
$$I_1 = \sigma_{kk} = \sigma_{11} + \sigma_{22} + \sigma_{33} \tag{3.5.5}$$
$$E = \frac{\mu(3\lambda + 2\mu)}{\lambda + \mu} \tag{3.5.6}$$
$$v = \frac{\lambda}{2(\lambda + \mu)} \tag{3.5.7}$$

用拉梅常数表示杨氏模量和泊松比,则:
$$\begin{cases} \lambda = \dfrac{Ev}{(1+v)(1-2v)} \\ \mu = \dfrac{E}{2(1+v)} \end{cases} \tag{3.5.8}$$

在直角坐标系中,胡克定律的分量形式也可写为:
$$\begin{cases} \varepsilon_{xx} = \dfrac{1}{E}[\sigma_{xx} - v(\sigma_{yy} + \sigma_{zz})] \\ \varepsilon_{yy} = \dfrac{1}{E}[\sigma_{yy} - v(\sigma_{xx} + \sigma_{zz})] \\ \varepsilon_{zz} = \dfrac{1}{E}[\sigma_{zz} - v(\sigma_{xx} + \sigma_{yy})] \\ \varepsilon_{xy} = \dfrac{1+v}{E}\sigma_{xy} \\ \varepsilon_{xz} = \dfrac{1+v}{E}\sigma_{xz} \\ \varepsilon_{yz} = \dfrac{1+v}{E}\sigma_{yz} \end{cases} \tag{3.5.9}$$

工程上,常将胡克定律的剪切部分记为:
$$\varepsilon_{ij} = \frac{1}{2G}\sigma_{ij} \quad (i \neq j) \tag{3.5.10}$$

其中

$$G = \mu = \frac{E}{2(1+v)} \quad (3.5.11)$$

式中，G 为剪切弹性模量。

第一应力不变量 I_1 与体积应变 θ 的关系，可写为：

$$I_1 = K\theta \quad (3.5.12)$$

其中

$$K = \frac{E}{3(1-2v)} \quad (3.5.13)$$

式中，K 为弹性体积模量。

探索与展望

岩石力学是研究岩石物质在外界因素作用下的应力、应变、破坏及稳定性的学科。弹性力学理论不仅仅是固体力学的重要分支，也是岩石力学的重要理论基础。弹性力学理论体系完备而系统，其数学表达为线性偏微分方程边值问题，备选解法充分。许多基本的岩石力学模型都可以简化为弹性力学问题，应用范围广泛。虽然弹性力学的连续性、均质性、各向同性、小变形等假设提供了力学理论的简洁性和易用性，但是也为岩石力学问题的深入认识带来了一定的偏差。事实上，自然界的岩石不是一种理想的材料，它既不连续，也不均质、各向同性，在许多情况下，也不是小变形物质。针对特定的工程问题，需要突破线性弹性理论的基本假定。

1. 连续性

变形体力学理论大都遵循物体连续性这一基本假设，即假定整个物体的体积都被这个物体的物质连续填充。此时，物体运动的物理量(如应力、变形和位移等)才能用坐标的连续函数表达。然而上述假设在许多情况下是不存在的。因为岩石小到晶粒尺寸范围时，就已出现不连续性。此外岩石本身包括有许多孔隙、节理、微裂隙和裂缝，它是非均匀非连续各向异性的，岩石力学中采用弹性力学的理论分析天然地质条件下岩石的变形和破坏，只能在特定条件下适用。

2. 本构关系

应力与应变的线性弹性模型是最简单最普遍的本构关系。由于所研究问题的不同，常常会突破线性弹性本构关系。即使在弹性范围内，二次弹性、超弹性等非线性弹性模型都可能会更准确地描述一些材料的应力应变关系，当然，非线性弹性力学的复杂程度大大超过本书的弹性力学理论。在弹性本构关系之外，还研究存在不可恢复变形的塑性本构关系，其应力与应变关系一般不是一一对应的。在荷载作用下，物质的变形与时间相关，就发生黏性流动。许多看似固体的材料也会发生此类变形，这种变形速率与应力相关，称为流变。在实际物质中，许多是弹性、塑性和黏性同时存在的，统称为黏弹塑性物质，其本构关系多样而复杂。本构方程的选择，既要考虑到数学的精确、计算的方便，更要考虑到工程问题的特殊性，往往是同一种物质，在不同的工程研究目标下，所选择的本构关系也是不同的。

3. 无限小变形与有限变形

经典力学是在无限小变形的基础上发展起来的。一个变形体微元的运动一般可以分解为平移、转动和变形三者的复合。如果仅研究平移,忽略转动和变形,牛顿质点力学的理论就可以解决。如果研究平移和转动,忽略变形,则大学本科工程力学中的刚体力学理论就可以解决。如果研究变形,忽略平移和转动,则本章的小变形弹性力学理论就可以解决,这个理论假设所有变形后的方程和边界条件可以用变形前的替代。若研究平移、转动和变形同时存在的问题,需要有限变形理论,代表性的理论有格林应变理论、极分解理论、S-R 分解理论,属于几何非线性的数学力学理论。漫长地质年代中地层的构造运动问题,钻井过程中复合盐岩、软泥岩井眼缩颈问题,都需要有限变形力学理论。

4. 计算力学

近代力学的基本理论和基本方程在 19 世纪末 20 世纪初已基本完备了,后来的力学家大多致力于寻求各种具体问题的解。但由于许多力学问题相当复杂,很难获得解析解,用数值方法求解也遇到计算工作量过于庞大的困难。通常只能通过各种假设把问题简化到可以处理的程度,以得到某种近似的解答,或是借助于实验手段来谋求问题的解决。第二次世界大战后,第一台电子计算机在美国出现,并迅速发展。20 世纪 60 年代出现了大型通用数字电子计算机,这种强大的计算工具的出现使复杂的数字运算不再成为障碍,为计算力学的形成奠定了物质基础。与此同时,适用于计算机的各种数值方法,如矩阵运算、线性代数、数学规划等也得到相应的发展;椭圆型、抛物型、双曲型微分方程的差分格式和稳定性理论研究也相继取得进展。有限元法的提出为把连续体力学问题化作离散的力学模型开拓了宽广的途径。有限元法的物理实质是:把一个连续体近似地用有限个在节点处相连接的单元组成的组合体来代替,从而把连续体的分析转化为单元分析加上对这些单元组合的分析问题。有限元法和计算机的结合,产生了巨大的威力,应用范围很快从简单的杆、板结构推广到复杂的空间组合结构,使过去不可能进行的一些大型复杂结构的静力分析变成了常规的计算。另一种有效的计算方法——有限差分方法也差不多同时在流体力学领域内得到新的发展。当前岩石力学数值计算方法得到迅猛发展,出现了有限差分、有限元、边界元、离散元、块体元、无限元、流形元及其混合应用等各种数值模拟技术,使复杂岩石力学工程问题的设计发生了根本性的变化。不同数值计算方法的结合更能发挥各种数值方法优势互补的作用,如有限元—边界元的混合、有限元—离散元的混合、有限元—无限元和有限元—块体元的混合等。然而,由于岩体的非连续、非均质、各向异性及天然初始地应力影响、地下水影响及复杂边界条件处理等诸多复杂情况,使得当前岩石力学数值计算仍然是一个值得探讨的问题。

5. 多场多尺度问题

所谓多尺度问题,是指从连续体到粒子动力等不同尺寸大小或时间长短的理论与计算领域,涵盖范围包括从巨观(Macroscale)、微观(Microscale)、介观(Mesoscale)到纳米层级(Nanoscale)问题,并不包括量子尺度(Quantum scale)问题。其应用对象可大到地质构造或井眼系统而小至纳米孔隙。连续体计算将物质视为连续分布于空间,因此根据质量守恒、动量守恒、能量守恒方程式并加入必要的物理模式,如井眼内钻井液的流动、油田注水过程中地应力的变化等,发展出固体力学、流体力学、传热学及电磁学,再由有限元法、边界元法、有限差分法等数值方法,发展出一些成熟的软件,广泛使用于科学研究及工业产品开发。粒子动力计算将物质视为许多原子或较大的粒子相互作用的多质点动力系统,因此基于牛顿力学、粒子与粒子间的作用力、数值积分法及统计力学,可仿真许多粒子的非线性运动行为并粹取其所呈现的物理性质。基本上,许多连续体是由微米、纳米层级材料所组成的,此种材料特性终将影响其组成后连续体材料的块状行为(Bulk behavior)。因此为了能掌握此类材料的巨观特性,必须先能掌握微纳米粒子本身的几何及材料行为。近年来由于计算机技术的进步,数值模拟为微纳米的研究提供了一个非常有效的方法。然而纳米颗粒尺寸相当小,无法直接采用现有的量测设备及实验方法检测;又因其原子数目过大,以至于无法直接使用现有计算机设备加以模拟;另外,由于纳米颗粒的动力计算中,所研究的物理量空间尺度(spatial scaling)及时间尺度(temporal scaling)相对较大,因此必须使用合适的跨尺度整合的计算方法。如何建立跨尺度整合的计算方法,成为目前纳米材料力学研究的重要课题。此外,由于各种物理量(如力、热、电磁)在纳米尺度上对材料的作用或影响相近,因此纳米技术研究势必需要跨领域整合。除了纳米技术的研究上需要跨领域整合,一般工程系统,如油气集输、钻完井、油气开发等,常同时涉及如气体动力、结构,甚至电磁、传热及结构等多领域物理性的作用,整合目前既有的各个领域计算仿真软件,发展多尺度、甚至多领域耦合的计算理论及模拟技术,以预测从连续体至纳米结构的力学行为成为多尺度多场耦合研究的目标。

在其他方面,对于剪应力互等定律、圣维南原理等力学基本理论,均有不同层次的突破和探索,如微极力学理论、非局部力学理论、混合物理论等。

历史注释

弹性是研究岩石材料最常用的应力应变模型。人类对弹性的认识可以追溯到千年以前。早在东汉时期人们就已经发现弹性变形与外力成比例的规律。东汉经学家郑玄(127—200)就《考工记·弓人》中"量其力,有三均"注释道:"假令引力胜三石,引之中三尺,弛其弦,以绳缓摆之,每加物一石,则张一尺"。古人测弓拉力的时候,是没有上弓弦的。具体的方法今天已经无从知晓。明代宋应星在《天工开物》中有关测弓拉力的叙述如下图所示。

明代《天工开物》中测弓拉力的插图

关于弹簧的科学研究始于英国力学家胡克(Robert Hooke,1635—1703)。在1678年题为《弹簧》的论文中,胡克用四种弹性物体进行试验。胡克在论文中写道:"取一根长20、或30、或40英尺的金属丝,把上端用钉子固定,下端系一砝码。测量秤盘底至地面的距离,再将若干砝码加到秤盘上,按照次序记下金属丝的伸长量。比较这些伸长量,可以看出砝码与对应的伸长量之间存在比例关系。"他所得到的外力与变形成比例的结论,后人称为胡克定律,其试验装置如下图所示。

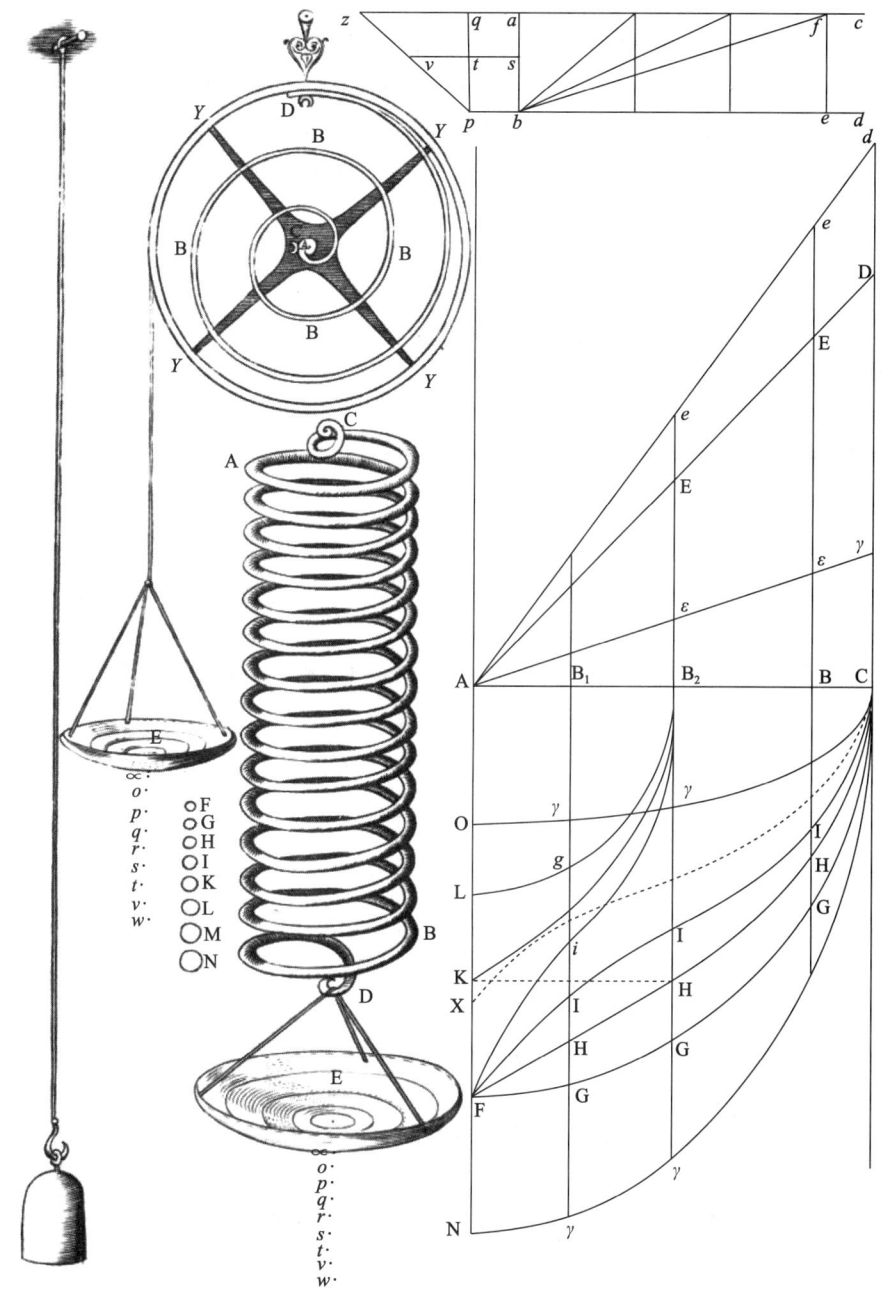

胡克的弹性试验装置

弹性力学理论框架的构建,三位法国科学家做出了重要的贡献,他们是法国路桥学院的毕业生柯西(Augustin Louis Cauchy,1789—1857)、该校的教师纳维(Claude Louis Marie Henri Navier,1785—1836)及纳维的学生圣维南(Adhemar Jean Claode Barre de Saint-Venant,1797—1886)。柯西和纳维是弹性力学一般理论的奠基人,圣维南则提供了大量的经典弹性问题的求解方法。

1821年纳维向法兰西科学院提交了题为《弹性固体的平衡和运动法则》的研究报告,由分子假设出发,导出了各向同性弹性体的平衡方程,利用惯性力的概念还可以得到运动方程。纳维的研究引起柯西的重视,从1822年起,柯西发表了一系列论文,引进了应变的概念,建立了应变和位移的关系;提出了应力张量和主应力的概念;建立了应变张量与应力张量的关系——广义胡克定律;导出了以位移表示的平衡方程。圣维南则重视将理论研究成果应用于工程实际,建立了著名的关于应力分布的圣维南原理,验证了弯曲梁的平截面假设,提出和发展了求解弹性力学问题的半逆解法。

1807年托马斯·杨提出弹性模量的定义,后人将其称为杨氏模量。1829年泊松提出各向同性弹性杆的横向收缩应变与纵向伸长之比是一个常数,这个比例常数后人称为泊松比。1859年拉梅建立了曲线坐标中的弹性力学方程。

科学群星闪烁的时代,经典弹性力学积淀了灿烂的理论宝藏。

思考题

1.在进行应力分析时,通常假定岩石是连续的。在天然环境中的岩石往往存在断层、节理、层理面及裂隙等非连续地质特征。在对岩石材料建立力学模型时,应如何考虑连续性?

2.在建立弹性力学平衡微分方程、几何方程和本构方程时,分别应用了哪些基本假设?

3.岩石力学与弹性力学对应力符号是如何规定的?有什么差别?其原因是什么?

4.应力的不同单位制各有什么来源?目前世界主要大国使用什么单位制?

5.应力是张量还是矢量?

6.应力张量矩阵为什么是对称的?

7.柱面坐标系中的平衡方程与直角坐标系中的平衡方程有较大区别,不仅仅变量发生变化,与直角坐标系方程相比,还出现一些冗余项,试分析出现的原因。

8.通过岩心实验可以测量到地下一点处某一方向的法向应力值。若要完全确定一点的应力状态,需要安排几组此类实验?

9.什么是线应变(正应变)、剪应变(切应变)?如何由一点应变分量求任意方向的线应变、主应变、主应变方向?

10.已知位移分量可唯一确定其应变分量,反过来由应变分量是否也能唯一确定位移分量?需要什么条件?

11.描述线性弹性本构方程的独立物理常数有几个?常用的有哪些?

12.在钻井过程中,钻头受到与地层岩石的作用力、与钻柱的连接力、钻井液的浮力和钻头自身的重力,试分析上述4种力中的面力与体力。

习题

1. 一点处的应力张量为：

$$[\sigma] = \begin{bmatrix} 7 & 0 & -2 \\ 0 & 5 & 0 \\ -2 & 0 & 4 \end{bmatrix}$$

求该点处单位法向矢量为 $\boldsymbol{n} = \dfrac{2}{3}\boldsymbol{e}_1 - \dfrac{2}{3}\boldsymbol{e}_2 + \dfrac{1}{3}\boldsymbol{e}_3$ 平面上的应力矢量。

2. 对上一题的应力矢量，求：(1) 垂直于平面的分量；(2) 应力矢量 $\boldsymbol{t}_n$ 的大小；(3) 应力矢量 $\boldsymbol{t}_n$ 与 $\boldsymbol{n}$ 之间的夹角。

3. 已知 P 点处的应力矢量为：

$$[\sigma] = \begin{bmatrix} 7 & -5 & 0 \\ -5 & 3 & 1 \\ 0 & 1 & 2 \end{bmatrix}$$

如右图所示，求通过 P 点平行于 ABC 平面上的应力矢量。

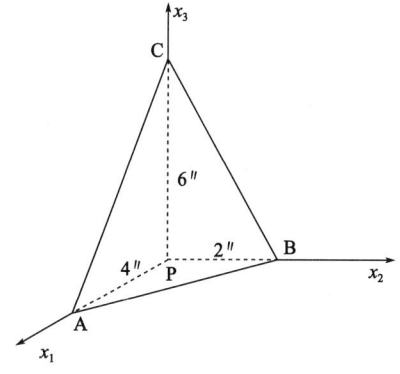

习题 3 图

4. 已知一点的应力张量为：

$$[\sigma] = \begin{bmatrix} 3 & 1 & 1 \\ 1 & 0 & 2 \\ 1 & 2 & 0 \end{bmatrix}$$

求其主应力和主应力方向。

5. 已知位移函数：

$$u = k(x^2 + 58)$$
$$v = k(6yz + 4)$$
$$w = k(66x^2 + 67y^2 + 22)$$

其中 k 为常数。试求 (1, 0, 2) 处的应变。

第4章 岩石的破坏

岩石在外部荷载作用下,首先产生变形。随着荷载的不断增加,形变量也不断增大。当荷载达到或超过某一限度时,将导致岩石发生某种形式的破坏。也就是说,当卸载后岩石无法恢复到原来的状态。三轴实验前后岩石破坏形态对比如图4.0.1(彩图4.0.1)所示。与普通材料一样,岩石变形也有弹性变形、塑性变形和流变变形之分。但由于岩石的矿物组成及结构的复杂性,导致岩石的变形性质比普通材料要复杂得多。岩石的变形性质是岩石力学研究的一个重要方面,且一般可通过岩石变形试验所获得的应力—应变—时间关系曲线,以及弹性模量、泊松比等力学参数来进行研究。第2章已经介绍了单轴压缩与三轴压缩条件下的岩石变形及蠕变性质等内容,本章则着重讲述岩石破坏准则,即研究用以表征岩石破坏条件的应力状态与岩石强度参数间的函数关系。

彩图4.0.1 某砂岩样品三轴实验前后岩心对比

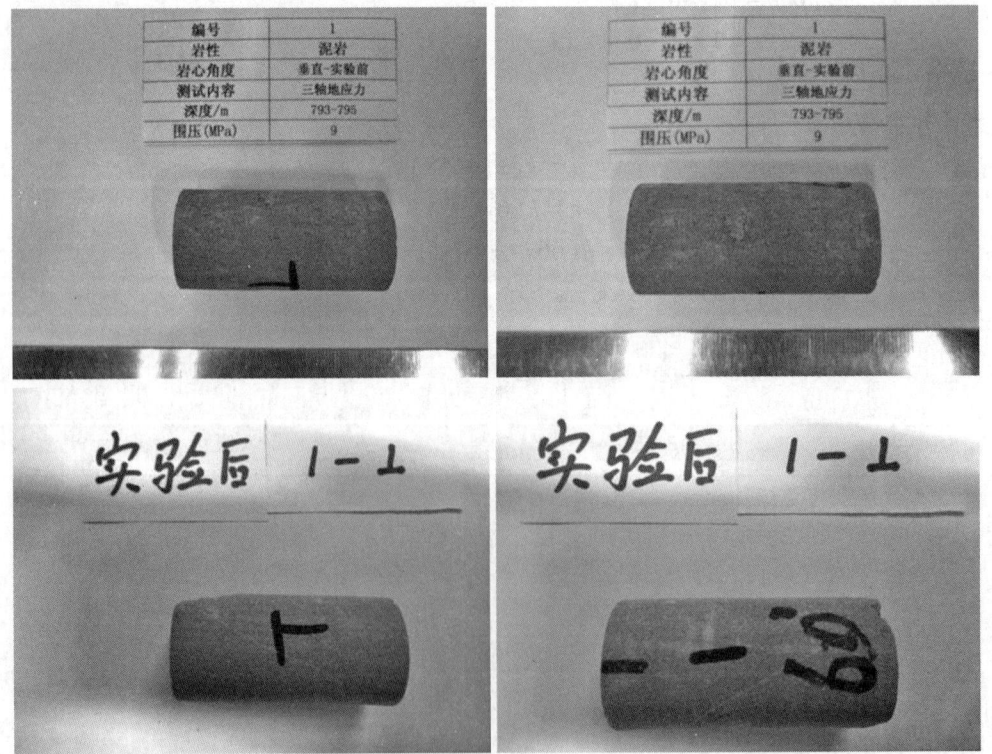

图4.0.1 某砂岩样品三轴实验前后岩心对比

4.1 岩石破坏机理

影响岩石破坏的因素有很多,如应力、温度、应变率、试件大小和应力梯度等。目前岩石破坏准则通常只考虑应力的影响,由于对其他因素影响的研究相对较少,故多未予以考虑。研究岩石的破坏准则主要包括试验研究和理论研究两种方法。前者根据大量试验结果,进行分析整理探究规律,并通过拟合求得数学表达式;后者依据固体力学理论,从固体的基本物理性质出发,通过理论推导来建立岩石的破坏准则。

当岩石承受外部应力超过自身极限时,岩石发生破坏,这个极限取决于岩石所处的整体应力状态,而不仅仅是一个方向的应力。为了进一步描述岩石在受力过程中的状态,假设在应力空间中存在一个各向同性材料的岩石试件,其任一点的应力状态可以用三个主应力来表征,即由 σ_1、σ_2 和 σ_3 三个主应力所描述的应力空间对岩石的受力状态进行描述。当以某种方式增加主应力使试件发生破坏时,每一个破坏点都将在主应力空间中显示,通过不同的应力路径,将在应力空间中获得无限多个破坏点,将这些破坏点连接起来可以形成一个连续的面,这个面被称为破坏面,如图 4.1.1 所示,且这个破坏面可以通过式(4.1.1)进行描述,该式也被称为岩石的破坏准则:

$$f(\sigma_1', \sigma_2', \sigma_3') = 0 \tag{4.1.1}$$

式中,$f(x)$ 为破坏面方程;σ_1'、σ_2'、σ_3' 分别为三个方向的有效主应力。

由图 4.1.1 可以看出,在假设条件下,只有在破坏面内部的应力状态下岩石才是完整的,但事实上这并不意味着在破坏面以外的任何应力状态下岩石均发生破坏。正因如此,岩石在适当的条件下即使发生破坏,依然能够维持稳定,承受一定的外部荷载。

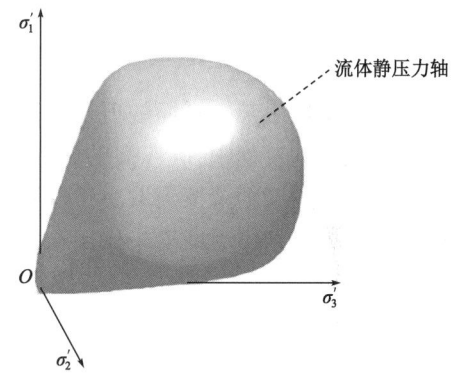

图 4.1.1 主应力条件下的破坏面示意图

岩石的破坏形式不仅与其应力状态、岩石类型和几何尺寸有关,同时也与岩石的应力加载历史有关。产生疲劳破坏的应力值要比岩石在常规荷载下发生破坏时的应力值低,故根据岩石本身性质的差异和受力条件的不同,通常将岩石的破坏形式划分为脆性破坏和延性破坏两种形式。岩石的脆性破坏是指岩石中的微裂纹萌生和扩展后在无明显变形或其他预兆下发生突然破坏;而延性破坏则是指岩石中结晶颗粒内部晶格间或颗粒之间发生滑移破坏,虽然也可以产生微破裂和剪胀现象,但其变形的主要特点是塑性流动。在围压较小、温度较低、岩性坚硬的情况下,多呈脆性破坏形式;而在围压较高、温度较高和岩性松软(如泥岩、黏土岩)的情况下,多呈延性破坏形式。但是,脆性破坏和延性破坏主要是针对岩石达到破坏时所对应的应变大小而言,并未指出岩石破坏的本质。大量试验证明,岩石在复杂应力条件下,其破坏机制有三种,即拉伸破坏、剪切破坏和塑性流动,不同破坏模式如图 4.1.2 所示。

当岩石中有效拉应力超过临界极限时,就会发生拉伸破坏。这个极限称为抗拉强度,通常用符号 T_0 表示。抗拉强度是岩石本身所固有的属性,其单位与应力的单位相同。大多数沉积

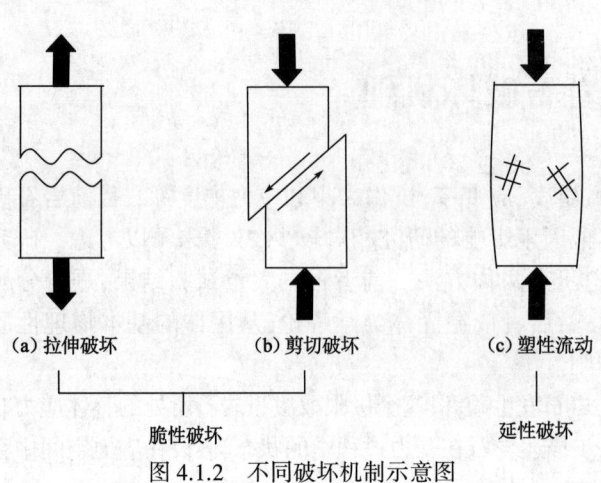

图 4.1.2 不同破坏机制示意图

岩的抗拉强度都很低,通常只有几兆帕或更低,所以人们常说岩石"抗压不抗拉"。事实上,在一些实际工程应用中,常常将抗拉强度的临界值设为 0MPa。受拉伸作用破坏的岩石样品通常沿着一个光滑或粗糙的断裂面开裂[图 4.1.2(a)],因此拉伸破坏往往伴随着高度局部性和非均匀性。断裂面的产生往往源于预先存在的裂纹,且所产生的裂缝平面或多或少与拉应力方向垂直。当岩石进一步发生破坏时,破裂通常率先发生于最大裂缝的边缘处,因此若岩样中存在大量裂缝,体积最大的裂缝往往比其他裂缝增长得更快,并迅速将岩样分为两半,抗拉强度显著受到岩石中发育裂缝的影响。岩石的抗拉强度准则可以用式(4.1.2)表示,该准则不仅规定了发生拉伸破坏的应力条件,并确定了破坏面在主应力空间中的位置。

$$\sigma' = -T_0 \tag{4.1.2}$$

式中,σ' 为有效应力,$-T_0$ 为岩石抗拉强度(负号仅表示方向)。

对于各向同性岩石,最小有效主应力即为其抗拉强度,即拉伸破坏准则可以写为:

$$\sigma_3' = -T_0 \tag{4.1.3}$$

式中,σ_3' 为最小有效主应力。

当岩石试样中某一平面的剪切应力足够高时,就会发生剪切破坏,最终沿破坏面形成断裂带。在摩擦滑动过程中,破坏面的两侧会发生相对移动[图 4.1.2(b)]。众所周知,阻碍两个接触物体相对运动的摩擦力取决于这两个物体接触面上的法向应力。因此,可以认为发生剪切破坏的临界剪切应力取决于作用在破坏面上的有效正应力,即临界剪切强度可以表示为:

$$|\tau_{max}| = f(\sigma') \tag{4.1.4}$$

式中,τ_{max} 为临界剪切应力。

上述假设称为莫尔假设(Mohr hypothesis)。在 τ-σ' 平面中,式(4.1.4)描述了一条将安全区域与破坏区域分开的临界线,即式(4.1.4)通常可以被认为是 τ-σ' 平面中的临界破坏线,通常也被称为临界包络线。当岩石内部任意点的应力状态(τ,σ')位于该曲线之下时不会发生剪切破坏,反之则会发生剪切破坏。以图 4.1.3 为例,图中表示该岩样处于安全状态(所有应力状态均处于包络线之下)。最大莫尔圆上的应力值的大小决定了是否发生剪切破坏,即当临界包络线确定后,σ_1' 和 σ_3' 决定了最大莫尔圆的大小,而最大莫尔圆的大小决定了是否与包络线相切或相割而引起剪切破坏。因此,根据莫尔假设,纯剪切破坏只与最大和最小有效主应力有关,而与中间有效主应力无关。

通过选择不同的函数 $f(\sigma')$ 并将其代入式(4.1.4)中,可以获得不同的剪切破坏准则。如果选择常数,由此获得式(4.1.5)表示的准则,该准则也被称为特雷斯卡准则(Tresca criterion),该准则简单地表明了当达到岩石的临界剪切强度时,岩石将发生屈服。在 τ-σ 平面中,特雷斯卡准则为一条水平线。

$$\tau_{\max} = \frac{1}{2}(\sigma_1' - \sigma_3') = c \tag{4.1.5}$$

式中,c 为材料的抗剪强度(也被称为黏聚力)。

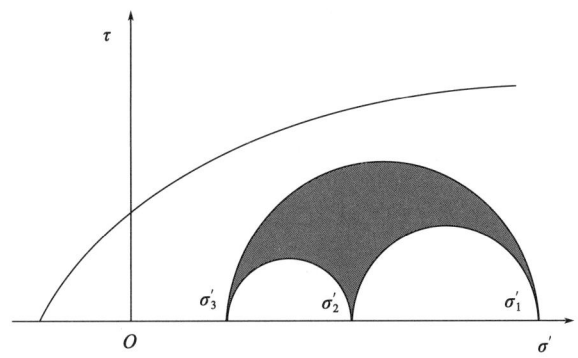

图 4.1.3 莫尔圆与临界剪切包络线

4.2 岩石破坏准则

岩石破坏准则建立与选用的主要目的在于描述岩石的破坏过程,揭示岩石的破坏机制。由于对岩石破坏机制的认识不同,不同专家学者基于不同的假设条件提出了各种不同的破坏准则。目前,岩石力学中应用较为广泛的准则主要包括:莫尔—库仑强度准则(Mohr-Coulomb criterion)、德鲁克—普拉格准则(Drucker-Prager criterion)和格里菲斯准则(Griffith criterion)等。

4.2.1 莫尔—库仑强度准则

莫尔—库仑强度准则是目前岩石力学领域比较普遍和常用的准则,简称 M-C 准则,由莫尔(Mohr)于 1900 年提出。该准则认为,材料发生剪切破坏的原因主要是某一截面上的切应力达到强度极限值,但也与该剪切面上的正应力有关。他假设 $f(\sigma')$ 是 σ' 的线性函数,其表达式为:

$$|\tau| = c + \mu \sigma' \tag{4.2.1}$$

式中,μ 为内摩擦系数,可以依据岩石表面相对滑动程度来评估,它与剪切强度的关系可以通过阿蒙顿定律(Amontons' Law)确定:

$$\tau = \mu \sigma' \tag{4.2.2}$$

通过绘制与包络线相切的莫尔圆(图 4.2.1),可以获得内摩擦角 φ 和内摩擦系数 μ 之间的关系:

$$\tan\varphi = \mu \tag{4.2.3}$$

事实上,由此可以看出前文所述的特雷斯卡准则是 M-C 准则的特殊情况(当 $\varphi = 0$ 时)。由于拉伸准则失效,M-C 准则破坏线和法向应力轴之间的交点本身是不具有实际意义的。然而,出于一些特殊目的的考虑,可以定义参数 A(图 4.2.1),它与剪切强度和 φ 的关系是:

$$A = c\cot\varphi \tag{4.2.4}$$

此外,图 4.2.1 中的 2β 指出了莫尔圆与破坏线的切点方向。由图中可以看出,切点处的剪应力为:

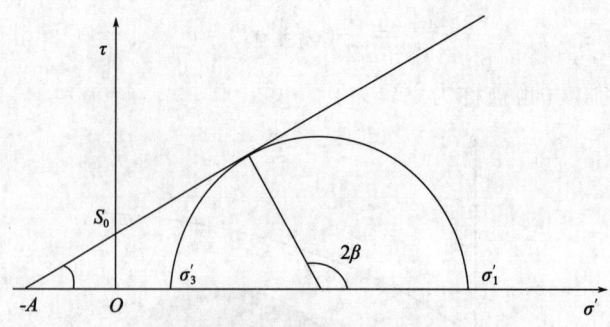

图 4.2.1 τ-σ' 空间的 M-C 准则

$$|\tau| = \frac{1}{2}(\sigma'_1 - \sigma'_3)\sin2\beta \qquad (4.2.5)$$

法向应力为：

$$\sigma' = \frac{1}{2}(\sigma'_1 + \sigma'_3) + \frac{1}{2}(\sigma'_1 - \sigma'_3)\cos2\beta \qquad (4.2.6)$$

由图 4.2.1 可知 β 与 φ 的关系式为：

$$\varphi + \frac{\pi}{2} = 2\beta \qquad (4.2.7)$$

因为 β 给出了破坏面的方向，因此由式(4.2.7)可得：

$$\beta = \frac{\pi}{4} + \frac{\varphi}{2} \qquad (4.2.8)$$

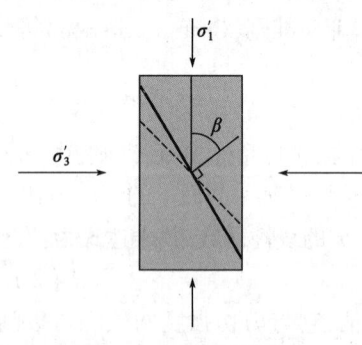

图 4.2.2 破坏面的方向

由于 φ 的最大允许范围是 0°~90°(实际的范围会更小，在 30°附近变化)，所以 β 将在 45°~90°之间变化。又因为 β 是由破坏准则求出的，所以 β 给出了破坏面的方向，由此可以得出，破坏面与 σ'_1 方向的倾角小于 45°。根据这个理论，内部摩擦力大的材料(例如砂岩 φ = 30°~65°)和摩擦力小的材料(例如软质页岩 φ = 37°，硬质页岩 φ = 45°)破坏角是不同的。图 4.2.2 展示了根据 M-C 准则所描述的岩石发生剪切破坏时破坏面可能的方向。需要注意的是，β 是由 φ 给出的，是 M-C 准则中的常数，因此破裂面的方向与围压无关。

实验表明，随着围压增加，破坏角减小，特别是在低围压条件下。将式(4.2.5)和式(4.2.6)代入破裂准则式(4.2.1)中，得：

$$\frac{1}{2}(\sigma'_1 - \sigma'_3)\sin2\beta = c + \mu\left[\frac{1}{2}(\sigma'_1 + \sigma'_3) + \frac{1}{2}(\sigma'_1 - \sigma'_3)\cos2\beta\right] \qquad (4.2.9)$$

根据式(4.2.5)和式(4.2.8)，将 β 和 μ 用 φ 代替，可以得到：

$$\frac{1}{2}(\sigma'_1 - \sigma'_3)\cos\varphi = c + \frac{1}{2}(\sigma'_1 + \sigma'_3)\tan\varphi - \frac{1}{2}(\sigma'_1 - \sigma'_3)\tan\varphi\sin\varphi \qquad (4.2.10)$$

对式(4.2.10)两边同时乘 $2\cos\varphi$，整理后得：

$$(\sigma'_1 - \sigma'_3)(\cos^2\varphi + \sin^2\varphi) = 2c\cos\varphi + (\sigma'_1 + \sigma'_3)\sin\varphi \qquad (4.2.11)$$

$$\sigma'_1(1 - \sin\varphi) = 2c\cos\varphi + \sigma'_3(1 + \sin\varphi) \qquad (4.2.12)$$

$$\sigma_1' = 2c\frac{\cos\varphi}{1-\sin\varphi} + \sigma_3'\frac{1+\sin\varphi}{1-\sin\varphi} \tag{4.2.13}$$

根据三角函数恒等式,有:

$$\frac{1+\sin\varphi}{1-\sin\varphi} = \frac{\sin^2\frac{\varphi}{2} + \cos^2\frac{\varphi}{2} + 2\sin\frac{\varphi}{2}\cos\frac{\varphi}{2}}{\sin^2\frac{\varphi}{2} + \cos^2\frac{\varphi}{2} - 2\sin\frac{\varphi}{2}\cos\frac{\varphi}{2}} = \frac{\left(\sin\frac{\varphi}{2} + \cos\frac{\varphi}{2}\right)^2}{\left(\sin\frac{\varphi}{2} - \cos\frac{\varphi}{2}\right)^2}$$

$$= \frac{\left(\tan\frac{\varphi}{2} + 1\right)^2}{\left(\tan\frac{\varphi}{2} - 1\right)^2} = \tan^2\left(\frac{\pi}{4} + \frac{\varphi}{2}\right) = \cot^2\left(\frac{\pi}{4} - \frac{\varphi}{2}\right) \tag{4.2.14a}$$

$$\frac{\cos\varphi}{1-\sin\varphi} = \frac{\cos^2\frac{\varphi}{2} - \sin^2\frac{\varphi}{2}}{\left(\sin\frac{\varphi}{2} - \cos\frac{\varphi}{2}\right)^2} = \frac{\cos\frac{\varphi}{2} + \sin\frac{\varphi}{2}}{\cos\frac{\varphi}{2} - \sin\frac{\varphi}{2}} = \frac{1+\tan\frac{\varphi}{2}}{1-\tan\frac{\varphi}{2}}$$

$$= \tan\left(\frac{\pi}{4} + \frac{\varphi}{2}\right) = \cot\left(\frac{\pi}{4} - \frac{\varphi}{2}\right) \tag{4.2.14b}$$

因此,式(4.2.13)可以改写为:

$$\sigma_1' = 2c\cot\left(\frac{\pi}{4} - \frac{\varphi}{2}\right) + \sigma_3'\cot^2\left(\frac{\pi}{4} + \frac{\varphi}{2}\right) \tag{4.2.15}$$

图 4.2.3 展示了 σ_1'-σ_3' 平面上的 M-C 准则,可以清楚发现,再次获得了一个线性关系(一条直线),其在 σ_1' 轴上的截距为正,与图 4.2.1 中所示直线非常相似。在 σ_1'-σ_3' 平面上,γ 和 φ 之间的关系可以表示如下:

$$\tan\gamma = \frac{1+\sin\varphi}{1-\sin\varphi} \tag{4.2.16}$$

或

$$\sin\varphi = \frac{\tan\gamma - 1}{\tan\gamma + 1} \tag{4.2.17}$$

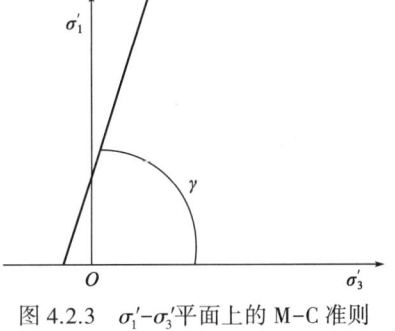

图 4.2.3 σ_1'-σ_3' 平面上的 M-C 准则

当式(4.2.13)中的 $\sigma_3'=0$ 时,可以获得单轴抗压强度 σ_c:

$$\sigma_c = 2c\frac{\cos\varphi}{1-\sin\varphi} = 2c\tan\beta \tag{4.2.18}$$

上述表达式是根据式(4.2.7)推导而来的,必须强调的是,只有在单轴压缩作用下的破坏机制为剪切破坏时,上述表达式才成立。即使是在相当低围压作用下发生剪切破坏时,该式也不再适用。根据式(4.2.18)和式(4.2.7),式(4.2.13)可改写为更简洁的形式:

$$\sigma_1' = \sigma_c + \sigma_3'\tan^2\beta \tag{4.2.19}$$

根据前面的剪切破坏机制分析可知,基于莫尔假设,纯剪切破坏只与最大和最小有效主应力有关,而与中间主应力无关。事实上,在岩石力学理论发展的过程中,早期使用的大多数破坏准则都是在中间主应力的作用明确之前提出的,虽然现阶段已经证明中间主应力对岩石破坏也有影响，但在实际应用过程中，中间主应力的影响相对较小（与其他两个主应力的重要性相比），因此 M-C 准则在解决大多数工程问题时仍然适用。

为了进一步理解 M-C 准则，下面讨论一下在三维主应力空间下的 M-C 准则破坏面的特点。根据图 4.2.4，可以推测三维主应力空间下的莫尔—库仑破坏面。首先放弃经典假设 $\sigma_1' \geqslant \sigma_2' \geqslant \sigma_3'$，但认为 σ_2' 为中间主应力，通过考虑 $\sigma_1' > \sigma_3'$ 和 $\sigma_1' < \sigma_3'$ 两种情况，上述两种情况可以用两条围绕 $\sigma_1' = \sigma_3'$ 的线来表示，如图 4.2.4(a) 所示，图中显示了 σ_2' 为中间主应力时，部分破裂面在 σ_1'-σ_3' 平面上的投影。以此类推，当另外两个主应力分别为中间主应力时，可以获得在其他两个主应力平面上类似的投影，完整的破坏面如图 4.2.4(b) 所示。由此可见，根据 M-C 准则，形成的是一个不规则的六角锥形的屈服面，且与中间主应力无关。由于在该屈服面的棱角处不可微，因此在采用该准则进行数值计算时可能会产生不收敛的问题。

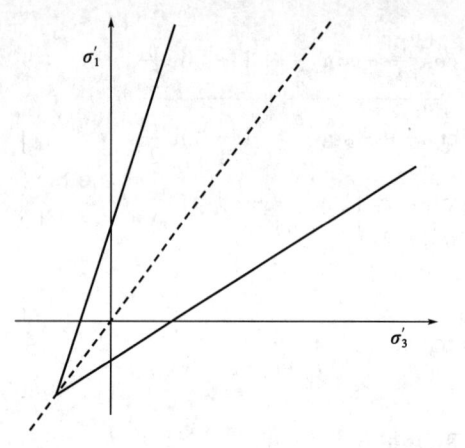 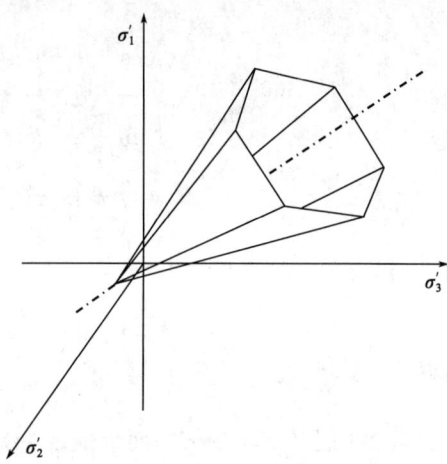

(a) 在 (σ_1', σ_3') 面上，σ_2' 为中间主应力时破坏面部分的投影　　　(b) 主应力空间中的莫尔—库仑破坏面

图 4.2.4　三维主应力空间中的 M-C 准则

【例题 4.2.1】 现有一标准岩柱，进行单轴压缩试验时，其抗压强度为 70MPa，该岩石的内摩擦角为 30°，若采用 M-C 准则，当有效侧向压力为 10MPa 时，试求：(1) 当轴向应力达到多大时，岩柱会发生破坏？(2) 岩柱的剪切破坏角为多少？(3) 破坏面上的正应力和剪应力分别为多少？

解：(1) 由 $\sigma_1 = \sigma_c + \sigma_3 \tan^2\beta$，$\tan^2\beta = \dfrac{1+\sin\varphi}{1-\sin\varphi}$，$\beta = \dfrac{\pi}{4} + \dfrac{\varphi}{2}$，得：

$$\sigma_1 = \sigma_c + \frac{1+\sin\varphi}{1-\sin\varphi}\sigma_3 = 70 + \frac{1+\sin 30°}{1-\sin 30°} \times 10 = 100(\text{MPa})$$

即轴向应力为 100MPa 时，岩柱发生破坏。

(2) 因为 $\varphi = 30°$，剪切破坏角 $\beta = \dfrac{\pi}{4} + \dfrac{\varphi}{2} = 60°$。

(3) 破坏面上的正应力为：

$$\sigma = \frac{1}{2}(\sigma_1 + \sigma_3) + \frac{1}{2}(\sigma_1 - \sigma_3)\cos 2\beta = \frac{1}{2}(100+10) + \frac{1}{2}(100-10)\cos 120° = 32.5(\text{MPa})$$

破坏面上的剪应力为：

$$\tau = \frac{1}{2}(\sigma_1 - \sigma_3)\sin 2\beta = \frac{1}{2}(100-10)\sin 120° = 38.97(\text{MPa})$$

4.2.2 德鲁克—普拉格准则

虽然对于大多数岩石而言,忽略中间主应力对描述岩石的破坏并不会产生太大影响,但对于一些特殊的岩石,如果要描述其破坏状态则需要考虑中间主应力的影响。M-C 准则忽略了中间主应力的影响,因此获得的都不是光滑的破坏面,而是具有一定特殊形状的多边形,这为开展复杂岩石破坏数值模拟带来数值不收敛的挑战。如果抛开各种理论假设,从纯数学和美学的角度考虑,通过在主应力空间上假设破裂面的形状来建立破坏准则,理想情况是所建立的破裂面不仅对称,且越光滑越好。

冯·米塞斯(von Mises)提出了一种最简单和理想的解决方案,即破坏面在 π 平面上为一个圆,即冯·米塞斯准则(von Mises criterion),该准则所描述的破坏面为以静水压力轴线为中心线的圆柱体,表达式为:

$$(\sigma_1' - \sigma_2')^2 + (\sigma_2' - \sigma_3')^2 + (\sigma_3' - \sigma_1')^2 = C^2 \tag{4.2.20}$$

式中,C 为与黏聚力有关的材料参数。

该准则被认为与当 $\sigma_1' = \sigma_2'$ 或 $\sigma_2' = \sigma_3'$ 时的特雷斯卡准则相同,因此冯·米塞斯准则也描述了一种剪切破坏机制,其破坏与平均应力无关。冯·米塞斯准则通常用于描述金属材料的屈服,在岩石力学上的应用非常有限,仅能描述极少数以延性破坏为主的特殊岩石的力学行为。为了使上述准则能更为广泛地应用于岩石力学领域,在上述基础上考虑将圆柱体替换为圆锥体,就能实现最初的假设,由此获得了广义冯·米塞斯准则。该准则又被称为德鲁克—普拉格准则(Drucker-Prager criterion),简称 D-P 准则,其表达式为:

$$(\sigma_1' - \sigma_2')^2 + (\sigma_2' - \sigma_3')^2 + (\sigma_3' - \sigma_1')^2 = C_1(\sigma_1' + \sigma_2' + \sigma_3' + A)^2 \tag{4.2.21}$$

式中,C_1 和 A 为与内摩擦、黏聚力有关的材料参数。

在主应力空间中,冯·米塞斯准则和 D-P 准则描述的破坏面如图 4.2.5 所示,即冯·米塞斯准则为一个圆柱,而 D-P 准则为正圆锥。

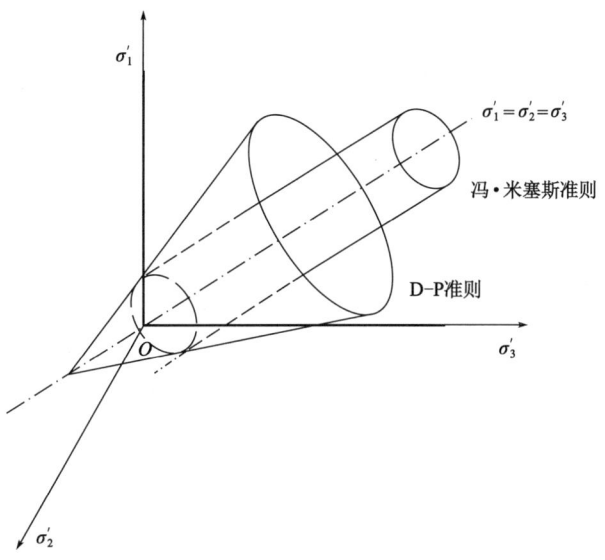

图 4.2.5 主应力空间中的冯·米塞斯准则和 D-P 准则

以应力张量形式表示,式(4.2.21)为:

$$aI_1 + \sqrt{J_2} = K_f \tag{4.2.22}$$

式中，I_1 为应力张量的第一不变量；J_2 为第二应力偏量不变量；a 为与材料内摩擦相关的常数；K_f 为与材料内聚力相关的常数。I_1、J_2 的表达式为：

$$I_1 = \sigma_1' + \sigma_2' + \sigma_3' \tag{4.2.23}$$

$$J_2 = \frac{1}{6}[(\sigma_1' - \sigma_2')^2 + (\sigma_2' - \sigma_3')^2 + (\sigma_3' - \sigma_1')^2] \tag{4.2.24}$$

从某种意义上而言，D-P 准则可认为是 M-C 准则的推广。通常情况下，根据 a 与 K_f 取值不同，可将 D-P 准则分为外接 D-P 准则和内切 D-P 准则：

外接时有：

$$a = \frac{2\sin\varphi}{\sqrt{3}(3 - \sin\varphi)}, K_f = \frac{6c_0\cos\varphi}{\sqrt{3}(3 - \sin\varphi)} \tag{4.2.25}$$

内切时有：

$$a = \frac{2\sin\varphi}{\sqrt{3}(3 + \sin\varphi)}, K_f = \frac{6c_0\cos\varphi}{\sqrt{3}(3 + \sin\varphi)} \tag{4.2.26}$$

4.2.3 格里菲斯准则

到目前为止，所讨论的破坏准则把岩石看成完整、无裂隙的连续介质，而实际上，岩石是含有多裂隙的结构体。对于在一般情况下呈脆性破坏的材料，很早就有人注意到实际破坏强度与理论强度存在着不同程度的离散性。为了说明这一问题，格里菲斯（Griffith）于 1920 年研究并首次指出这种不同起因于固体内存在微小裂纹，破坏是从微小裂纹处开始发生的，并提出了一套现今称为 Griffith 准则的学说。

Griffith 认为，实际的固体在结构构造上既不是绝对均匀的，也不是绝对连续的，其内部包含大量的微孔隙和微孔洞。即使像玻璃那样的脆性材料，其内部都含有潜在的裂纹。如果施加外力，即使作用的平均应力不大，但由于微裂纹或微孔洞边缘上的应力集中，很可能在边缘局部产生很大的拉应力。当这种拉应力达到或超过其抗拉强度时，微裂纹便开始扩展。当许多这样的微裂纹扩展、联合、贯穿时，最后使固体沿某一个或若干个平面或曲面形成宏观破裂。也就是说，在某种情况下，应力集中产生的应力达到所加应力的 100 倍时，材料的破坏不再受本身的强度控制，而是取决于材料内部裂纹周围的应力状态。岩石是一种包含大量微裂纹和微孔洞的固体材料，因此，Griffith 准则为岩石破坏准则提供了一个重要的理论基础。

Griffith 假定当裂纹周边的切向应力为拉应力并且大于某个临界值时，裂纹将开始扩展。这一临界值，实际上为该点处岩石的抗拉强度。因此，Griffith 准则的建立必须首先知道裂纹尖端附近的应力集中，其次要了解裂纹尖端附近岩石的抗拉强度。

对复杂岩石需作如下简化：
(1) 岩石中的微裂纹形状是一个近似扁平的椭圆；
(2) 岩石性质的局部变化忽略不计；
(3) 岩石内相邻微裂纹间相互没有影响；
(4) 椭圆形微裂纹周围的应力系统作为平面问题处理。

然后，运用二维弹性理论，计算该椭圆周边上所激起的应力。计算过程这里不再赘述，下面仅将其结果作为一个重要破坏准则给出。对于二维情形中的有效主应力 σ_1'、σ_3'，如果：

$$\begin{cases} (\sigma_1' - \sigma_3')^2 = 8T_0(\sigma_1' + \sigma_3'), \sigma_1' + 3\sigma_3' > 0 \\ \sigma_3' = -T_0, \sigma_1' + 3\sigma_3' \leq 0 \end{cases} \quad (4.2.27)$$

则发生破坏。

该准则在 (σ_1', σ_3') 平面内为一终端为直线的抛物线。其中，T_0 是材料的单轴抗拉强度。因此，与大多数的其他准则不同，Griffith 准则可以推算出单轴抗压与单轴抗拉强度之间的关系。令 $\sigma_3' = 0$ 即单轴压缩时，$\sigma_1' = 8T_0$，所以单轴抗压强度 σ_c 为：

$$\sigma_c = 8T_0 \quad (4.2.28)$$

这是一个合理的结果，但由于它是以简化的二维理论为基础的，所以并不能完全照搬照套。

推导出 Griffith 准则式 (4.2.27) 的理论忽略了裂缝在足够高的压应力下可能闭合的事实。如果它们确实闭合，则可以预料在闭合表面间将产生摩擦力，即裂隙面上作用有法向力和剪切力。当剪切力大于剪切强度时，裂隙将继续破裂。根据这一概念，可得出岩石的强度准则如下：

$$\sigma_1'[(1+\mu^2)^{\frac{1}{2}} - \mu] - \sigma_3'[(1+\mu^2)^{\frac{1}{2}} + \mu] = 4T_0\left(1 + \frac{\sigma_0}{T_0}\right)^{\frac{1}{2}} - 2\mu\sigma_0 \quad (4.2.29)$$

式中，σ_0 为使椭圆孔闭合所需的平均压力，μ 为裂隙面的摩擦系数。

式 (4.2.29) 即为修正的 Griffith 准则，由 McClintock、Walsh 和 Brace 提出。

上述理论只是描述二维情况，如果要对三维情况进行描述，则需要进一步对扁椭球裂缝进行研究。但该过程非常复杂，因此考虑在三维空间中建立一个破裂面，这样就使得问题大大简化，也有助于 Griffith 准则的三维推广。可以假设最简单的情况，即该破裂面与 π 平面相交截面为一个圆。根据上述思想，姆莱尔(Murrel)于 1963 年首次将 Griffith 准则进行了三维推广，获得了一个旋转抛物面，该抛物面的表达式如下：

$$(\sigma_1' - \sigma_2')^2 + (\sigma_2' - \sigma_3')^2 + (\sigma_3' - \sigma_1')^2 = 24T_0(\sigma_1' + \sigma_2' + \sigma_3') \quad (4.2.30)$$

该抛物面的截止点为：

$$\sigma_1' = -T_0, \sigma_2' = -T_0, \sigma_3' = -T_0 \quad (4.2.31)$$

推广后的三维 Griffith 给出的单轴抗压强度与抗拉强度之间的关系为：

$$\sigma_c = 12T_0 \quad (4.2.32)$$

由上述关系可知，通过三维 Griffith 准则计算获得的单轴抗压强度与抗拉强度的比值比式 (4.2.28) 更为准确，与实际测试结果更相符。需要强调的是，Griffith 准则只说明了裂缝何时开始破裂，并未论述说明裂缝是如何扩展的。

探索与展望

目前关于岩石强度理论已有大量的研究，这些研究主要是基于大量的试验。但受制于各类客观条件的限制，该方向需要在研究范围和深度上进一步深入。需要重点探究的问题包括：

(1) 岩石在荷载状态下变形破坏的宏观、细观机理。由于加载和卸载属于完全不同的应力路径，岩石的宏观、细观力学特性也完全不同。目前关于岩石加载与卸载过程破坏的宏观机理研究已取得了不少成果,但细观机理仍未得到全面认识,这主要受制于试验条件。通过一系列的室内及现场试验,利用损伤力学、断裂力学和分形几何理论,开展岩石加载、卸载过程的损伤破坏形式及路径与岩石的本构关系研究,将揭示岩石加载和卸载过程的宏观、细观机理。

(2)不同结构岩石在动载条件下裂隙产生及扩展规律表征。目前关于不同结构岩石在动载条件下的裂隙产生和扩展规律的研究成果相对较少,将不同结构的岩石与特定材料模型相对应,引入损伤力学和概率断裂力学,研究岩石在不同工程动载条件下的裂隙产生与扩展,通过损伤演化方程定量表征岩石损伤累积到断裂扩展的全过程,建立动载条件下的岩石本构关系和损伤—断裂强度理论。

(3)岩石破坏的时效特性。岩石的破坏具有黏滞性,其破坏过程是渐进的,表现出明显的时间滞后性。从理论上描述岩石的破坏需要考虑岩石的流变性和荷载的时效性两个方面。从工程角度而言,工程作业大小、作业方式和作业时间均会影响岩石(岩体)的稳定性。因此应引入损伤面的概念,表征岩石的损伤状态及变化规律。另外,也可采用内时理论来处理岩石复杂弹塑性时效问题。

历史注释

岩石强度理论是一个总称,主要研究岩石在复杂应力状态下的屈服和破坏规律,一般包括岩石的屈服准则、破坏准则、疲劳准则和蠕变条件等。岩石作为一种特殊的材料,其强度理论的基础源于材料学科。而在材料学科中,强度理论无疑是一个非常独特的研究主题,其命题简单,但问题复杂。达·芬奇(Leonardo da Vinci,1452—1519)、伽利略(Galileo Galilei,1564—1642)、库仑(Coulomb,1736—1806)和莫尔(Otto Mohr,1835—1918)等大师都将其列为经典研究课题之一。虽然截至目前,已有大量的理论和实验研究结果,根据这些结果形成了上百个模型或准则,但却没有任何一个模型或准则具有普适性,可谓"百花齐放,百家争鸣"。

达·芬奇、伽利略是材料和结构强度最早的研究者,他们开展了铁丝和石料的拉伸试验,达·芬奇研究了材料强度和几何形状的关系,伽利略则研究了临界应力和材料破坏的关系。库仑是第一个研究最大剪应力强度理论的人,他被认为是18世纪对弹性力学理论贡献最大的科学家。他于1776年在巴黎发表了具有历史意义的论文,在论文中重点讨论了他所做的关于砂岩强度的试验。他认为破坏主要由平移滑动引起,当作用在滑移面上的力大于滑移面上的黏聚力时岩石便发生破坏。他同时指出滑移面上的黏聚力和法向应力所引起的摩擦是决定岩石是否发生破坏的主要因素,这奠定了莫尔—库仑(Mohr-Coulomb)强度准则的基础。

从19世纪时开始,逐步发展出三大强度理论。第一个理论为最大应力理论,该理论认为最大拉应力或最大压应力是决定材料是否发生破坏的准则。这个准则被拉梅(Lame,1795—1870)和朗肯(Rankine,1820—1872)等科学家所广泛采用,而且朗肯还将该准则写进了他著名的应用力学手册和教科书中。但该理论只考虑了三个主应力中的一个主应力。第二个理论为最大应变理论。法国著名物理学家马略特(Mariotte,1620—1872)对最大伸长准则(最大应变准则)进行了首次论述,该准则也常被称为圣维南(Saint Venant,1797—1886)准则。该准则曾被广泛应用,主要得益于两位法国科学院院士彭赛列(Poncelete,1788—1867)和圣维南的推广。该准则认为当材料的最大应变等于拉伸屈服应变时,材料发生破坏。由于这个理论与大多数试验结果不相符,导致该理论虽然曾经广为流行,但今天已经无人问津。第三个理论为最大剪应力理论。特雷斯卡(Henri Edouard Tresca,1814—1885)于1864年在法国科学院发表《金属在高压条件下的流动》报告时认为金属流动时最大剪应力保持为一个定的常量,这一结论后来被称为特雷斯卡屈服准则。该理论认为当最大剪应力达到材料所固有的某一数值时,材料开始屈服(进入塑性变形阶段)。

1900年,莫尔在发展他的强度理论时,首次采用了应力圆的方法。莫尔是一位非常杰出的教授,他总会给学生们带来一些新鲜而有趣的话题。这主要因为他不仅完全了解所要讲述内容的主题,而且本身在科学创新方面做过大量的工作。他对材料的强度理论进行过比较系统的研究,他认为破坏是广义的,可以是材料的屈服或断裂。在莫尔强度理论形成以后,他又提出了大量的强度理论及相对应的各种表达式,其中包括普拉格(William Prager,1903—1980)在布朗大学领导开展的一系列关于强度和塑性的新研究工作,以及德鲁克(Daniel Charles Drucker,1918—2001)和毕肖普(Alan Wilfred Bishop,1920—1988)等提出的关于屈服面的假设。中国学者俞茂宏于1988年将这些理论划分为单剪强度理论、双剪强度理论和八面体强度理论三大类。考虑到岩石的特殊性,截至目前,已有20多个适用于岩石的强度准则(屈服或破坏准则)提出,但仅有少数准则被广泛应用于岩石力学与工程领域。其中莫尔—库仑强度准则是应用最为广泛的准则,除此以外,霍克—布朗准则(Hoek-Brown criterion),以及其他一些非线性莫尔—库仑强度准则也在一些方面得到了应用。但这些准则均只考虑了最大主应力 σ_1 和最小主应力 σ_3 的影响,未考虑中间主应力 σ_2 的影响,这些理论均可被认为是单剪强度理论。而在复杂应力条件下,中间主应力需要被考虑,因此一些有关岩石八面体剪应力形式的准则被提出或者修正,其中包括考虑静水压力影响的广义冯·米塞斯(von Mises)屈服与破坏的德鲁克—普拉格准则(Drucker-Prager criterion)。双剪强度理论、岩体节理强度准则、岩体流变性准则和考虑岩石状态变化的初始损伤准则也在岩石力学工程中得到了较为广泛的应用。

思考题

1. 莫尔—库仑强度准则与德鲁克—普拉格准则的区别是什么?在实际应用中如何选择?
2. 如何利用格里菲斯准则推导抗压强度与抗拉强度之间的关系?
3. 不同强度理论间的关系是什么?

习题

1. 对某标准岩心进行三轴压缩实验,围压为10MPa,并在轴压达到70MPa时发生破坏,破坏面与最小主应力的夹角为60°,已知岩石的破坏服从莫尔—库仑强度准则,试求:(1)内摩擦角;(2)单轴抗压强度;(3)内聚力;(4)该岩样在正应力为20MPa条件下进行剪切试验的抗剪强度。

2. 已知某岩体的单轴抗压强度为100MPa,黏聚力为45MPa,内摩擦角为48°,抗拉强度为20MPa。已测得该岩体中某点的最大主应力为200MPa,最小主应力为100MPa。请采用莫尔—库仑强度准则判断该点岩石是否会发生破坏。

第 5 章 岩石中的流体压力和流动

石油工程所涉及的岩石是由岩石骨架和裂缝、孔隙空间中的流体组成的。在常压下几乎所有的岩石都含有孔隙,其中一些孔隙是相互连通的,形成流体的渗流通道。在岩石孔隙中流体压力及流动的影响在许多情况下都是不可忽视的。油砂质地更为疏松,能更直观地表征油气渗流通道,如图 5.0.1、图 5.0.2(彩图 5.0.1、彩图 5.0.2)所示。

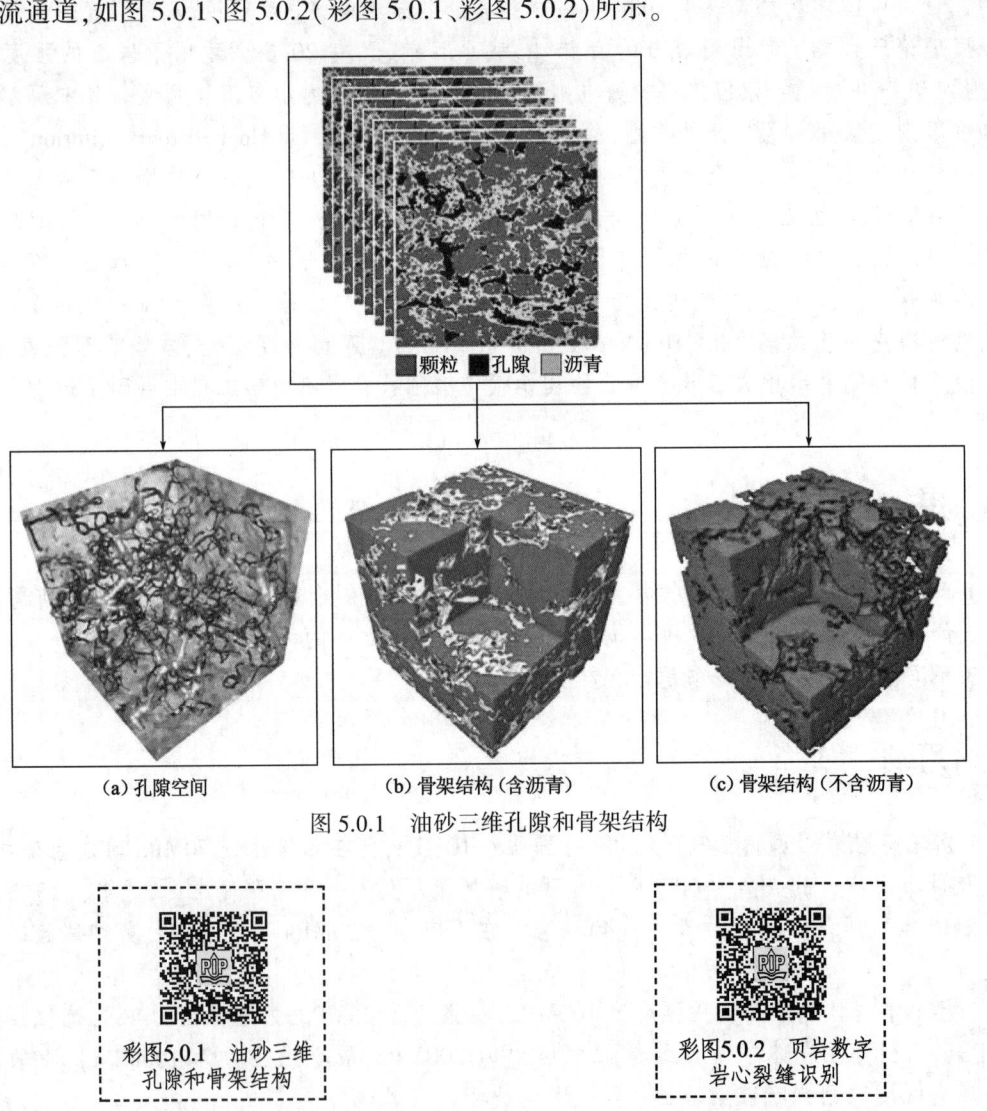

(a) 孔隙空间　　　　　(b) 骨架结构(含沥青)　　　　　(c) 骨架结构(不含沥青)

图 5.0.1　油砂三维孔隙和骨架结构

彩图 5.0.1　油砂三维孔隙和骨架结构

彩图 5.0.2　页岩数字岩心裂缝识别

(a) 数字岩心

(b) 内部裂缝识别

图 5.0.2　页岩数字岩心裂缝识别

5.1　岩石的渗流特征

5.1.1　岩石的渗流特性参数

1. 孔隙度

岩石是由孔隙(或其他未被固体材料填满的部分)和固体骨架共同组成的宏观物质。一般将孔隙度 ϕ 定义为每单位总体积上的孔隙容积(单位%),即:

$$\phi = \frac{V_\phi}{V_\phi + V_s} \tag{5.1.1}$$

式中,V_ϕ 为孔隙体积,V_s 为岩石骨架体积。

以上介绍的是岩石总孔隙度,岩石力学中常用的孔隙度定义还有有效孔隙度。有效孔隙度指岩石在一定压差作用下,被油、气、水饱和且连通的孔隙体积 V_{ep} 与岩石总体积 V 之比,用 ϕ_e 表示:

$$\phi_e = \frac{V_{ep}}{V} \tag{5.1.2}$$

此外,在岩石力学中常用孔隙比来表示岩石材料骨架包含的孔隙空间体积与骨架固体体积的比例,用 e 表示:

$$e = \frac{V_\phi}{V_s} \tag{5.1.3}$$

对比式(5.1.1)和式(5.1.3)可知孔隙度与孔隙比存在一一对应关系:

$$\phi = \frac{e}{1+e} \tag{5.1.4}$$

$$e = \frac{\phi}{1-\phi} \tag{5.1.5}$$

孔隙比 e 通常用带两位有效数位的小数表示。

2.渗透率

岩石中的多数孔隙是相互连通的,在一定压差作用下,流体可以在孔隙中流动。在压力作用下,岩石允许流体通过的性质称为岩石的渗透性,渗透性的大小用渗透率表示。

达西渗流定律是流体在多孔介质内运动的基本规律。这个定律是1956年法国水利工程师达西(H. P. G. Darcy)为解决水的净化问题从大量实验中总结出来的。达西对水通过均匀砂层的缓慢流动做了大量实验,研究表明:单位时间流过砂岩岩样的体积流量 Q 与横截面积 A、测压管水头差 h_1-h_2 成正比,与流过的岩样长度 L 成反比:

$$Q = K_s A \frac{h_1 - h_2}{L} \tag{5.1.6}$$

其中, h_1、h_2 分别为岩样的上游和下游的水头高度。该公式的各参数一般由稳态法渗透实验测得,如图5.1.1所示。

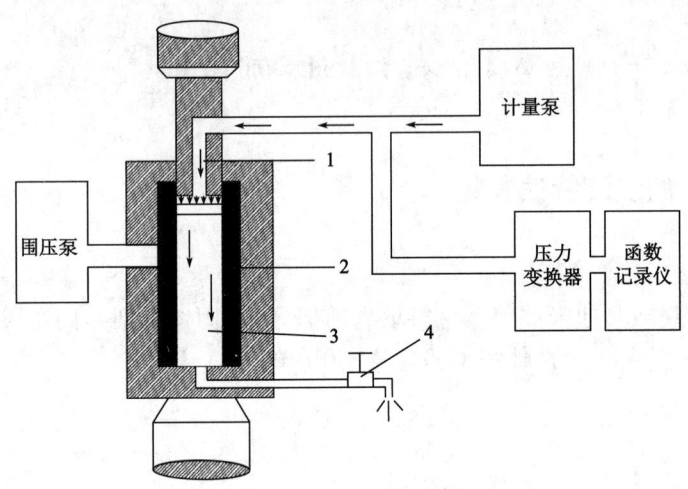

图 5.1.1 稳态法测量渗透率设备
1—注水管路;2—围压室;3—岩样;4—放水阀

式(5.1.6)也可写成:

$$v = K_s J \tag{5.1.7}$$

式中, $v=Q/A$ 为渗流速度; $J=(h_1-h_2)/L$ 为水力梯度; K_s 为标志渗流能力大小的实验常数,称为渗透系数(单位:m/s),它既与砂层的结构有关,又与流过的流体性质有关。由量纲分析知渗透系数与渗透率 K 的转换关系如下:

$$K_s = \frac{K\rho g}{\mu} \tag{5.1.8}$$

式中, ρ、μ 分别为流体的密度和动力黏度; g 为重力加速度; K 为介质的渗透率。式(5.1.7)又可以写为:

$$v = \frac{K\rho g}{\mu} J \tag{5.1.9}$$

式(5.1.9)即为达西渗流定律,它表示渗流速度与水力梯度呈线性关系,故称为达西线性渗流定律。其中,渗透率 K 的国际单位为 μm^2,常用的单位为 D(达西),为石油工业表征地层渗流能力最常用的物理量;对于渗透率为 1D 的材料,一个大气压的压差将使黏度为 1cP 的流体以 1cm³/s 的流速流经边长为 1cm 的立方体。对比较致密的岩石材料,一般应用 mD(1mD = 0.001D)。

达西渗流定律假定:(1)流体与岩石之间不发生物理、化学反应;(2)渗滤介质被一种流体完全饱和;(3)流体在孔隙通道中的渗流为层流。由于多种实际因素的影响,岩石的渗透率会不同程度地降低。

在上述假设条件下测的渗透率仅与岩石自身的性质有关,称为岩石的绝对渗透率。当岩石孔隙中饱和两种或两种以上流体时,达西定律对其中单独的每一相仍然成立,测得的每一种流体的渗透率称为该相的有效渗透率或相渗透率。而每一相流体的有效渗透率与岩石绝对渗透率的比值又称为该相流体的相对渗透率,具体可参考油层物理课程中的相渗曲线部分。

岩石的渗透率取决于岩石孔隙喉道的大小及其形态。一般的砂岩,因其喉道大而具有较高的渗透率。然而,颗粒极细的粉砂岩,其渗透率就很低。粒间孔隙状石灰岩的渗透率一般较高,而晶间孔灰岩的渗透率就很小。天然的孔隙介质,其渗透率具有方向性。同时,研究岩石的渗透率必须考虑到渗透率值的统计性质。常见岩石类型的渗流特性参数见表 5.1.1 由于岩石渗透系数和渗透率数值普遍较小,一般采用 cm/s 和 mD 单位来表征其对应数值。

表 5.1.1 常见岩石的渗流特性参数

渗流特性参数 \ 岩石类型	砂岩	大理岩	花岗岩	页岩	石灰岩
杨氏模量 E,GPa	1.3~29.8	5.0~90.0	37.5~46.8	1.9~49.8	5.4~64.0
排水条件下的泊松比 v	0.15~0.20	0.25~0.30	0.25~0.27	0.10~0.27	0.12~0.23
不排水条件下的泊松比 v_u	0.27~0.31	0.27	0.29~0.33	0.45	0.36
视体积模量 K,GPa	6.64~13.4	3.3~60.0	25.0~34.4	1.1~20.8	3.3~28.0
固体颗粒体积模量 K_s,GPa	31.0~39.0	50.0	45.4	34.0	12.0
骨架体积模量 K_f,GPa	1.38~2.25	2.25	2.25	2.25	2.25
孔隙度 ϕ,%	2.0~26.0	2.0	1.0~2.0	2.9~30.0	23.0
渗透系数 K_s,cm/s	1.96×10^{-7}~7.85×10^{-4}	9.81×10^{-11}	3.92×10^{-10}	9.81×10^{-11}	9.81×10^{-9}
渗透率 K,mD	0.2~800	0.0001	0.0001~0.0004	0.0001	0.01
Skempton 系数 B	0.50~0.85	0.37	0.45~0.81	0.88	0.73
比奥系数 α	0.63~0.85	0.20	0.24~0.45	0.60~0.97	0.34~0.73
扩散系数 c,cm²/s	51.0~17600	0.077	0.068~0.22	0.0017	0.44

从表 5.1.1 可以看出,由于自然的岩石存在非均质性,各种岩性的岩体弹性参数都存在较大的变化范围。

5.1.2 岩石的质量体积分析

岩石的质量体积分析指岩石的密度 ρ、质量 m、饱和度 S、孔隙体积 V_ϕ 之间的换算关系。通常,地下储层的岩石由固体骨架和充填于骨架空隙中的气、油、水四相组成,如图 5.1.2 所示。设岩石固体部分体积为 1,则总体积 $V=1+e$。根据图 5.1.2 所示结构,可以直观方便地推导出岩石密度、饱和度的计算公式。

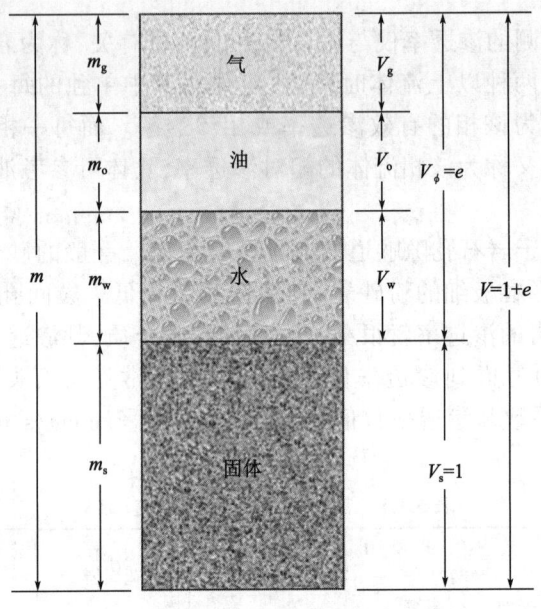

图 5.1.2 储层岩石四相的构成示意图

基于图 5.1.2 可知,岩石颗粒(骨架)的密度 ρ_s、块体(含流体)的密度 ρ 可通过以下公式计算:

$$\rho_s = \frac{m_s}{V_s} \tag{5.1.10}$$

$$\rho = \frac{m}{V} \tag{5.1.11}$$

岩石块体密度 ρ 可简单地通过量积法测量:以 25mm×50mm 岩心为例,通过游标卡尺精确测量直径、长度可快速计算其体积,质量可通过电子秤获得。岩石颗粒密度 ρ_s 可通过将岩样磨成细粉后采用比重瓶法测量,但过程复杂且人为干扰因素较多。因此,可采用另一种方法来分析。式(5.1.10)中,岩石颗粒(固体)的质量可通过洗油烘干后的样品测量获得,固体体积 V_s 可基于图 5.1.2 和式(5.1.5),通过测量总体积 V 和孔隙度 ϕ 来开展计算:

$$V_s = \frac{V}{1+e} = \frac{V}{1+\phi/(1-\phi)} = V(1-\phi) \tag{5.1.12}$$

由此可方便获取岩石颗粒的密度。根据图 5.1.2 中所示质量、体积间的关系,岩石中各相的饱和度可表示为:

$$S_i = \frac{V_i}{V_\phi} \times 100\% = \frac{V_i}{V\phi} \times 100\% = \frac{m_i \rho}{m \rho_i \phi} \times 100\% \tag{5.1.13}$$

式中,S_i、V_i、m_i 和 ρ_i 分别为油、气、水某一相的饱和度、孔隙体积、质量和密度。基于图 5.1.2 提供的各相质量、体积图示,可以开展各种密度、质量、饱和度、孔隙体积(或孔隙度、孔隙比)之间的组合换算并以此推导相关的物理量。

5.2 岩石的渗流模型

由于影响岩石物理性质的因素多且相互之间的关系复杂,所以在进行研究时要把实际的岩石模型化,只保留影响岩石物理性质的主要因素。常用的岩石物理结构模型有层状介质模型(以粒状片麻岩为例)、分散状介质模型(以角砾岩为例)、离散颗粒堆积介质模型(以红砂岩为例)、网状介质模型(以多孔状玄武岩为例)和连续介质模型(以泥岩为例)。表 5.2.1 为主要的几种岩石物理结构模型。

表 5.2.1 主要的几种岩石物理结构模型

介质模型类型	结构示意图	岩样示意图
层状		
分散状	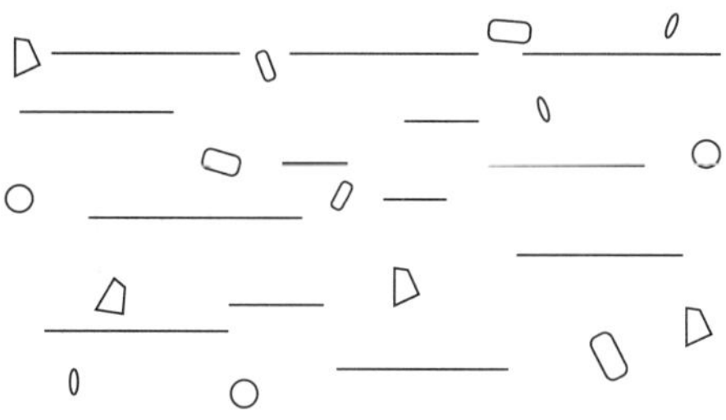	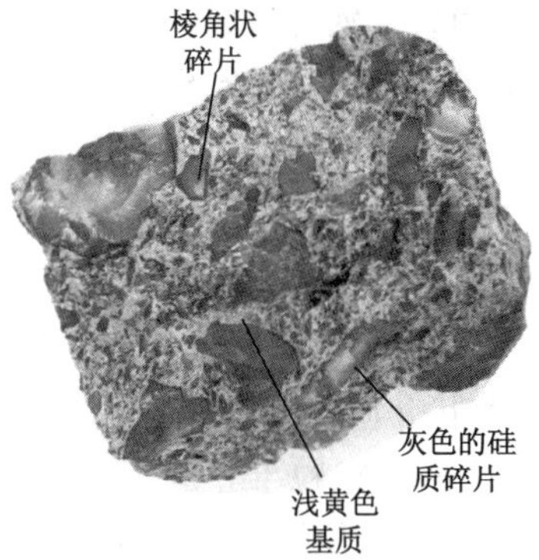
离散颗粒堆积	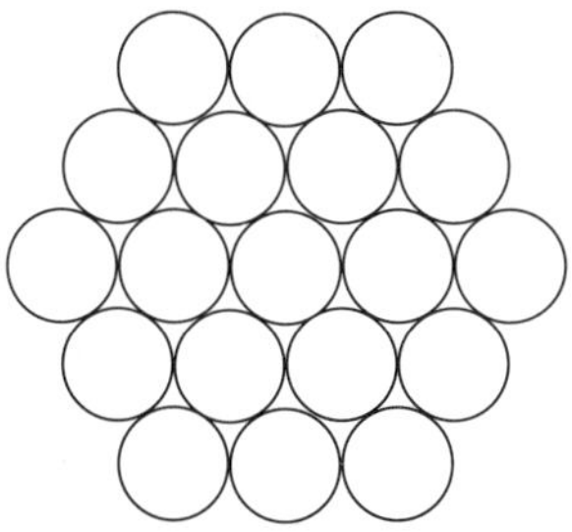	

续表

介质模型类型	结构示意图	岩样示意图
网状	(油、固体、水示意图)	圆形孔隙
连续	(虚线层状示意图)	细粒岩、弯曲断口

(1)层状介质模型。层状介质模型是最简单的一种岩石物理模型,是根据所考虑的岩石的矿物组成将结构杂乱无章的岩石等效为水平层的集合。每一层相当于一种矿物成分,每层的厚度则根据矿物的体积分数来决定。整个层状介质的岩石物理参数一般按相关的物理定律由单层的岩石物理性质通过对体积分数加权算术平均或加权相对平均得到。层状介质模型具有简单、直观、容易进行数学处理等优点,尤其是对于岩石物理参数各向异性的描述,更是具有不可替代的地位。在自然界中,具有平行裂缝的岩石和大部分变质岩,以及部分页岩、板岩和泥岩,呈现明显的层状结构。

(2)分散状介质模型。分散状介质模型假设岩石中存在一种基本的物质,而其他物质以分散的形式分布在这种基本的物质之中。这种分散性的分布既可以是确定的,又可以是随机的,分散状介质模型是处理含泥质砂岩的导电性的有效模型之一。

(3)离散颗粒堆积介质模型。离散颗粒堆积介质模型主要用来研究孔隙性岩石的物理性质,也称其为离散堆积模型。假设岩石中的矿物颗粒呈圆球状,则将具有给定半径的球状堆积成立方体,就形成了离散的球体堆积模型。根据几何学的相关知识,可以计算出这种堆积介质的孔隙度,将球体换成圆柱体,还可以得到由离散柱体堆积成的模型。如果将柱体换成圆柱管,则可用这种模型来研究在一定的压力和温度下岩石对流体的传导作用。

(4)网状介质模型。网状介质模型是圆管状介质堆积模型的推广,具有不同半径、不同界面形状和不同弯曲程度的管状物体相互连接形成了岩石中的一张管网。这种模型能比较好地逼近自然界中孔隙性岩石的内部结构。

(5)连续介质模型。连续介质模型假定岩石中的矿物成分是按一定规律连续分布的。对于由颗粒非常细的矿物组成的岩石,连续介质模型可以对其进行比较逼真的描述。

考虑各向同性渗透介质时，流体在孔隙中的流动可以用达西渗流定律进行描述。在三维空间中，达西将流体在一点的流速 v_x、v_y、v_z 定义为每单位时间通过单位面积流体的体积，该速度正比于该点的孔隙压力梯度：

$$\begin{cases} v_x = -\dfrac{K}{\mu}\dfrac{\partial p}{\partial x} \\ v_y = -\dfrac{K}{\mu}\dfrac{\partial p}{\partial y} \\ v_z = -\dfrac{K}{\mu}\dfrac{\partial p}{\partial z} \end{cases} \quad (5.2.1)$$

式中，μ 为流体的黏度，mPa·s；渗透率 K 为仅取决于介质而与流体无关的常数，其量纲为 L^2。式(5.2.1)表示流体在一点的流速与该点压力梯度的关系，而前文中的式(5.1.9)表示渗流速度与水力梯度的关系。

对于平面径向流，其流动可以用达西定律在极坐标系中表达：

$$v = -\frac{K}{\mu}\frac{\mathrm{d}p}{\mathrm{d}r} \quad (5.2.2)$$

对于完全各向异性的渗透介质，在笛卡儿直角坐标下的流体流动为：

$$\boldsymbol{v}_i = -\frac{\boldsymbol{K}_i}{\mu}\frac{\mathrm{d}p}{\mathrm{d}\boldsymbol{r}_i} \quad (5.2.3)$$

式中 $\boldsymbol{v}_i$ 为流速矢量 (v_x, v_y, v_z)，$\boldsymbol{K}_i$ 为各向异性的渗透率矢量，$\boldsymbol{r}_i$ 为位置矢量。对于其他三维坐标系（如柱坐标、球坐标下）的各向异性流动表达，可以在式(5.2.3)的基础上开展坐标变换获得。

【例题 5.2.1】 在室温 20℃ 下，上游压力为 0.12MPa，下游压力 0.1MPa，蒸馏水水平通过直径为 2.5cm、长度为 5.0cm 的圆柱形岩心，通过流量为 3cm³/s。求岩心的气体渗透率。

解： 达西定律的微分形式为：

$$Q = -\frac{KA}{\mu}\frac{\mathrm{d}p}{\mathrm{d}L}$$

分离变量并积分可得：

$$K = \frac{Q\mu L}{A(p_1 - p_2)} = \frac{3 \times 1 \times 5}{\pi \times 2.5^2/4 \times (1.2 - 1)} = 3.057(\mu m^2)$$

5.3 岩石的有效应力

5.3.1 有效应力定律

在连续介质力学范畴里，岩石的变形大多基本控制在孔隙弹性范围内（压裂后为断裂力学范畴）。下面以各向同性线性弹性体为例子，简要阐述其孔隙弹性力学行为。需要注意的是在描述孔隙介质力学时，一般遵从材料力学对应力、应变符号的定义，即压缩为负、拉伸为正;本节采用岩石力学领域通用做法,即设定压缩为正,拉伸为负。

岩石为多孔介质,孔隙为流体充填(气体、液体),因此描述其应力应变行为应着重考虑作用在骨架上的力和骨架的变形。太沙基(Terzaghi)于1925年首次提出有效应力定律的概念,认为导致土体变形的应力为骨架承受的部分。有效应力定律对于描述孔隙流体压力作用下的孔隙介质的力学响应十分重要。Terzaghi首先将有效应力的概念引入饱和土壤中,并发现以下事实:(1)若外部静水应力 $\sigma_1=\sigma_2=\sigma_3$ 和孔隙压力都增加了同样的量,则材料的体积几乎不变;(2)在剪切破坏中,如果仅增加法向应力,剪切强度有一定的增加,但如果法向应力和孔隙压力都增加同样的量,剪切强度并不增加。因此 Terzaghi 认为孔隙流体压力是一种"中性应力(neutral stress)",并将有效应力定义为应力与中性应力的差值。比奥(Maurice Biot)于1957年对 Terzaghi 的有效应力公式进行完善,提出比奥系数。根据有效应力原理,使页岩骨架产生变形的有效应力可通过式(5.3.1)表示:

$$\sigma'_{ij} = \sigma_{ij} - \alpha p \delta_{ij} \tag{5.3.1}$$

式中 σ'_{ij}、σ_{ij} 分别为有效应力张量和总应力张量;p 为孔隙压力;δ_{ij} 为克罗内克符号;α 为比奥系数。若仅考虑一维压缩的情况,则式(5.3.1)可简化为:

$$\sigma' = \sigma - \alpha p \tag{5.3.2}$$

需要指出的是,根据图5.3.1所示的有效应力原理暂时忽略了应力方向的作用,因为式(5.3.2)对应的是代表性体积单元(REV),或是某点的应力状态,而图5.3.1展示的是微观结构的相互作用。

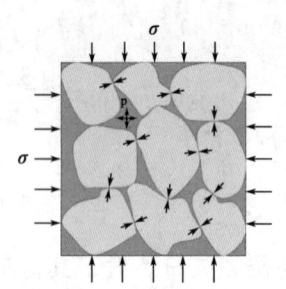

图5.3.1 有效应力原理示意图

对于不含裂缝的孔隙岩石(也称单孔介质),有效应力可表示为:

$$\begin{cases} \sigma'_x = \sigma_x - \alpha p_p \\ \sigma'_y = \sigma_y - \alpha p_p \\ \sigma'_z = \sigma_z - \alpha p_p \\ \tau'_{xy} = \tau_{xy} \\ \tau'_{yz} = \tau_{yz} \\ \tau'_{zx} = \tau_{zx} \end{cases} \tag{5.3.3}$$

式中,比奥系数 α 为常数。根据有效应力定律,各向同性线性孔隙弹性体的本构方程可表示为:

$$\sigma = K\varepsilon - \alpha p \tag{5.3.4}$$

式中,σ 为平均应力;ε 为体应变;K 为排水条件下的体积模量。

【例题5.3.1】 若地下岩石某点的平面应力状态为:$\sigma_x=30\text{MPa}$,$\sigma_y=55\text{MPa}$,$\tau_{xy}=-25\text{MPa}$,孔隙压力 $p=10\text{MPa}$,Biot 系数 $\alpha=0.7$,求该点的有效应力张量。

解:该点的应力张量为:

$$\sigma = \begin{pmatrix} \sigma_x & \tau_{xy} \\ \tau_{xy} & \sigma_y \end{pmatrix} = \begin{pmatrix} 30 & -25 \\ -25 & 55 \end{pmatrix}$$

由有效应力计算公式 $\sigma'_{ij}=\sigma_{ij}-\alpha p \delta_{ij}$ 可得该点的有效应力张量为:

$$\sigma' = \begin{pmatrix} \sigma_x - \alpha p & \tau_{xy} \\ \tau_{xy} & \sigma_y - \alpha p \end{pmatrix} = \begin{pmatrix} 23 & -25 \\ -25 & 48 \end{pmatrix}$$

对于岩石的代表性体积单元(REV),其流体体积增量 ζ 与体应变 ε 存在以下关系:

$$\varepsilon = \frac{\sigma}{K_u} + B\zeta \tag{5.3.5}$$

$$\zeta = \alpha\varepsilon + \frac{\alpha}{K_u B} p \tag{5.3.6}$$

式中,B 为 Skempton 系数,K_u 为不排水条件下的体积模量,e_{ij} 为偏应变分量,ζ 为单位参考体积流体含量的变化量。

ζ 表示为:

$$\zeta = -\phi \nabla \cdot (U_f - U_s) = \frac{\delta V_p - \delta V_f}{V} \tag{5.3.7}$$

式中 ϕ 为孔隙度,U_f、U_s 为单位参考体积内流体和固体质点的平均位移,V_p、V_f、V 分别为单位参考体积内孔隙、流体和总的体积。

Skempton 系数 B 通过不排水常规三轴实验增加围压,测试孔压增量,取其后者与前者之比获得:

$$B = \frac{p}{\sigma}\Big|_{\zeta=0} \tag{5.3.8}$$

孔隙度的变化可由式(5.3.9)计算得出:

$$\phi = \frac{\phi_0 + \varepsilon}{1 + \varepsilon} \tag{5.3.9}$$

式中 ϕ_0 为初始孔隙度(单位为%)。由式(5.3.9)可知,Skempton 系数 B 也等价于维持平均应力(围压)不变条件下体积应变与流体增量的比值:

$$B = \frac{\varepsilon}{\zeta}\Big|_{\sigma=0} \tag{5.3.10}$$

5.3.2 比奥系数 α 的实验测量

比奥系数 α 对压裂裂缝的缝内压力和支撑剂的有效应力有显著影响。比奥系数常用的实验测量方法主要有三种:无衬垫变静水压实验(unjacketed hydrostatic test)、Cross-plotting 法和声波动态法。

1.无衬垫变静水压实验

对于中高渗岩心,一般通过无衬垫变静水压实验来测量。在该类常规三轴实验中,岩心未包裹乳胶膜或热缩管等衬垫材料与容器里的液体直接接触。通过变化围压并保持孔隙压力不变,测量单位体积的流体百分比变化和体应变,取其比值即为比奥系数,如式(5.3.11)所示:

$$\alpha = \frac{\zeta}{\varepsilon}\Big|_{p=0} \tag{5.3.11}$$

同时,比奥系数也可通过岩石的骨架体积模量和其颗粒体积模量的比值获取:

$$\alpha = 1 - \frac{K}{K_s} \tag{5.3.12}$$

式中 K 为干孔隙岩石材料的体积模量，K_s 为组成岩石材料的颗粒的体积模量。

2. Cross-plotting 法

对于低渗透岩心，由于其渗流能力较差，实验过程中孔隙压力传递效率低，因此不适合使用无衬垫变静水压实验测量，可利用 Cross-plotting 法测量。根据相关实验结果，渗透率可表示为有效应力的单值函数：

$$K = K_0 \sigma_{\text{eff}} = K_0(\sigma_c - \alpha \sigma_p) \tag{5.3.13}$$

式中，K 为岩石的渗透率，K_0 为岩石的初始渗透率，σ_{eff} 为有效应力，σ_c 为围压，σ_p 为孔隙压力。根据岩石渗透率测试实验获得恒定控制压力下，渗透率随孔隙压力变化的演化规律，取一系列渗透率作为参考值，针对同一渗透率，可得到一系列控制压力与孔隙压力值的组合。由式(5.3.13)可知控制压力与孔隙压力呈线性关系，其斜率值即为岩石的比奥系数。

3. 声波动态法

声波动态法是测量岩心处于水饱和状态、干燥状态下的纵波波速 V_p 和横波波速 V_s，根据 Biot-Gassmann 方程求出干燥岩石的体积模量 K 和岩石颗粒的体积模量 K_s，利用式(5.3.12)求解比奥系数 α。Biot-Gassmann 方程的表达式如式(5.3.14)所示：

$$K_{\text{sat}} = K + (1 - K/K_s)^2 / [\phi/K_f + (1-\phi)/K_s - K/K_s^2] \tag{5.3.14}$$

其中 $K_{\text{sat}} = \rho[(V_{p,\text{sat}})^2 - 4(V_{s,\text{sat}})^2/3]$，$K = \rho_s[(V_{p,\text{dry}})^2 - 4(V_{s,\text{sat}})^2/3]$

式中，K_{sat} 为岩石饱和条件下的体积模量，K 为岩石在干燥条件下的体积模量，K_f 为流体的体积模量，ρ 为岩石的密度，ρ_s 为岩石颗粒的密度。

比奥系数的取值范围为 $\phi < \alpha < 1$。对于疏松岩体如黏土、砂土、稠油油砂、疏松砂岩，α 可以取为 1.0；对于一般砂岩而言，α 取为 0.69～0.85；而对于致密岩体如石灰岩、碳酸盐岩、页岩，α 取为 0.34～0.88。为了进一步用实验验证式(5.3.1)与式(5.3.4)并阐明 α 的物理意义，Boutéca 和 Guéguen 通过变平均应力或孔隙压力的方式测试了法国塔维尔灰岩样品（$\alpha = 0.63$）的应力应变曲线，应力的加卸载路径如图 5.3.2 所示，应力应变曲线如图 5.3.3 所示。

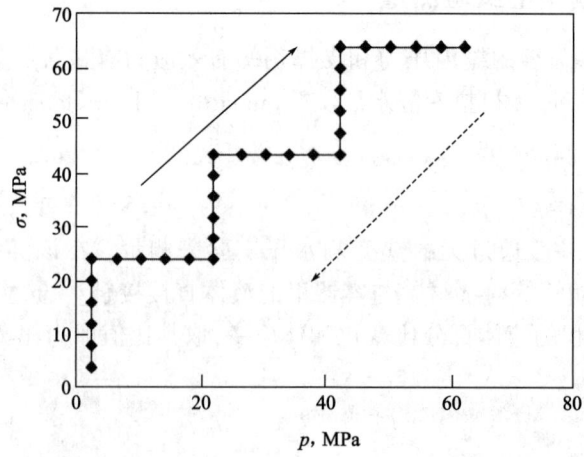

图 5.3.2　塔维尔灰岩样品变平均应力 σ 和孔隙压力 p 的加载卸载过程

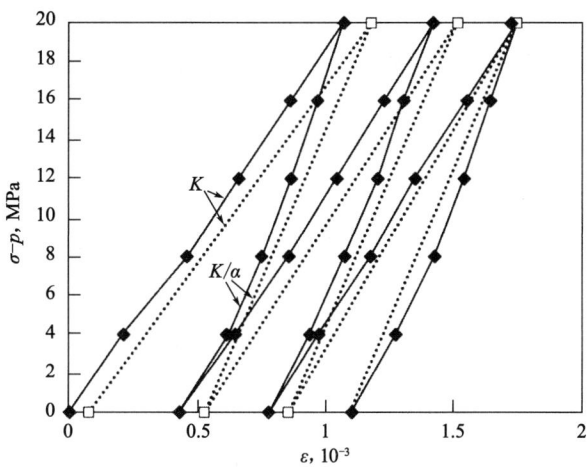

图5.3.3　塔维尔灰岩样品变平均应力 σ 和孔隙压力 p 的应力应变曲线(虚线为卸载曲线)

从图5.3.3可以看出,在加卸载过程中,不管是加载还是卸载,等 p 或等 σ 的两条曲线(一加载一卸载)接近重合,而等 p 或等 σ 的曲线存在不同的斜率;前者为 K,后者为 K/α,与式(5.3.1)一致。

Coussy以体应变为横坐标,以有效应力为纵坐标,将这些实验数据作图统计,如图5.3.4所示,发现实验点排列在单条直线上,且该直线的斜率为 K。该规律直观地验证了式(5.3.11)的准确性,也间接说明了式(5.3.2)的科学性。

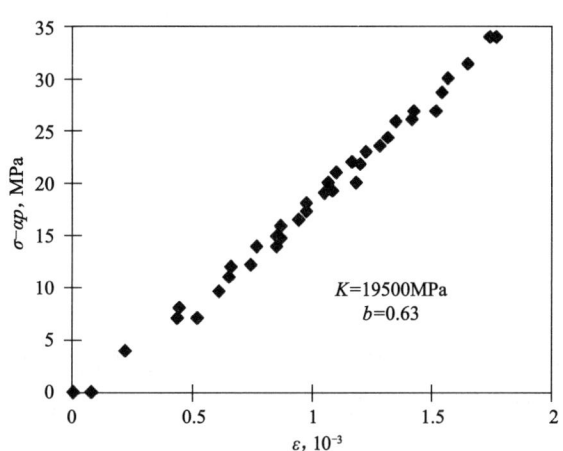

图5.3.4　塔维尔灰岩样品比奥有效应力与体应变的关系曲线

5.4　一维固结问题

针对孔隙弹性介质的体积单元,孔隙流体压力为 p,包含在孔隙中的流体变化量为 ζ(即单位体积的流体体积增量)。如果每单位体积中孔隙流体体积为 v,而在未变形前它的值为 v_0,那么定义 ζ 为:

$$\zeta = v - v_0 \tag{5.4.1}$$

如果孔隙流体不可压缩，则 ζ 是变形与未变形状态的孔隙度的差异；由于剪应力不会影响孔隙流体的容量，只有法向应力 σ_x、σ_y 和 σ_z 影响，因此可建立其与孔隙压力、法向应力的关系：

$$\zeta = (p/R) - (\sigma_x + \sigma_y + \sigma_z)/3H \tag{5.4.2}$$

由此，含孔隙流体岩石的应力应变关系可表达为：

$$\begin{cases} \sigma_x = \lambda\varepsilon + 2G\varepsilon_x + \alpha p \\ \sigma_y = \lambda\varepsilon + 2G\varepsilon_y + \alpha p \\ \sigma_z = \lambda\varepsilon + 2G\varepsilon_z + \alpha p \\ \tau_{yz} = 2G\varepsilon_{yz} \\ \tau_{zx} = 2G\varepsilon_{zx} \\ \tau_{xy} = 2G\varepsilon_{xy} \\ \zeta = -\alpha\varepsilon + p(1/R - \alpha/H) = -\alpha\varepsilon + p/Q \end{cases} \tag{5.4.3}$$

式中，λ 为拉梅系数，G 为剪切模量，R 为比奥模量，H 为压缩模量。从式(5.4.3)可看出，与弹性固体本构关系的区别是，除了常数 λ、G 外，还增加了两个常数 H 和 R。$1/H$ 的物理意义为外部压缩引起的孔隙体积变化，$1/R$ 的物理意义为孔隙压力引起的孔隙体积变化。式(5.4.3)最后一行式子即为式(5.3.5)的另外一种表达方式。注意岩石力学与孔隙介质力学对于正负号的定义区别，前者定义压缩为正，后者定义压缩为负；因此两个式子的第一项的符号相反。

假设孔隙流体的流动服从达西定律，则孔隙流体增量为：

$$\frac{\partial\zeta}{\partial t} = \frac{\partial v_x}{\partial x} + \frac{\partial v_y}{\partial y} + \frac{\partial v_z}{\partial z} \tag{5.4.4}$$

结合式(5.1.7)和式(5.4.4)可知：

$$\frac{\partial\theta}{\partial t} = k\nabla^2 p \tag{5.4.5}$$

由式(5.4.5)可知：

$$K\nabla^2 p = -\alpha\frac{\partial\varepsilon_m}{\partial t} + \frac{1}{Q}\frac{\partial p}{\partial t} \tag{5.4.6}$$

一维固结是指岩土体中侧面限制位移条件下，在轴向受载荷作用，孔隙水逐渐被挤出，孔隙压力逐步转变为岩土骨架承受的有效应力的过程。假设孔隙流体为水，只沿 z 方向运动，而在 x、y 方向没有运动，z 方向的应力为常数，那么 z 方向的本构方程为：

$$(\lambda + 2G)\varepsilon_z + \alpha p_p = \sigma_z \tag{5.4.7}$$

式(5.4.7)对时间 t 开展微分，可得

$$(\lambda + 2G)\frac{\partial\varepsilon_z}{\partial t} + \alpha\frac{\partial p}{\partial t} = 0 \tag{5.4.8}$$

由式(5.4.6)可知：

$$K\frac{\partial^2 p}{\partial z^2} = \left(\frac{1}{Q} + \frac{\alpha^2}{\lambda + 2G}\right)\frac{\partial p}{\partial t} \tag{5.4.9}$$

式(5.4.9)可简写为：

$$K\frac{\partial^2 p}{\partial z^2} = \frac{1}{c}\frac{\partial p}{\partial t} \tag{5.4.10}$$

式中 c 为固结系数(也称水力扩散系数),单位为 m^2/s,用于衡量单位体积孔隙介质中流体扩散难易的程度。岩石的渗透率越高,孔隙流体黏度越低,单位体积岩石存储孔隙流体的能力越弱,固结系数越高,反之固结系数越低。固结系数 c 和与其密切相关的压缩模量 H 可由一维压缩固结实验测得。

探索与展望

虽然岩石力学、孔隙介质力学已有几十年的发展历史,各项分析、计算理论基本成熟,但是迄今为止仍然存在诸多困扰学术界、工业界的关键科学难题。与岩石孔隙、空隙中的流体压力和流动相关的关键科学难题主要包括:

(1)复杂构造地层中的异常高压。陆地复杂的地质构造如断层、褶皱等挤压作用,以及深水浅层快速沉积圈闭等压实机制,会导致地层某处产生异常高压。尽管地质学家、力学家针对此类机理提供了不少成因解释,但其岩石力学机理尚不清晰,计算分析方法也颇为匮乏。

(2)岩石孔隙及裂缝中流体的流量分配问题。随着非常规油气资源的开发,水力压裂已成为储层改造的常用手段。水力压裂形成的水力裂缝沟通天然裂缝、地下孔洞,形成裂缝网络,其流体与流体压力如何在网络的各部分分配,以及如何与裂缝附近的基质孔隙交互,目前尚无清晰可靠的物理刻画方法。

(3)岩石孔隙及裂缝中流体的动力学响应机制。目前关于岩石孔隙介质力学或涉及孔洞、层理等缺陷流动的研究多将流体流动视为稳态层流状态,但石油工程中的多种施工措施,如水力压裂、高压水射流,在极短时间内往地层注入大量流体,势必引发复杂的流体动力学问题。

(4)孔隙中流体的多相流动及相态转化问题。近年来在能源开发项目中,储层里的油、气、水多相流动越来越普遍。随着全球能源应用大力推进地热开发、碳捕获/利用/封存(CCUS)、可燃冰开采,热与压力的耦合作用导致地层流体发生复杂的相态变化,该问题在相应的工程应用实施中显得尤为突出。

当前,大数据与人工智能技术已成为油气行业提质提效的利器,也是油气等能源行业向数字化转型的必备工具。同时,与油气地质、工程相关的数据也已形成一种无形资产。针对诸多石油工程岩石力学问题,如何开展数据治理、制定数据标准、建立数据模型、管理数据质量/价值/安全,并在此基础上编制定制化的机器学习、深度学习、计算机视觉等人工智能算法来增强工程效果、提高工作效率、降低人力成本,成为新的机遇与挑战。例如,针对获取的井下岩心开展 CT 扫描建立数字岩心,并借助计算机视觉技术三维重构裂缝网络,将能为深入理解储层在水力压裂中的岩石力学响应提供直观的认识。

历史注释

太沙基(Karl Terzaghi)被广泛认可为"土力学之父"。他于 1883 年出生在捷克布拉格,在 1900 年时进入布拉格科技大学学习机械工程。毕业后,太沙基成为一家专门从事水电站建设公司的初级设计工程师,专注于解决工程建设中遇到的地质问题。随后在伊斯坦布尔皇家奥特曼工程学院和罗伯特学院担任教授,开始了一系列关于工程材料、挡土墙相关的实验室建设和实验研究,他深入研究了土体的渗流规律,为土力学带来全面革新并赢得崇高声望。

比奥(Maurice Anthony Biot),1905年5月25日生于比利时的安特卫普。1935年,比奥从太沙基1923年关于黏土压缩固结的工作中获得灵感,发表了第一篇关于广义压缩固结理论的论文,随后发表了一系列文章在应用物理学报上,包括经典论文《三维固结压缩广义理论》。他还发表了众多动力学、声学、应用力学、热学、热力学、航空航天学、地球物理学、地震工程和电磁学方面的知名论文,提出了一些学科的重要理论,获得荣誉无数。为纪念他在孔隙介质力学领域的杰出贡献,自1998年起每四年一次在美国、法国和奥地利轮流举办比奥地质力学会议。2003年,美国土木工程师学会发起每年一度的比奥奖章评选,表彰"为孔隙介质力学做出杰出科研贡献的个人"。

思考题

1. 岩石孔隙度、渗透率是如何定义的?
2. 常用的岩石物理模型有哪些?
3. 固结系数的物理含义是什么?与岩石塑性有无关联?
4. 研究岩石力学为什么要考虑比奥系数?破坏理论中如何设定比奥系数?

习题

1. 地下岩石某点处于平面应力状态,$\sigma_x = 30\text{MPa}, \sigma_y = 40\text{MPa}, \tau_{xy} = -20\text{MPa}$:
   (1) 将坐标系逆时针转动60°,求新坐标系下的应力张量。
   (2) 若孔隙压力 $p_p = 10\text{MPa}$,比奥系数 $\alpha = 0.6$,求新坐标系下的有效应力张量。

2. 已知某 $\phi 25\text{mm} \times 50\text{mm}$ 岩心柱的固体骨架所占体积为 18.8cm^3,将其放入常规三轴实验仪中并施加围压,测得其体积减小了 1.2cm^3,求此时岩心柱的孔隙度。

3. 已知岩心在20℃下针对水的渗透系数为 $1.6 \times 10^{-5} \text{cm/s}$,请计算该岩心的渗透率,并用 mD 表示。

第6章 油田地应力与井壁围岩应力状态

井壁围岩应力状态影响着石油工程中钻井、完井、压裂等作业的成败。井眼的形成打破了原地应力的平衡状态,导致井壁围岩应力重新分布,引起应力集中。井壁围岩应力受到原地应力状态、地层孔隙压力、井内液柱压力、岩石弹性特性和井眼几何形状等多个因素联合影响。随着这些因素的变化,井壁围岩可能出现坍塌崩落、缩径或地层破裂等失稳问题。本章将讨论地层孔隙压力、油田地应力模型及井壁围岩的应力状态。

6.1 地层孔隙压力

地层孔隙压力是指地层岩石孔隙或裂缝中的流体所具有的压力,也称地层压力,用 p_p 表示。当地层水为淡水时,正常孔隙压力梯度为 0.00981MPa/m;当地层水为盐水时,正常孔隙压力梯度为 0.0105MPa/m。石油工程遇到的地层水多数为盐水。地层孔隙压力大于或小于正常孔隙压力,称为异常孔隙压力,分为异常高压和异常低压两种。

异常低压的梯度小于 0.00981MPa/m(或 0.0105MPa/m),有的甚至只有静液压力梯度的一半。世界各地的钻井情况表明,异常低压地层比异常高压地层要少。一般认为,多年开采的油气藏又没有足够的压力补充,便产生异常低压;在地下水位很低的地区也会产生异常低压现象。在这样的地区,正常的流体静液压力梯度要从地下潜水面开始。

异常高压地层在世界各地广泛存在,从新生代更新统到古生代寒武纪、震旦系都曾遇到。正常的流体压力体系可以看成是一个水力学的"开启"系统,即可渗透的、流体可以流通的地层,它允许建立或重新建立静液压力条件。与此相反,异常高压地层的压力系统基本上是"封闭"的。异常高压和正常压力之间有一个封闭层,它阻止或至少大大限制了流体的流通。在这里,上部基岩的重力有一部分是由岩石孔隙内的流体所支撑的。根据稳定性理论,异常高压是不能超过上覆岩层压力的,通常认为它的上限为上覆岩层压力。但是,在一些地区,如巴基斯坦、伊朗、巴比亚等地的钻井实践中,曾遇到比上覆岩层压力高的超高压地层,有的孔隙压力梯度超过上覆岩层压力梯度的40%,这种超高压地层可以看作存在一个"压力桥"的局部化条件。覆盖在超高压地层上面的岩石内部的抗压强度,帮助上覆岩层部分平衡超高压地层流体向上的巨大作用力。

异常高压的成因有很多,一般是由多种因素相互叠加影响所形成的,普遍认可的成因包括地质作用、构造作用和沉积速度等。但对于一个特定的异常压力体来说,其成因可能以某一种因素为主,其他因素为辅。具体来说,这些影响因素包括不均匀沉积压实、构造挤压、渗透作用、水热增压、生烃作用、蒙脱土脱水作用、浓差作用、逆浓差作用、石膏与硬石膏转化、流体密度差异、水势面的不规则性等。

沉积压实是各种压力评价方法的基础,造成异常高压的主要因素是沉积物的快速沉降,压实不均匀。沉积物的压缩过程是由上覆沉积层的重力引起的。随着地层的沉降,上覆沉积物重复增加,下覆岩层就逐渐被压实。如果沉积速度较慢,沉积层内的岩石颗粒就有足够的时间重新紧密地排列,并使孔隙度减小,孔隙中的过剩流体被挤出(图6.1.1)。如果是"开放"的地质环境,被挤出的流体就沿着阻力小的方向,或向着低压高渗透的方向流动,便建立了正常的孔隙压力环境。于是地层水自上而下形成连续的正常的静液压力系统。地层压实能否保持平衡,主要取决于四个因素:(1)上覆岩层沉积速度;(2)地层渗透率;(3)孔隙减小的速度;(4)排出孔隙流体的能力。

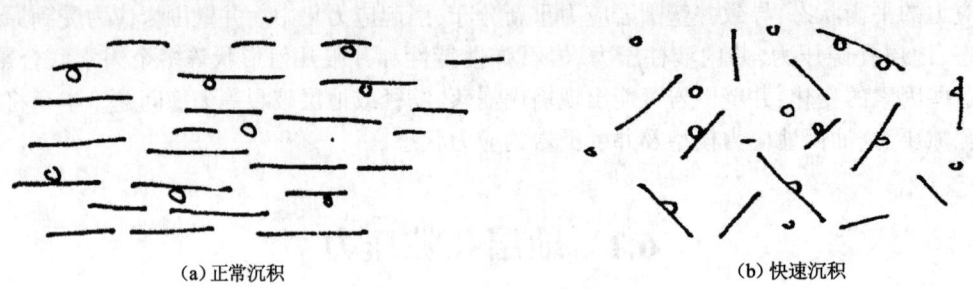

(a)正常沉积　　　　　　　　　　(b)快速沉积

图 6.1.1　沉积颗粒排列示意图

如果沉积速度很快,岩石颗粒没有足够的时间去重新排列,孔隙内流体的排出受到限制,基岩无法增加它的颗粒与颗粒之间的压力,即无法增加它对上覆岩层的支撑能力。由于上覆岩层继续沉积,负荷增加,而下面基岩的支撑能力没有增加,孔隙中的流体必然开始支撑部分上覆岩层压力。若周围被不渗透地层圈闭起来,使得高压流体无法流出,就会造成孔隙增大,地层不能被压实到正常地层应该压实的程度,即形成地层欠压实现象,导致异常高压。

孔隙压力预测最基本的模型是 Eaton 法,它是 Eaton 根据墨西哥湾等地区经验及理论分析建立起来的地层孔隙压力与测井参数间的关系式:

$$p_\mathrm{p} = p_0 - (p_0 - p_\mathrm{n}) \left(\frac{DT_\mathrm{N}}{DT_0}\right)^3 \qquad (6.1.1)$$

式中,p_p、p_0、p_n 分别是地层压力、上覆岩层压力、静液柱压力,MPa;DT_N、DT_0 分别是正常声波时差、测井声波时差,DT_N 可以由 DT_0 回归获得。

6.2　油田地应力理论模型

6.2.1　基本概念

当物体受到外力作用时,在它的内部同时产生了一个与此外力相对抗以保持平衡的力,这就是内力。单位面积上的内力称为应力。天体的、地球内部的、外部的,以及地球自转速度的变化,都会导致地壳不同部位出现受力不均衡,受到挤压、拉伸、旋扭等力的作用,促使地壳中的岩层发生变形。与此同时,岩层也产生一种反抗变形的力,这种内部产生的并作用在地壳单位面积上的力,称为地应力。

首先需要提及几个应力相关概念。原岩表示未经工程开挖或又不受开挖影响仍处于自然平衡状态的岩体;围岩表示受工程开挖影响应力发生重新分布的岩体。原岩中天然赋存的应力称为原岩应力,又称为初始地应力或地应力、天然应力。原岩应力在岩体空间有规律的分布状态称为原岩应力场,又称为初始地应力场,即未经采动的岩体在天然状态下所具有的应力状态。反之,岩体开挖扰动了原岩的自然平衡状态,使一定范围内的原岩应力发生变化,变化后的应力称为次生应力或二次应力。

油气生储盖地层是地壳上部的组成部分。在漫长的地质年代里,它经历了无数次沉积轮回和升沉运动的各个历史阶段,地壳物质内产生了一系列的内应力效应。这些内应力来源于板块周围的挤压、地幔对流、岩浆活动、地球的转动、新老地质构造运动及地层重力、地层温度的不均匀、地层中的水压梯度等,这就使地下岩层处于十分复杂的自然受力状态。这种应力统称为油田地应力,它是随时间和空间而变化的。它主要以两种形式存在于地层中:一部分以弹性能形式;其余的则由于种种原因在地层中处于自我平衡而以冻结形式保存着。

在工程应用中,通常不会单独地描述地应力,更多的是构造岩体内部各个点有大小、有方向的应力场。地下岩石由一系列的岩石微元结合在一起,对这些微元单独进行受力分析,应力是一个张量,表示通过一点各个平面上作用力。

在井下某深度,当地层连续且各向同性时,应力可以在大地坐标系中表示为有9个分量的二阶张量,任意笛卡儿坐标系中的应力张量都能通过坐标系的旋转进行坐标变换,即任意笛卡儿坐标系下 σ 的表示方法与对角线化坐标系后获得的 σ' 是同一微元的不同坐标系应力表示方法,并且从9个二阶张量变为3个一阶张量。为实现该坐标系的变换,需重新建立一个指定方向余弦(a_{ij})进行应力张量的对角线化,代数表达式为:

$$\boldsymbol{\sigma}' = \boldsymbol{A}^{\mathrm{T}} \boldsymbol{\sigma} \boldsymbol{A} \tag{6.2.1}$$

其中

$$\boldsymbol{\sigma} = \begin{bmatrix} \sigma_{11} & \sigma_{12} & \sigma_{13} \\ \sigma_{21} & \sigma_{22} & \sigma_{23} \\ \sigma_{31} & \sigma_{32} & \sigma_{33} \end{bmatrix} \quad \boldsymbol{A} = \begin{bmatrix} a_{11} & a_{12} & a_{13} \\ a_{21} & a_{22} & a_{23} \\ a_{31} & a_{32} & a_{33} \end{bmatrix} \quad \boldsymbol{\sigma}' = \begin{bmatrix} \sigma_1 & & \\ & \sigma_2 & \\ & & \sigma_3 \end{bmatrix} \tag{6.2.2}$$

一般地,假设油田地层处于三向地应力作用,其三个主方向的主应力为水平最大主应力 σ_H、水平最小主应力 σ_h 和垂向应力 σ_z,如图6.2.1所示。结合水平最大主应力的方位角,就能完全描述深部岩石所受应力状态。其中水平向地应力由岩体自重、地质构造运动、地层流体压力及地层温度变化产生。

地应力在油气资源勘探和评价、开发、生产等阶段都起着至关重要的作用。

(1)勘探和评价阶段:油气生成、运移、聚集、保存及破坏再聚集的过程与盆地所处环境和区域构造应力场有密切联系,明确地应力的分布也有助于揭示低渗透和裂缝性油气田的油气分布规律。此外,地应力对于断层封闭性评价、孔隙压力预测、井壁稳定性预测等也十分重要。

(2)开发阶段:地应力在井网布置、储层改造、井壁稳定和井眼轨迹优选方面不可或缺,对井壁稳定性分析、井筒完整性分析、井网部署和注采方案设计、斜井及水平井设计、压裂方案设计、射孔方案设计、注水井及加密井方案设计等存在较大影响。

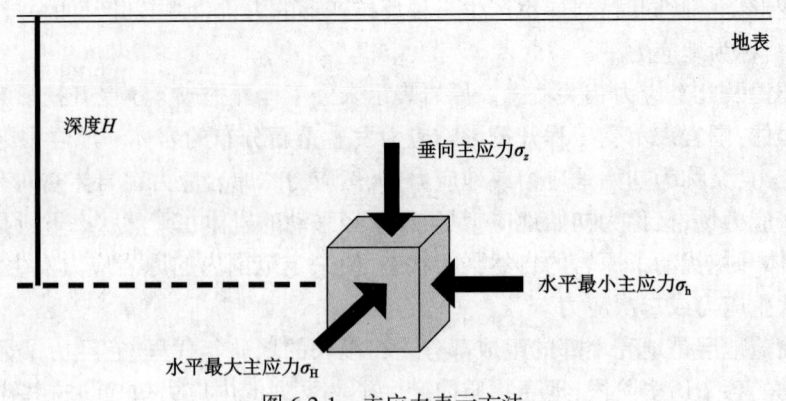

图 6.2.1 主应力表示方法

(3)生产阶段:地应力与孔隙压力降低引起的地层变形、套管损害分析、出砂预测和防砂方案设计等关系十分密切。但是地应力不是产生工程问题的唯一因素,各类工程问题都伴随着高应力和强度降低等诱发岩石变形和破坏特征。

6.2.2 岩体自重产生的地应力

自重应力表示地壳上部各种岩体由于受到地心引力的作用而产生的应力,是由岩体自重引起的。同时,自重应力在空间有规律的分布状态称为自重应力场。在油层深度内,温度一般不超过200℃,岩体主要表现为弹性,由岩体自重形成的应力可表示为:

$$\begin{cases} \sigma_v = \int \rho g \mathrm{d}H \\ \sigma_x^1 = \dfrac{\upsilon}{1-\upsilon}(\sigma_v - \alpha p_p) + \alpha p_p \\ \sigma_y^1 = \dfrac{\upsilon}{1-\upsilon}(\sigma_v - \alpha p_p) + \alpha p_p \end{cases} \quad (6.2.3)$$

式中,ρ 为地层密度;υ 为地层岩石的泊松比;H 为井深;p_p 为地层孔隙压力;α 为有效应力系数;σ_v、σ_x^1、σ_y^1 为上覆压力及由其产生的水平 x、y 方向地应力。

6.2.3 构造应力

由于地质构造、板块运动、地震活动等地壳动力学方面的原因所附加的应力分量称为构造应力,这是地壳中长期存在着的促使构造运动发生和发展的内在力量。构造应力在空间有规律的分布状态称为构造应力场。构造应力存在明显的各向异性,因此实际原地应力的也是各向异性的,其水平最大主地应力方向通常与构造应力的合矢量方向一致。构造运动所附加的应力是构造应力的主要组成部分。若用上覆压力来表示水平构造应力的大小,则有:

$$\begin{cases} \sigma_x^2 = \xi_x(\sigma_v - \alpha p_p) + \alpha p_p \\ \sigma_y^2 = \xi_y(\sigma_v - \alpha p_p) + \alpha p_p \end{cases} \quad (6.2.4)$$

式中,ξ_x、ξ_y 为水平 x、y 方向的构造应力系数;σ_x^2、σ_y^2 为构造运动在水平 x、y 方向引起的构造应力。

6.2.4 温度升高产生的附加应力

由于各种原因,油层温度升高,多数岩石随温度的增加而膨胀,受围岩的限制,膨胀应变将产生应力:

$$\begin{cases} \sigma_x^3 = 2G \dfrac{1+\upsilon}{1-2\upsilon} \alpha^{\mathrm{T}}(T-T_0) \\ \sigma_y^3 = 2G \dfrac{1+\upsilon}{1-2\upsilon} \alpha^{\mathrm{T}}(T-T_0) \end{cases} \quad (6.2.5)$$

式中,G 为剪切模量;α^{T} 为由温度引起的膨胀系数;T_0 为初始地层温度;T 为当前地层温度;σ_x^3、σ_y^3 为温度升降在水平 x、y 方向引起的附加应力。

6.2.5 总原地应力

假设处于三向应力作用的地层,其三个主方向的主应力为水平最大主应力 σ_H、水平最小主应力 σ_h 和垂向应力 σ_z,可表示为:

$$\begin{cases} \sigma_H = \sigma_x^1 + \sigma_x^2 + \sigma_x^3 \\ \sigma_h = \sigma_y^1 + \sigma_y^2 + \sigma_y^3 \\ \sigma_z = \sigma_v \end{cases} \quad (6.2.6)$$

6.3 直井井壁围岩应力

假设地层是均匀各向同性、线弹性的多孔材料,并认为井壁围岩处于平面应变状态。井壁围岩应力状态可用以下力学模型求解:在无限大平面上,一圆孔受到均匀的内压 p_i 作用,同时在这个平面的无限远处受到水平最大地应力 σ_H、水平最小地应力 σ_h 的作用,其铅直方向上受到上覆地层压力 σ_v(图 6.3.1)作用。考虑到岩石为小变形弹性体,则线性叠加原理是适用的。因此,井壁围岩总的应力状态可通过先研究各应力分量对井壁围岩应力的影响,而后再由叠加的方法来获得。

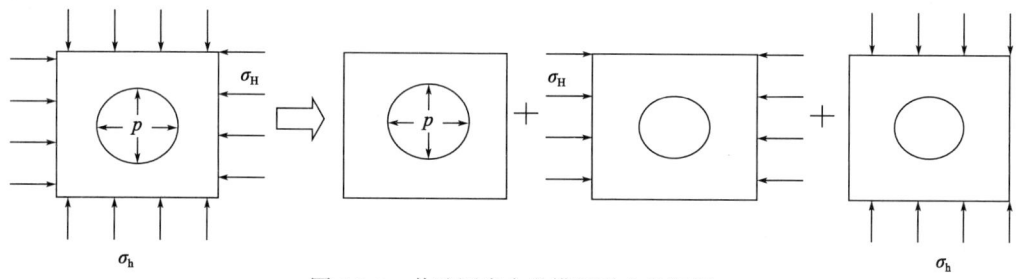

图 6.3.1 井壁围岩力学模型受力分解图

井壁岩石所受的应力状态可用径向应力 σ_r、周向应力 σ_θ、垂直应力 σ_z 及剪应力 $\tau_{\theta z}$ 来表示。

6.3.1 各应力分量对井壁围岩应力的影响

(1)液柱压力 p_i 引起的应力:

$$\begin{cases} \sigma_r = \dfrac{R^2}{r^2}p_i \\ \sigma_\theta = -\dfrac{R^2}{r^2}p_i \end{cases} \tag{6.3.1}$$

式中,R 为井眼半径;r 为极坐标半径。

(2) 水平最大地应力 σ_H 引起的应力:

$$\begin{cases} \sigma_r = \dfrac{\sigma_H}{2}\left(1 - \dfrac{R^2}{r^2}\right) + \dfrac{\sigma_H}{2}\left(1 + \dfrac{3R^4}{r^4} - \dfrac{4R^2}{r^2}\right)\cos2\theta \\ \sigma_\theta = \dfrac{\sigma_H}{2}\left(1 + \dfrac{R^2}{r^2}\right) - \dfrac{\sigma_H}{2}\left(1 + \dfrac{3R^4}{r^4}\right)\cos2\theta \\ \tau_{r\theta} = -\dfrac{\sigma_H}{2}\left(1 - \dfrac{3R^4}{r^4} + \dfrac{2R^2}{r^2}\right)\sin2\theta \end{cases} \tag{6.3.2}$$

式中,θ 为地层中某点径向与水平最大主地应力方向的夹角。

(3) 水平最小地应力 σ_h 引起的应力:

$$\begin{cases} \sigma_r = \dfrac{\sigma_h}{2}\left(1 - \dfrac{R^2}{r^2}\right) - \dfrac{\sigma_h}{2}\left(1 + \dfrac{3R^4}{r^4} - \dfrac{4R^2}{r^2}\right)\cos2\theta \\ \sigma_\theta = \dfrac{\sigma_h}{2}\left(1 + \dfrac{R^2}{r^2}\right) + \dfrac{\sigma_h}{2}\left(1 + \dfrac{3R^4}{r^4}\right)\cos2\theta \\ \tau_{r\theta} = \dfrac{\sigma_h}{2}\left(1 - \dfrac{3R^4}{r^4} + \dfrac{2R^2}{r^2}\right)\sin2\theta \end{cases} \tag{6.3.3}$$

(4) 上覆地层压力 σ_v 引起的应力:

$$\sigma_z = \sigma_v - 2v(\sigma_H - \sigma_h)\left(\dfrac{R}{r}\right)^2\cos2\theta \tag{6.3.4}$$

式中,v 为泊松比。

(5) 钻井液渗流效应:

当井内流体压力增大或造壁性能不佳时,一部分井内液体滤液将渗入井壁地层。视井壁地层为孔隙介质,介质中流体流动满足达西定律,则井内液体滤液的径向渗流在井壁周围产生的附加应力场为:

$$\begin{cases} \sigma_r = \left[\dfrac{\alpha(1-2v)}{2(1-v)}\dfrac{(r^2-R^2)}{r^2} - \phi\right](p_i - p_p) \\ \sigma_\theta = \left[\dfrac{\alpha(1-2v)}{2(1-v)}\dfrac{(r^2+R^2)}{r^2} - \phi\right](p_i - p_p) \\ \sigma_z = \left[\dfrac{\alpha(1-2v)}{1-v} - \phi\right](p_i - p_p) \end{cases} \tag{6.3.5}$$

式中,ϕ 为孔隙度;p_p 为原始地层孔隙压力,α 为有效应力系数。

6.3.2 井壁地层应力分布

在井内液柱压力和地应力的联合作用下,井周地层的应力分布可由各分量叠加得到:

$$\sigma_r = \frac{R^2}{r^2}p_i + \frac{(\sigma_H + \sigma_h)}{2}\left(1 - \frac{R^2}{r^2}\right) + \frac{(\sigma_H - \sigma_h)}{2}\left(1 + \frac{3R^4}{r^4} - \frac{4R^2}{r^2}\right)\cos2\theta$$
$$+ \delta\left[\frac{\alpha(1-2v)}{2(1-v)}\left(1 - \frac{R^2}{r^2}\right) - \phi\right](p_i - p_p) \tag{6.3.6a}$$

$$\sigma_\theta = -\frac{R^2}{r^2}p_i + \frac{(\sigma_H + \sigma_h)}{2}\left(1 + \frac{R^2}{r^2}\right) - \frac{(\sigma_H - \sigma_h)}{2}\left(1 + \frac{3R^4}{r^4}\right)\cos2\theta$$
$$+ \delta\left[\frac{\alpha(1-2v)}{2(1-v)}\left(1 + \frac{R^2}{r^2}\right) - \phi\right](p_i - p_p) \tag{6.3.6b}$$

$$\sigma_z = \sigma_v - 2v(\sigma_H - \sigma_h)\left(\frac{R}{r}\right)^2\cos2\theta + \delta\left[\frac{\alpha(1-2v)}{1-v} - \phi\right](p_i - p_p) \tag{6.3.6c}$$

式中,δ 为修正参数,当井壁有渗透时,$\delta=1$;当井壁不渗透时,$\delta=0$。

当 $r=R$ 时,井壁表面上的径向、切向和垂向的应力分别为:

$$\sigma_r = p_i - \delta\phi(p_i - p_p) \tag{6.3.7a}$$

$$\sigma_\theta = -p_i + (1 - 2\cos2\theta)\sigma_H + (1 + 2\cos2\theta)\sigma_h + \delta\left[\frac{\alpha(1-2v)}{1-v} - \phi\right](p_i - p_p) \tag{6.3.7b}$$

$$\sigma_z = \sigma_v - 2v(\sigma_H - \sigma_h)\cos2\theta + \delta\left[\frac{\alpha(1-2v)}{1-v} - \phi\right](p_i - p_p) \tag{6.3.7c}$$

6.4 大斜度井、水平井井壁围岩应力

深部地层受三向主地应力作用:上覆地应力 σ_v,水平最大主地应力 σ_H 和水平最小地应力 σ_h。选取坐标系(1,2,3)分别与主地应力 σ_H、σ_h、σ_v 方向一致(图6.4.1)。为了方便起见,建立直角坐标系(x,y,z)和极坐标系(r,θ,z),其中 Oz 轴对应于井轴,Ox 和 Oy 位于与井轴垂直的平面内。

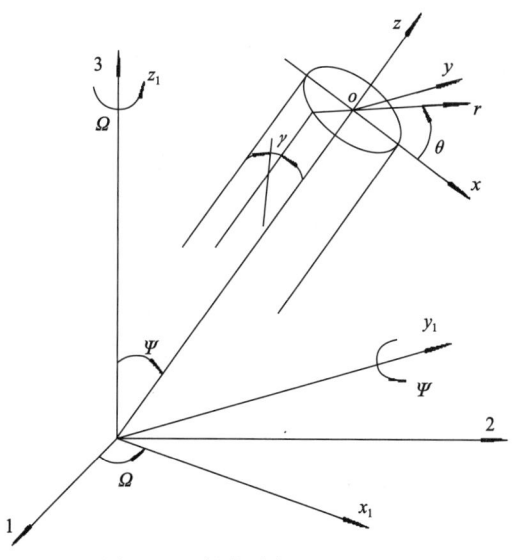

图 6.4.1 斜井井轴的坐标变换

为了建立坐标(x,y,z)与坐标$(1,2,3)$之间的转换关系,将坐标$(1,2,3)$按以下方式旋转:

(1)先将坐标$(1,2,3)$以3为轴,按右手定则旋转角Ω,变为(x_1,y_1,z_1)坐标。Ω为井斜方位与水平最大主地应力方位的夹角(即斜井方位角),井斜方位角是大位移井井眼轴线在水平面的投影迹线与正北方向的夹角,水平最大主地应力方位角是该地应力方向与正北方向的夹角。

(2)再将坐标(x_1,y_1,z_1)以y_1为轴,按右手定则旋转角Ψ,变为(x,y,z)坐标。Ψ为井斜角,指的是大位移井井眼轴线与铅垂线的夹角。

主地应力坐系$(1,2,3)$按图6.4.1所示旋转到坐标系(x,y,z)并得到如下应力转换关系:

$$\begin{bmatrix} \sigma_{xx} & \sigma_{xy} & \sigma_{xz} \\ \sigma_{yx} & \sigma_{yy} & \sigma_{yz} \\ \sigma_{zx} & \sigma_{zy} & \sigma_{zz} \end{bmatrix} = [L]\begin{bmatrix} \sigma_H & & \\ & \sigma_h & \\ & & \sigma_v \end{bmatrix}[L]^T \tag{6.4.1}$$

其中

$$L = \begin{bmatrix} \cos\Psi\cos\Omega & \cos\Psi\sin\Omega & -\sin\Psi \\ -\sin\Omega & \cos\Omega & 0 \\ \sin\Psi\cos\Omega & \sin\Psi\sin\Omega & \cos\Psi \end{bmatrix} \tag{6.4.2}$$

或者可写为:

$$\begin{cases} \sigma_{xx} = \sigma_H\cos^2\Psi\cos^2\Omega + \sigma_h\cos^2\Psi\sin^2\Omega + \sigma_v\sin^2\Psi \\ \sigma_{yy} = \sigma_H\sin^2\Omega + \sigma_h\cos^2\Omega \\ \sigma_{zz} = \sigma_H\sin^2\Psi\cos^2\Omega + \sigma_h\sin^2\Psi\sin^2\Omega + \sigma_v\cos^2\Psi \\ \sigma_{xy} = -\sigma_H\cos\Psi\cos\Omega\sin\Omega + \sigma_h\cos\Psi\cos\Omega\sin\Omega \\ \sigma_{xz} = \sigma_H\cos\Psi\sin\Psi\cos^2\Omega + \sigma_h\cos\Psi\sin\Psi\sin^2\Omega - \sigma_v\sin\Psi\cos\Psi \\ \sigma_{yz} = -\sigma_H\sin\Psi\cos\Omega\sin\Omega + \sigma_h\sin\Psi\cos\Omega\sin\Omega \end{cases} \tag{6.4.3}$$

(1)地应力分量σ_{xy}所引起的井壁围岩应力分布为:

$$\begin{cases} \sigma_r = \sigma_{xy}\left(1 + \dfrac{3R^4}{r^4} - \dfrac{4R^2}{r^2}\right)\sin2\theta \\ \sigma_\theta = -\sigma_{xy}\left(1 + \dfrac{3R^4}{r^4}\right)\sin2\theta \\ \sigma_{r\theta} = \sigma_{xy}\left(1 - \dfrac{3R^4}{r^4} + \dfrac{2R^2}{r^2}\right)\cos2\theta \end{cases} \tag{6.4.4}$$

(2)由地应力分量σ_{xz}所引起的井壁围岩应力分布为:

$$\sigma_{rz} = \sigma_{xz}\left(1 - \dfrac{R^2}{r^2}\right)\cos\theta \tag{6.4.5a}$$

$$\sigma_{\theta z} = -\sigma_{xz}\left(1 + \dfrac{R^2}{r^2}\right)\sin\theta \tag{6.4.5b}$$

(3)由地应力分量σ_{yz}所引起的井壁围岩应力分布为:

$$\sigma_{rz} = \sigma_{yz}\left(1 - \dfrac{R^2}{r^2}\right)\sin\theta \tag{6.4.6a}$$

$$\sigma_{\theta z} = \sigma_{yz}\left(1 + \dfrac{R^2}{r^2}\right)\cos\theta \tag{6.4.6b}$$

σ_{xx}、σ_{yy}、σ_{zz}所引起的井壁围岩应力分布与直井的相同,经过线性叠加后,井壁围岩应力分布的表达式为:

$$\sigma_r = \frac{R^2}{r^2}p_i + \frac{(\sigma_{xx}+\sigma_{yy})}{2}\left(1-\frac{R^2}{r^2}\right) + \frac{(\sigma_{xx}-\sigma_{yy})}{2}\left(1+\frac{3R^4}{r^4}-\frac{4R^2}{r^2}\right)\cos2\theta$$
$$+ \sigma_{xy}\left(1+\frac{3R^4}{r^4}-\frac{4R^2}{r^2}\right)\sin2\theta + \delta\left[\frac{\alpha(1-2\upsilon)}{2(1-\upsilon)}\left(1-\frac{R^2}{r^2}\right)-\phi\right](p_i-p_p) \quad (6.4.7a)$$

$$\sigma_\theta = -\frac{R^2}{r^2}p_i + \frac{(\sigma_{xx}+\sigma_{yy})}{2}\left(1+\frac{R^2}{r^2}\right) - \frac{(\sigma_{xx}-\sigma_{yy})}{2}\left(1+\frac{3R^4}{r^4}\right)\cos2\theta$$
$$- \sigma_{xy}\left(1+\frac{3R^4}{r^4}\right)\sin2\theta + \delta\left[\frac{\alpha(1-2\upsilon)}{2(1-\upsilon)}\left(1-\frac{R^2}{r^2}\right)-\phi\right](p_i-p_p) \quad (6.4.7b)$$

$$\sigma_z = \sigma_{zz} + \upsilon\left[\sigma_{xx}+\sigma_{yy}-2(\sigma_{xx}-\sigma_{yy})\left(\frac{R}{r}\right)^2\cos2\theta+4\sigma_{xy}\sin2\theta\right]$$
$$+ \delta\left[\frac{\alpha(1-2\upsilon)}{1-\upsilon}-\phi\right](p_i-p_p) \quad (6.4.7c)$$

$$\sigma_{r\theta} = \sigma_{xy}\left(1-\frac{3R^4}{r^4}+\frac{2R^2}{r^2}\right)\cos2\theta \quad (6.4.7d)$$

$$\sigma_{\theta z} = \sigma_{yz}\left(1+\frac{R^2}{r^2}\right)\cos\theta - \sigma_{xz}\left(1+\frac{R^2}{r^2}\right)\sin\theta \quad (6.4.7e)$$

$$\sigma_{zr} = \sigma_{xz}\left(1-\frac{R^2}{r^2}\right)\cos\theta + \sigma_{yz}\left(1-\frac{R^2}{r^2}\right)\sin\theta \quad (6.4.7f)$$

式中,α 为有效应力系数,υ 为泊松比,ϕ 为孔隙度。

井壁上应力分量可表示为(即$r=R$):

$$\begin{cases}\sigma_r = p_i - \delta\phi(p_i-p_p) \\ \sigma_\theta = A\sigma_h + B\sigma_H + C\sigma_v + (K_1-1)p_i - K_1 p_p \\ \sigma_z = D\sigma_h + E\sigma_H + F\sigma_v + K_1(p_i-p_p) \\ \sigma_{\theta z} = G\sigma_h + H\sigma_H + J\sigma_v \\ \sigma_{r\theta} = \sigma_{rz} = 0\end{cases} \quad (6.4.8)$$

其中

$A = \cos\Psi\{\cos\Psi(1-2\cos2\theta)\sin^2\Omega + 2\sin2\Omega\sin2\theta\} + (1+2\cos2\theta)\cos^2\Omega$

$B = \cos\Psi\{\cos\Psi(1-2\cos2\theta)\cos^2\Omega - 2\sin2\Omega\sin2\theta\} + (1+2\cos2\theta)\sin^2\Omega$

$C = (1-2\cos2\theta)\sin^2\Psi$

$D = \sin^2\Omega\sin^2\Psi + 2\upsilon\sin2\Omega\cos\Psi\sin2\theta + 2\upsilon\cos2\theta(\cos^2\Omega-\sin^2\Omega\cos^2\Psi)$

$E = \cos^2\Omega\sin^2\Psi - 2\upsilon\sin2\Omega\cos\Psi\sin2\theta + 2\upsilon\cos2\theta(\sin^2\Omega-\cos^2\Omega\cos^2\Psi)$

$F = \cos^2\Psi - 2\upsilon\sin^2\Psi\cos2\theta$

$G = -(\sin2\Omega\sin\Psi\cos\theta + \sin^2\Omega\sin2\Psi\sin\theta)$

$H = \sin2\Omega\sin\Psi\cos\theta - \cos^2\Omega\sin2\Psi\sin\theta$

$J = \sin2\Psi\sin\theta$

$$K_1 = \delta\left[\frac{\alpha(1-2v)}{1-v} - \phi\right] \qquad (6.4.9)$$

式中,σ_i、σ_j、σ_k 为主应力;σ_r、σ_θ、σ_z、$\sigma_{r\theta}$、$\sigma_{\theta z}$、σ_{rz} 为柱坐标中的应力分量;Ψ 为井斜角(与垂向的夹角);Ω 为相对于水平最大地应力的井斜方位;θ 为井周角(相对于 x 轴);δ 为修正参数,当井壁为不可渗透时为 0,井壁渗透时为 1;ϕ 为孔隙度;α 为有效应力系数;K_1 为渗流效应系数;$A,B,C,\cdots,J$ 为坐标变换系数。

6.5 油田地应力的现场测试方法

油田地应力的测量包括地应力的主方向和地应力的数值大小两个方面,主要有四种方法:

(1)地形、地质等资料分析。如河流变迁、板块作用、地形起伏、地质构造和震源机制,这些资料可以定性地给出大范围的应力场分布及其特点,但很难进行精细的应力场研究。

(2)有孔应力测量。如水力压裂应力测量、井壁崩落应力方位测量、套心应力解除等。这些方法可以给出比较精确的应力测量结果,但是深部应力测量代价昂贵。目前为应力测量所钻的井孔深度不超过 1500m。

(3)岩心分析方法。国内多数岩心来自钻孔,该方法是有孔应力测量方法的派生方法。但由于可以在室内进行测定,不需要大量的现场设备和人员,也有广泛的应用。如何给出岩心在钻孔中的方位则是该方法的一个技术关键,至今,给岩心定向的方法虽然已有许多种,但是在国内外还没有一种可以普遍使用而又非常可靠的方法,这是一个有待进一步解决的问题。

(4)地应力原点测量。在油田深部地层地应力测量方面,这种方法在国内外几乎还是一个空白,其安全、可靠性及技术方面都存在一定的困难,真正付诸实践的几乎没有。

本节将重点介绍水力压裂法和井壁崩落法,因为这两种方法在油气田工程中经常被用来确定地应力的大小和方向。

6.5.1 水力压裂法测地应力

水力压裂法是根据井眼的受力状态及其破裂机理来推算地应力。在地层某深度处,当井内的钻井液柱所产生的压力升高到足以压裂地层,使其原有的裂隙张开延伸或形成新的裂隙时的井内流体压力称为地层的破裂压力。地层的破裂压力的大小和地应力的大小密切相关。

根据多孔介质弹性理论,井壁周围岩石所受的各应力分量为:

$$\begin{cases} \sigma_r = p_i - \alpha p_p \\ \sigma_\theta = (\sigma_H + \sigma_h) - 2(\sigma_H - \sigma_h)\cos2\theta - p_i - \alpha p_p \\ \tau_{r\theta} = 0 \end{cases} \qquad (6.5.1)$$

式中,σ_r 为井眼周围所受径向应力;σ_θ 为井眼周围所受周向应力;$\tau_{r\theta}$ 为井眼周围所受切应力;p_i 为井内钻井液柱压力;σ_H 为水平最大地应力;σ_h 为水平最小地应力;θ 为井眼周围某点径向与水平最大主应力方向的夹角;p_p 为地层孔隙压力;α 为有效应力系数。

从力学上说,地层破裂是井内流体密度过大使岩石所受的周向应力达到岩石的抗拉强度而造成的,即 $\sigma_\theta = -S_t$(S_t 为拉伸强度)。从式(6.5.1)中可以看出,当 p_i 增大时,σ_θ 变小,当 p_i 增大到一定程度时,σ_θ 将变成负值,即岩石所受周向应力由压缩变为拉伸,当这种拉伸力大到足以克服岩石的抗拉强度时,地层则产生裂缝并造成井漏。破裂发生在 σ_θ 最小处,即 $\theta=0°$ 或 180°处,此时 σ_θ 值为:

$$\sigma_\theta = 3\sigma_h - \sigma_H - \alpha p_p - p_i \tag{6.5.2}$$

将(6.5.2)式代入岩石的拉伸破裂强度准则:

$$\sigma_\theta = -S_t \tag{6.5.3}$$

即可得岩石产生拉伸破坏时井内液柱压力(即地层破裂压力):

$$p_f = 3\sigma_h - \sigma_H - \alpha p_p + S_t \tag{6.5.4}$$

式(6.5.4)表明,若已知地应力、地层孔隙压力及岩石的抗拉强度,则求可得地层的破裂压力;反之,若测得地层的破裂压力、地层孔隙压力及岩石的抗拉强度,则可以利用式(6.5.3)求地应力。但由于有两个地应力 σ_H 和 σ_h,因此,仅利用式(6.5.3)还不能完全求得地层的两个水平主应力。为了用水力压裂试验法测定地应力,进行地层破裂压力试验时应严格遵守试验步骤,取整取全各项压力数据。

图 6.5.1 所示为一典型的现场破裂压力试验曲线,从中可以确定以下压力值:

(1)破裂压力 p_f:压力最高点,表示液柱压力克服地层的抗拉强度使地层破裂,形成井漏,造成压力突然下降。

(2)延伸压力 p_{pro}:压力趋于平缓的点,为裂隙不断向远处扩展所需的压力。

(3)瞬时停泵压力 p_s。当裂缝延伸到离开井壁应力集中区,即 6 倍井眼半径以外时(估计从破裂点起历时 1~3min),瞬时停泵,记录下停泵时的压力 p_s。由于此时裂缝仍开启,p_s 应与垂直与裂缝的水平最小主应力 σ_h 相平衡,即有:

$$p_s = \sigma_h \tag{6.5.5}$$

此后,随着停泵时间的延长,泥浆向裂缝两边渗滤,使液压进一步下降。此时由于地应力的作用,裂隙将闭合。

(4)裂缝重张压力 p_r。瞬时停泵后重新开泵向井内加压,使闭合的裂缝重新张开。由于张开闭合裂缝所需的压力 p_r 与破裂压力 p_f 相比不需克服岩石的拉伸强度,因此可以认为破裂层的拉伸强度等于这两个压力的差值,即有:

$$S_t = p_f - p_r \tag{6.5.6}$$

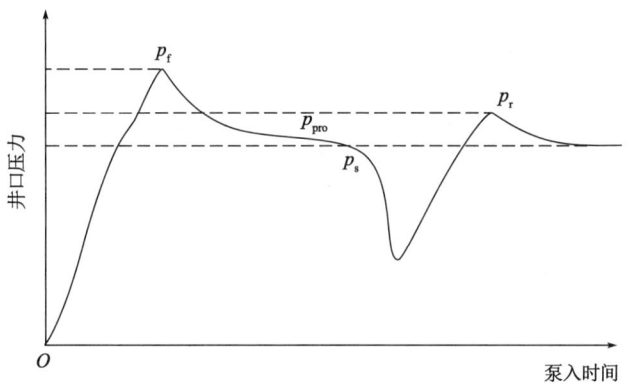

图 6.5.1 地层破裂试验曲线

因此,只要通过破裂压力试验测得地层的破裂压力 p_f、瞬时停泵压力 p_s 和裂缝重张压力 p_r,结合地层孔隙压力 p_p 的测定,利用式(6.5.4)、式(6.5.5)、式(6.5.6)即可以确定出地层某深处的水平最大、最小主地应力：

$$\begin{cases} S_t = p_f - p_r \\ \sigma_h = p_s \\ \sigma_H = 3\sigma_h - p_f - \alpha p_p + S_t \end{cases} \quad (6.5.7)$$

另外，地应力分量、上覆地层压力可以由密度测井数据求得。这样，地层某深处的三个主地应力即可以完全确定。

水力压裂实验能比较准确的获得该深度段的水平最小主应力，水平最大主应力的精度受到地层影响较大，有时存在较大误差，主要原因有以下两个：首先是在水力压裂时大部分井都已经下了套管，水力压裂需要通过射孔完成，这种情况下水力压裂实验仍然能准确地估测出水平最小主应力，但是井壁周围应力集中不再控制裂缝开启，式(6.5.7)就不再成立。其次是在漏失实验中，式(6.5.7)不能很好地描述套管下方的裸眼段。

6.5.2　井壁崩落法确定地应力的方向

1. 理论依据

地层总是处于三向应力作用的，可用三个方向的主应力来表示，即水平最大主应力 σ_H、水平最小主应力 σ_h 和垂向正应力 σ_z。无限大地层平面内井眼周围的应力分布为：

$$\begin{cases} \sigma_r = p_i \\ \sigma_\theta = (\sigma_H + \sigma_h) - 2(\sigma_H - \sigma_h)\cos 2\theta - p_i \\ \sigma_z = \int G_z dH \end{cases} \quad (6.5.8)$$

式中，p_i 为井内压力；G_z 为上覆压力梯度。

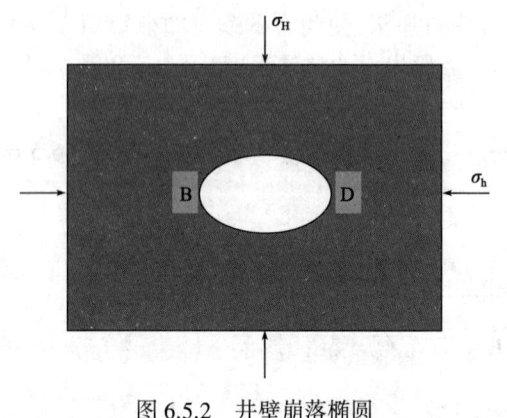

图6.5.2　井壁崩落椭圆

井壁上的差应力 $(\sigma_\theta - \sigma_r)$ 决定了井壁是否发生剪切破坏，当 $\theta = \dfrac{\pi}{2}$ 或 $\dfrac{3\pi}{2}$ 时，$(\sigma_\theta - \sigma_r)$ 值达到最大值，即在图6.5.2中的B、D两点处达到最大的 $(\sigma_\theta - \sigma_r)$。在不同地质时期形成的各种岩石都具有其固有的抗拉、拉剪强度。由于井眼的形成打破了地层的原始应力分布状态，在井眼周围地层重新形成新的应力分布状态。在地应力的作用下，井壁附近岩石发生变形，并在井壁附近引起应力集中，当作用在B、D两点的应力差 $(\sigma_\theta - \sigma_r)$ 达到或超过该处岩石的剪切强度时，就发生井壁崩落现象，形成井壁崩落椭圆，其长轴方向与水平最小主地应力方向一致。

井壁崩落是岩石应力集中导致的呈180°的井径扩大现象，如图6.5.3(a)所示，井壁崩落椭圆因崩落的长轴方向总是与水平最小主应力方向一致，即与水平最大地应力方向垂直，这是因为崩落在水平最小主应力方向上做功最少，因此可借用井壁崩落椭圆来确定地应力的方向。图6.5.3(b)表示崩落一旦发生，井壁围岩的应力集中使崩落不断加深（直到达到稳定形状），但不会变宽，因此能作为评估井眼稳定性简单的标准，只要形成的崩落宽度不太大，钻井都可以顺利进行。多数情况都是坍塌以后井眼呈现椭圆形状,可以借助该椭圆长短轴方向以确定地应力的方向(彩图6.5.3)。

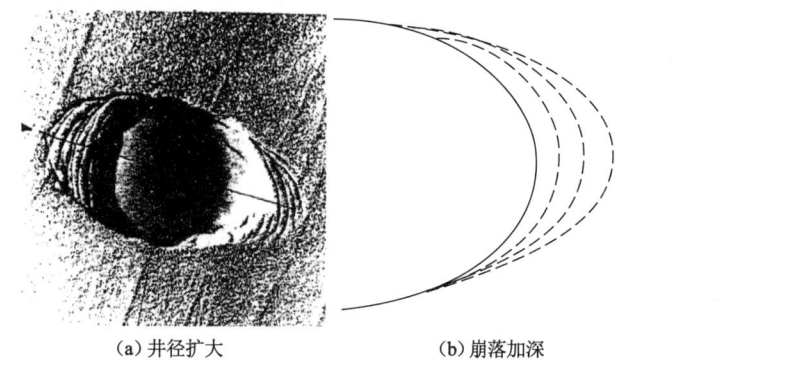

彩图6.5.3 美国Drilling Formulas公司通过Down Hole Video Camera拍摄的井壁崩落椭圆

图6.5.3 井壁崩落椭圆

2.识别标志

目前常用的井壁椭圆测量仪器有超声波井下电视测定仪和四臂地层倾角测井仪。国内外普遍采用四臂地层倾角测井仪来测定地应力的方向。我国的许多油田大多使用斯仑贝谢公司提供的测量装置。斯仑贝谢公司提供了 HDT 地层倾角测井仪和 SHDT 地层倾角测井仪。HDT 地层倾角仪适用于井斜小于 36°的井,而 SHDT 用于井斜小于 72°的井。

现代构造应力场导致井壁崩落椭圆具有明显的长轴方位。在地层倾角测井记录上,一条井径曲线比较平直或等于钻头直径,另一条井径曲线则比钻头直径大得多,而非应力孔眼井径曲线上表现为钻头孔截面没有明显的长轴方向。

根据上述井壁崩落椭圆的特征,井壁崩落段的识别有以下几种标志(图 6.5.4),分为规则井径、井壁崩落椭圆(具有明显的扩径现象,四臂地层倾角仪井径记录图上表现为具有明显的井径差)、冲蚀和键槽四类,其中 $C1$、$C2$ 为井径的长轴和短轴。

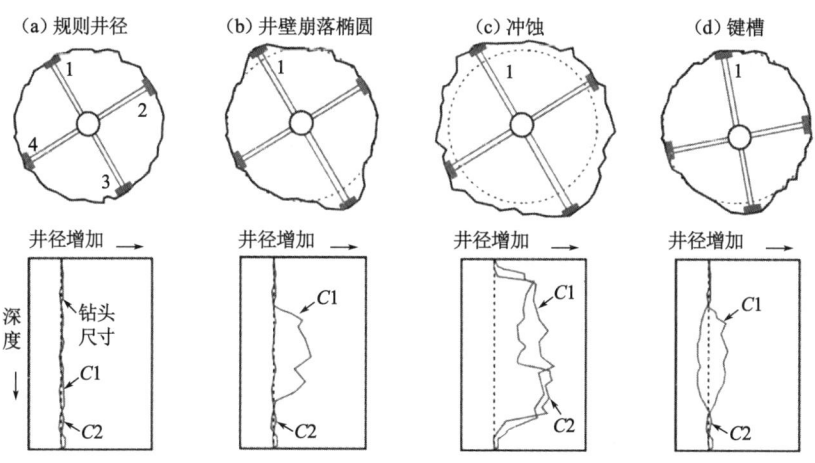

图 6.5.4 井壁崩落椭圆识别标志

6.5.3 钻井诱导拉伸裂缝确定地应力的方向

钻井诱导拉伸裂缝是另一种获得应力方向的经验方法。当井壁环向应力进入拉伸状态时,在水平最大压缩应力的方位上形成拉伸裂缝,通过该裂缝能准确地获得应力方向,和井壁崩落一样,观测斜井钻井诱导拉伸裂缝也有可能获得应力大小和方向等信息。

由式(6.5.7)可得到,当两个水平主应力差异较大时,直井会发生钻井诱导的拉伸裂缝,且得到井壁发生拉伸断裂时的条件是:

$$\sigma_H = 3\sigma_h - 2p_p - \Delta p - T_0 - \sigma^{\Delta T} \quad (6.5.9)$$

井壁围岩发生钻井诱导拉伸裂隙的条件与走滑断层摩擦平衡应力状态下所对应的 σ_h 和 σ_H 之间的关系基本相同,即应力多边形左上边线。

6.5.4 应力多边形

根据井眼破坏的监测结果能约束主应力大小。同时,如果能够根据地壳中应力受断层摩擦强度约束这一条件估计给定深度和孔隙压力条件下应力大小也很有意义。Zoback 和 Mastin 引入了可以用于描述给定深度、孔隙压力和摩擦系数条件下,确定 σ_H 和 σ_h 可能取值范围的应力多边形。

应力多边形遵循 Mohr-Coulomb 岩石破坏准则,破坏曲线与 Mohr 圆相切时,对于任意给定的 σ_3,都存在一个由断层的摩擦强度确定的 σ_1 的最大值。如果断层处于临界方向(最容易滑动的角度),满足: $\beta = \pi/4 + 1/2 \tan^{-1} \mu$。Jeager 和 Cook 提出,临界方向断层处于摩擦极限状态时,即存在 $\tau/\sigma_n = \mu$ 时(τ 为分解在摩擦面上的剪应力,σ_n 为有效正应力),此时有:

$$\frac{\sigma_1 - p_p}{\sigma_3 - p_p} = [(1 + \mu^2)^{1/2} + \mu]^2 \quad (6.5.10)$$

用式(6.5.10)能评估 σ_H 和 σ_h 的比值上限,结合 Anderson 断层理论,能根据断层类型确定断层主应力方向及大小关系。

表 6.5.1 相对应力大小和断层类型

断层类型	应力		
	σ_1	σ_2	σ_3
正断层	σ_v	σ_H	σ_h
走滑断层	σ_H	σ_v	σ_h
逆断层	σ_H	σ_h	σ_v

表 6.5.1 给出了相对应力大小和断层类型的关系,参照表 6.5.1 可看出各个断层主应力对应关系,可以获得三种主要断层类型的地应力约束条件。

(1)正断层:

$$\frac{\sigma_1}{\sigma_3} = \frac{\sigma_v - p_p}{\sigma_h - p_p} \leq [(1 + \mu^2)^{1/2} + \mu]^2 \quad (6.5.11)$$

(2)走滑断层:

$$\frac{\sigma_1}{\sigma_3} = \frac{\sigma_H - p_p}{\sigma_h - p_p} \leq [(1 + \mu^2)^{1/2} + \mu]^2 \quad (6.5.12)$$

(3)逆断层:

$$\frac{\sigma_1}{\sigma_3} = \frac{\sigma_H - p_p}{\sigma_v - p_p} \leq [(1 + \mu^2)^{1/2} + \mu]^2 \quad (6.5.13)$$

最后获得三种主要断层类型所对应的主应力大小关系及方向见表6.5.2。

表 6.5.2　断层主应力方向及大小关系

断层名称	主应力方向	主应力大小关系
正断层	水平最大主应力与断层走向平行	$\sigma_v > \sigma_H > \sigma_h$
逆断层	水平最大主应力与断层走向垂直	$\sigma_H > \sigma_h > \sigma_v$
走滑断层	水平最大主应力与断层走向平行	$\sigma_H > \sigma_v > \sigma_h$

如图6.5.5(a)所示,由于$\sigma_H \geqslant \sigma_h$,因此应力位于第一象限角平分线上部,垂直和水平线在$\sigma_H = \sigma_h = \sigma_v$一点相交,根据Anderson理论,该点将应力范围划分为正断层(N)、逆断层(RF)、走滑断层(SS)应力三个区域,多边形左下方的铅垂线表示方程σ_h下限,换言之,对于该线所表示的σ_h值,Mohr圆正好与斜率为0.6的摩擦破坏包络线相切。类似地,多边形顶部的水平线表示逆断层活动时对应的σ_H值,多边形左上部的斜线表示逆断层活动时σ_H与σ_h对应的关系。

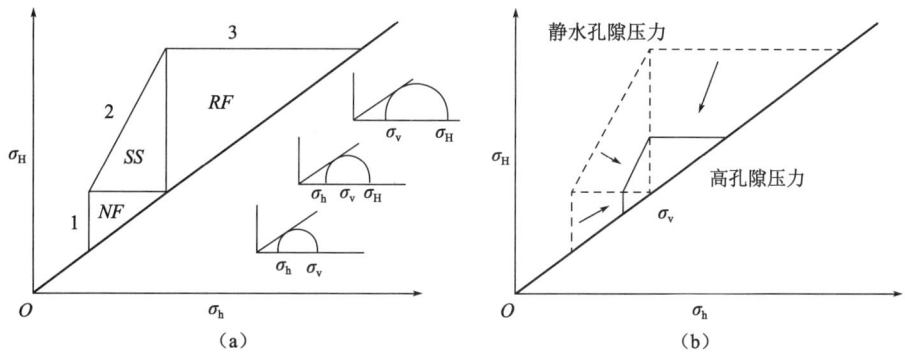

图 6.5.5　静水和高孔隙压力条件下的应力多边形

任何情况下岩石应力都必须在此四边形的范围区域内。当达到摩擦破坏时,应力状态将位于外围边缘上,同时,也需要判断应力状态属于走滑断层、逆断层还是正断层。图6.5.5(b)表明高孔隙压力会使深部主应力差值降低,当孔隙压力增加时,两个水平主应力会更加接近于垂直应力。虽然看起来多边形所约束深部应力值变化区间很大,但是,能结合地层抗拉强度和抗压强度等强度参数,进一步将水平最大主应力约束在更小的范围内。

6.6　油田地应力的室内测试方法

6.6.1　差应变法

差应变法,最初起源于国外学者们对含裂缝固体压缩性的研究,然后逐渐被引入地层应力的测量。1980年,Stricklan在前人研究的基础上,正式将差应变法确立为测量地层应力的方法,并选取细粒均质、无明显裂缝的岩石试样开展了相应实验。差应变法基于应力释放假设,即储层岩石在地层深处受地层应力作用,将岩石取出后地层应力解除,岩石应力释放,膨胀过程中产生许多微裂缝。微裂缝的方向、形态等与原先的地层应力有关,能够反映地层应力的情况。对脱离储层的岩石进行加载,岩石的应变量能够间接反映岩石的应力历史。差应变法需要满足如下假设:(1)应力释放过程,脱离储层的岩石膨胀产生微裂缝;(2)微裂缝的分布、形态、方向、体积等与岩石所受的地层应力有关;(3)对膨胀后的岩石施加静水压力,其各方向应变量间接反映原地层应力状态。图 6.6.1 为应力释放原理示意图。应力释放后,岩石应力释放的最大主应变方向为微裂缝张开方向,最小主应变方向沿着裂缝尖端方向。C 点为曲线非线性段 1 与线性段 2 的分界点,代表了此时岩石内部的微裂缝充分咬合,曲线斜率的倒数对应了岩石的有效压缩系数。

岩石从地下取出后的应力释放过程可以看作岩石压缩的逆过程。当对岩样施加静水压力时,由应力释放产生的微裂缝首先咬合。当达到裂缝咬合压力后继续加载,岩石会发生线弹性变形。C 点为"拐点"处对应的岩石应变大小 $\hat{\varepsilon}_c$,扣除岩石基质的应变量 ε_m 后,得到由微裂缝咬合引起的应变量 ε_c,满足式(6.6.1),其中 β_m 为线性段延长线的斜率:

$$\varepsilon_c = \hat{\varepsilon}_c - \varepsilon_m = \hat{\varepsilon}_c - \beta_m \sigma_c \tag{6.6.1}$$

差应变试验在围压仓中进行。首先从油田现场选取柱状钻井岩心(直径 101mm 左右),然后把圆柱面切取成 2 个相互垂直的面,这 2 个面要与圆柱的 2 个端面相互垂直,这样试件至少有 3 个彼此正交的平面,然后在每个平面贴 1 个应变花(由 3 个应变片组成),其中 2 片与棱平行,第 3 个应变片位于前 2 个应变片的角平分线上,与前 2 个应变片的夹角均为 45°,如图 6.6.2 所示。

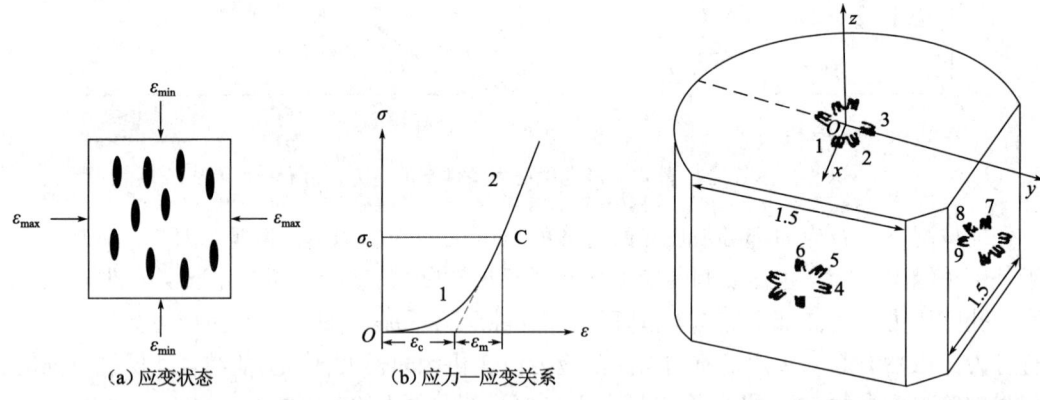

图 6.6.1 应力释放原理(由 J. B Walsh 提出)　　图 6.6.2 差应变分析试验示意图

把岩心密封后,放入围压仓中。每个围压下的应变测试都可以给出 9 个应变值,这 9 个应变值足以描述该时刻的应变状态,构成一个应变张量 $[\varepsilon]$:

$$[\varepsilon] = \begin{bmatrix} \varepsilon_1 & \varepsilon_2 - (\varepsilon_1 + \varepsilon_2)/2 & \varepsilon_8 - (\varepsilon_7 + \varepsilon_9)/2 \\ \varepsilon_2 - (\varepsilon_1 + \varepsilon_2)/2 & \varepsilon_3 & \varepsilon_5 - (\varepsilon_4 + \varepsilon_6)/2 \\ \varepsilon_8 - (\varepsilon_7 + \varepsilon_9)/2 & \varepsilon_5 - (\varepsilon_4 + \varepsilon_6)/2 & \varepsilon_6 \end{bmatrix} \tag{6.6.2}$$

在实验室内估算地层内部应力值,需要确定原始储层状态下应变值。若确定了应变值,此时的三向主应力之比为:

$$\sigma_H : \sigma_h : \sigma_v = [v(\varepsilon_h + \varepsilon_v) + (1-\mu)\varepsilon_H] : [v(\varepsilon_v + \varepsilon_H) + \\ (1-\mu)\varepsilon_h] : [v(\varepsilon_H + \varepsilon_h) + (1-v)\varepsilon_v] \tag{6.6.3}$$

式中,ε_H 为水平最大地应力方向应变量,ε_h 为水平最小地应力方向应变量,ε_v 为垂向地应力方向应变量，v 为泊松比。

6.6.2 声发射凯塞尔效应法(Kaiser effect, KE)

1950年德国物理学家凯塞尔(Kaiser)首先发现经过一次应力作用的磁滞材料(如金属)，当再次加载到先前经受过的应力水平后，其声发射活动将突然增加，这种岩石的声发射活动能够"记忆"岩石所受过的最大应力的效应被称为声发射凯塞尔效应。声发射凯塞尔效应表明，声发射活动的频度或振幅与应力有一定的关系，在单调增加应力作用下，当应力达到过去已施加过的最大应力时，声发射明显增加。声发射凯塞尔效应的物理机制可认为岩石受力后发生微破裂，微破裂发生的频度随应力增加而增加。破裂过程是不可逆的，但是由于已有破裂面上摩擦滑动也能产生声发射信号，这种摩擦滑动是可逆的。因而加载时应力低于已加过的最大应力也有声发射出现，它们就是那些可逆的摩擦滑动引起的声发射事件。当应力超过原来加过的最大应力时，又会有新的破裂产生，以致声发射活动频度突然提高。

声发射凯塞尔效应实验可以测量岩样曾经承受过的最大压应力。该类实验一般要在单轴压机上进行，测定单向应力。在轴加载过程中声发射率突然增大点对应着的轴向应力是沿该岩样钻取方向曾经受过的最大压应力。目前的实验方法一般采用与钻井岩心轴线垂直的水平面内，沿增量为45°的方向钻取三块岩样，测出三个方向的正应力，而后求出水平最大、最小主应力。

声发射凯塞尔效应法测定地应力的过程是将取自现场的岩心在室内进行加载，用声发射仪接收岩石受载过程中岩石所发出的声波信号(视频6.6.1)。实验装置如图6.6.3所示，MTS伺服增压器以某一加载速率均匀地给岩样施加轴向载荷，声发射探头牢固地贴在岩心侧面上，用它来接收受载过程中岩石的声发射信号，岩样所受的载荷及声信号同时输入 Locan AT-14ch 声发射仪进行处理、记录，给出岩样的声发射信号随载荷变化和关系曲线(图6.6.4)。由上述声发射凯塞尔效应原理，在声发射信号—曲线图上找出突然明显增加处声发射信号，记录下此处载荷大小，即为岩石在地下该方向上所受的地应力。据此，可求得试验岩石在深部地层所受的地应力(指主应力)。

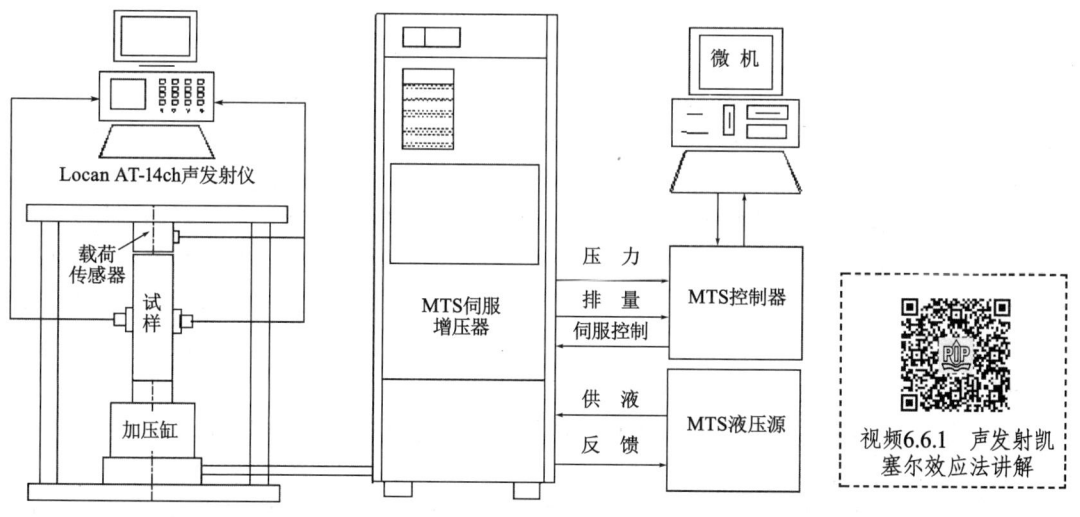

图 6.6.3 声发射法测地应力实验装置

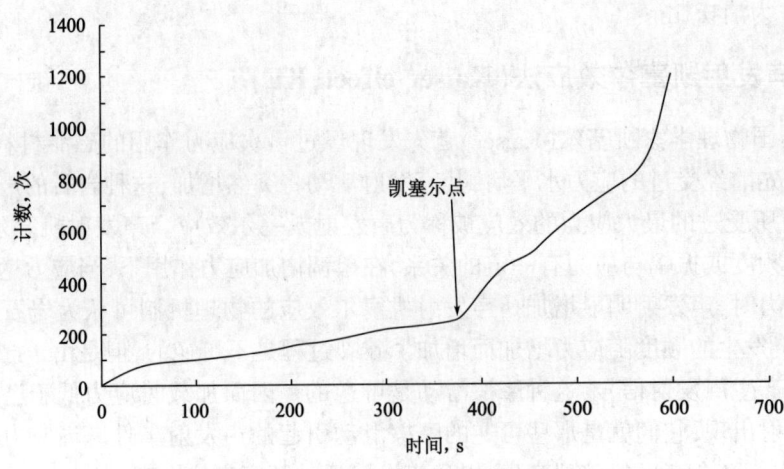

图 6.6.4 声发射计数与时间的关系

由于岩石在地下受三向力作用,所以要在不同方向取心进行试验,通常在室内对取自现场的岩心进行取心时要在垂直方向取一块,在垂直岩心轴线平面内相隔 45°取三块,由上述四个方向岩心进行试验测得四个方向的正应力,利用下式可确定出深部岩石所处的地应力:

$$\sigma_v = \sigma_\perp + \alpha p_p \tag{6.6.4}$$

$$\sigma_H = \frac{\sigma_{0°} + \sigma_{90°}}{2} + \frac{\sigma_{0°} - \sigma_{90°}}{2}(1 + \tan^2 2\theta)^{\frac{1}{2}} + \alpha p_p \tag{6.6.5}$$

$$\sigma_h = \frac{\sigma_{0°} + \sigma_{90°}}{2} - \frac{\sigma_{0°} - \sigma_{90°}}{2}(1 + \tan^2 2\theta)^{\frac{1}{2}} + \alpha p_p \tag{6.6.6}$$

$$\tan 2\theta = \frac{\sigma_{0°} + \sigma_{90°} - 2\sigma_{45°}}{\sigma_{0°} + \sigma_{90°}} \tag{6.6.7}$$

式中,σ_v 为上覆地层应力;σ_H、σ_h 分别为最大、最小水平主地应力;p_p 为地层孔隙压力;α 为有效应力系数;$\sigma_\perp$ 为垂直方向岩心凯塞尔点应力;$\sigma_{0°}$、$\sigma_{45°}$、$\sigma_{90°}$ 分别为 0°、45°、90°三个水平方向岩心凯塞尔点应力。

当所取岩心的井深大于 3000m 时,若按照常规声发射实验方法对岩样进行压缩实验,岩样常常在凯塞尔点出现之前就发生破坏,采集到的信号是岩样的破裂信号,而不是凯塞尔效应信号,因此就无法用声发射凯塞尔效应来测定岩心所处地层的原地应力大小。为此,陈勉等提出了围压下的声发射凯塞尔效应实验,旨在提高岩样的抗压强度,希望凯塞尔点出现在岩样破坏点之前,能清晰地辨别出凯塞尔点,同时也提出了一个问题,即凯塞尔点出现与围压之间有何种相关性。声发射凯塞尔效应是岩石具有记忆性的表现,是岩石发生蠕变后重新加载的一种反应,它与岩石所处的地层环境和地层受力历史有关,从理论上很难获取凯塞尔点与围压之间的关系,通过实验可获得一些不同岩性沉积岩的凯塞尔点与围压之间的普遍规律。根据这些规律可解释岩心所处地层的原地应力大小。

围压下声发射凯塞尔效应法测定地应力的方法,除了加围压和信号接收方式不同之外,基本上同常规声发射实验方法一样。

加围压情况下声发射解释方法为:用实验测得的声发射凯塞尔效应对应的应力减去由现场测井资料得到的垂向主应力,可以得到两者差值随围压的变化曲线,将声发射凯塞尔效应对

应的应力减去回归得到的直线表达式,就可以得到围压下声发射凯塞尔效应对应的应力与零围压下应力的转换关系式:

$$\sigma^0 = (\sigma_1 - \sigma_3) - (0.1029\sigma_3 + 1.2293) \tag{6.6.8}$$

式中,$\sigma_1-\sigma_3$为实验测定的声发射凯塞尔效应相对应的应力;σ_3为围压值;σ^0为零围压下相应方向的正应力。此时得到了$\sigma_{0°}$、$\sigma_{45°}$、$\sigma_{90°}$和$\sigma_\perp$,再利用式(6.6.4)至式(6.6.7)计算出主地应力。

围压下岩石的声发射凯塞尔效应作为测定深部地层地应力的一种有效方法,克服了单轴岩石声发射凯塞尔效应测定地应力的局限性。研究表明,围压下岩石的声发射凯塞尔效应相对应的应力与所受的围压呈线性关系。所得出的关系式能够成功地应用于现场深部地层地应力的测量。

对于直井岩心,声发射凯塞尔效应的解释方法比较直观,但是对于斜井岩心,由于井轴坐标系与地应力主方向坐标系不一致,因而需建立新的解释方法,这就需要进行坐标转换:

$$[\sigma'] = [C][B][\sigma][B]^{\mathrm{T}}[C]^{\mathrm{T}} = [T][\sigma][T]^{\mathrm{T}} \tag{6.6.9}$$

其中

$$[B] = \begin{bmatrix} \cos\Psi & 0 & -\sin\Psi \\ 0 & 1 & 0 \\ \sin\Psi & 0 & \cos\Psi \end{bmatrix} \begin{bmatrix} \cos\Omega & \sin\Omega & 0 \\ -\sin\Omega & \cos\Omega & 0 \\ 0 & 0 & 1 \end{bmatrix} \tag{6.6.10}$$

$$[C] = \begin{bmatrix} \cos\theta & \sin\theta & 0 \\ -\sin\theta & \cos\theta & 0 \\ 0 & 0 & 1 \end{bmatrix} \tag{6.6.11}$$

6.6.3 古地磁法测试地应力方向

古地磁法首先通过在实验室逐步退磁处理,获得岩心标本的各种剩磁成分,将剩磁方向转至其剩磁形成时期的地磁场方向,进而确定岩心标志线相对于现代地理北的方位。早期的参考方法由 Lynton 提出,Fuller 也详述过这种方法。但受限测量仪器的精度,该方法主要应用于磁性较强的火成岩。随着仪器精度的提高,此方法的应用范围也从火成岩拓展到弱磁性的沉积岩。结合现代高精度磁力仪及正确设计实验程序,此方法可成功地应用于大多数岩石类型。现如今,利用岩心黏滞剩磁分量分离技术来进行岩心定向是一种较为有效的室内测试手段。

地磁场具有以下三个特征:(1)地磁场具有地心轴向偶极子场特征,岩石记录的地磁极位置几乎总在地理极附近,磁坐标与地理坐标近乎一致。因此,测出岩心的磁化方向就能得到它的地理坐标。(2)岩石保留了自形成后各时期的地磁场信息。(3)原生沉积剩磁或特征剩磁是最稳定的剩磁,记录了岩石生成时期地磁场方向;最后时期的黏滞剩磁非常显著,记录的是现代地磁场方向。只要测出岩心的黏滞剩磁方向,就能得到岩心相对地磁极的方位,进而得到对应于岩心的地理方位。

利用古地磁法测试地应力方向,首先需要在岩心柱面画一条平行于岩心轴线并标有方向的标志线。这条标志线是岩心声发射凯塞尔效应测定和古地磁定向共同的参考线。将圆柱面标志线延伸到岩心截面上,然后在截面上绘出多条平行于标志线的线,以保证最终试样绘有标志线;将画有标志线的岩心置于钻床上,沿轴向钻取小岩心,加工成直径25mm、高25mm的标准样品,再将端面上的平行标志线通过轴心绘于圆柱面上(图6.6.5,彩图6.6.5)。

由于地层产状、岩样制备、实验操作等多种因素的影响,并非每个岩样的剩磁方向都是一致的,因而测得的数据具有统计性质,需要做一定数量的样品,然后求其平均值。一般用

Fisher 统计方法,以便得到一组样品的测试结果。根据 Fisher 统计方法,获得结果后,可用均方根误差和 Fisher 统计来估计它们的精度及离散度。对参加统计的一组矢量,Fisher 仿照三维空间的高斯分布,把这些矢量当作单位球面上的点,给出概率度分布 P:

$$P = \frac{K}{4\pi \sin K} \exp(K\cos\theta) \tag{6.6.12}$$

式中,θ 为一样品的观察方向与密度最大值方向之间的夹角,K 取最佳估计值时,需要满足 $K>3$:

$$K = \frac{N-1}{N-R} \tag{6.6.13}$$

式中,N 为参加统计的样品个数,R 为合矢量长度,一般用 K 来衡量平均方向的精度。

平均方向的可靠程度,可通过测定球面上一个圆(置信圆)的半径 ρ 来确定,其圆心在观察到的平均方向上,其方向落在该圆内的概率为 $(1-P)$,其 $\rho_{(1-P)}$ 的值为:

$$\rho_{(1-P)} = \cos^{-1}\left[1 - \frac{N-R}{R}\left(P^{-\frac{1}{N-1}} - 1\right)\right] \tag{6.6.14}$$

通常取概率 $P=0.05$,ρ_{95} 又叫 95%置信圆锥半顶角。因此可用 K 和 ρ_{95} 这两个精度参数(K 值越大精度越高,ρ_{95} 越小越可靠)来量度一组呈 Fisher 分布的方向或极的平均观察方向的可靠程度。

利用古地磁实验对井下岩心进行定向,测得岩心上标定线与地理北极的夹角 α,声发射凯塞尔实验可以得到水平地应力的相对方位,计算出水平最大地应力方位与标定线的夹角为 β,如图 6.6.6 所示。

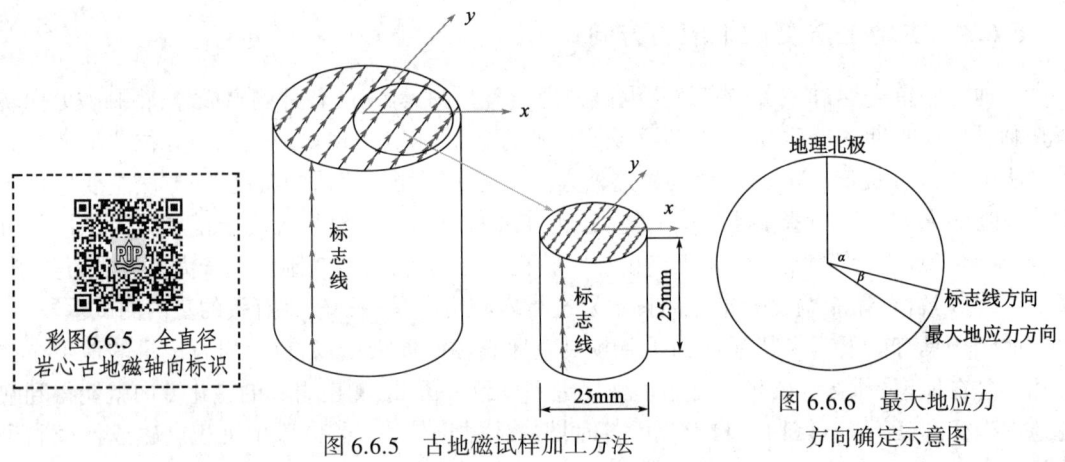

图 6.6.5 古地磁试样加工方法

图 6.6.6 最大地应力方向确定示意图

则最大地应力的地理方位角为:

$$\theta = \alpha + \beta \tag{6.6.15}$$

6.6.4 电阻率成像测井法

电阻率成像测井能提供与原始地层相同的井眼直径和倾角几何信息,用于解释井壁崩落,解释方法与四臂或六臂井径测井相同。电阻率成像测井提供了基于电阻率对比度的井壁高分辨率图像,能直接观察钻井过程中井壁崩落信息。井壁崩落通常在电阻率成像测井上井筒两侧(相隔180°)表示为宽的、平行的、分辨率低的导电带,并且通常在井眼扩大的方向上表示井壁崩落长轴。水基钻井液中,井壁破裂和岩石剥落,导致测井工具只能测量钻井液的电阻率,而不是地层岩石的电阻率,因此电阻率低的表示崩落区域。同时,需要注意的是,在油基钻井液中,井壁崩落将表示的是电阻率高的区域,而非导电区域。如图 6.6.7 所示。井壁崩落(Borehole breakouts,BOs)表示导电区域(100°N 和 290°N),因此水平最大应力方向为 N-S。

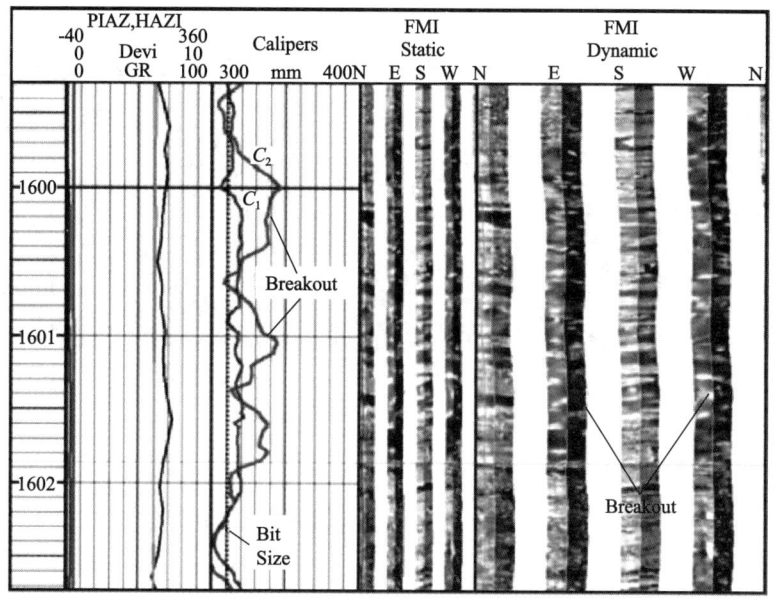

图 6.6.7　地层微成像仪(Formation Micro Imager,FMI)测井解释井壁崩落示例

钻井诱导裂缝(Drilling-induced fractures,DIFs)能在成像测井上观察到。钻井诱导裂缝通常会被钻井液渗透,电阻率图像测井上显示为一对狭窄的、间隔 180°、具有良好的导电特征的线条。与倾向于横切井筒的天然裂缝不同,钻井诱导裂缝通常与直井中的井眼轴线平行或略微倾斜。如图 6.6.8 所示,(a)中钻井诱导裂缝指向 10°N 和 190°N,水平最大应力方向近似为 N-S;(b)中钻井诱导裂缝朝向 40°N 和 220°N,水平最大应力方向大致为 NE-SW;(c)中钻井诱导裂缝指向 45°N 和 225°N,且井壁崩落与诱导裂缝同时发生,二者都表明水平最大应力方向大致为 NE-SW。

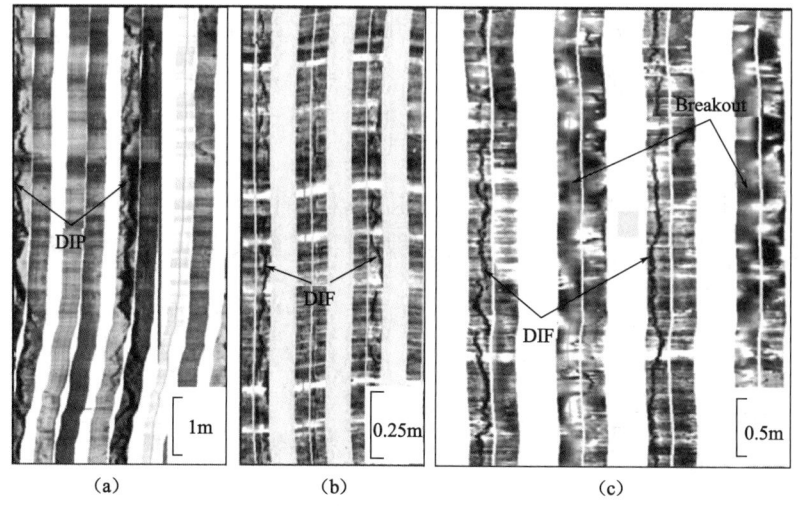

图 6.6.8　地层微成像仪测井解释钻井诱导裂缝示例

2015年,美国drillingFormulas公司通过Down Hole Video Camera(井下摄像机)发布了一期Amazing To See How Actual Oil & Gas Wells Look Like的公告,可以看到井下工具(封隔器、侧兜式工作筒)、射孔、套损、井眼形状等;此外,井下摄像机还可以展示油气井的生产和流动方式(图6.6.9)。

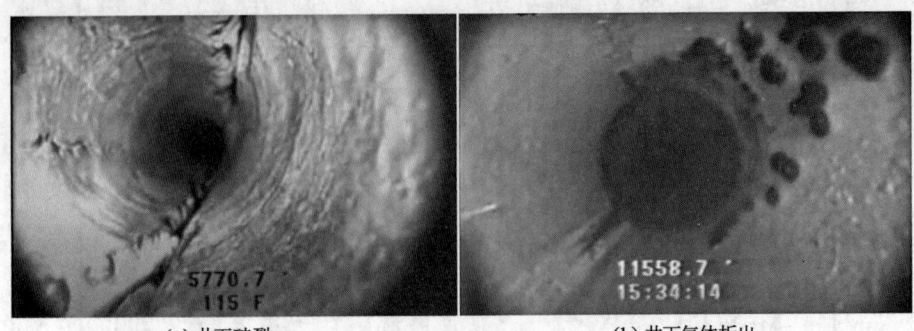

(a)井下破裂　　　　　　　　　(b)井下气体析出

图6.6.9　井下摄像机拍摄图像

6.7　地应力场评价模型

地层随深度变化,其岩石物理特性、力学特性和孔隙压力表现出不同程度的差异。这引起地应力在深度方向分布的非均匀性,这种地层层间或层内的应力差异在石油工程中通常称为分层地应力。分层地应力的大小对井壁稳定、水力压裂和油气井出砂有着重要的影响,然而地层每一深度处的地应力不可能通过实测来获取,只能借用一定的模型来预测。随着石油工程钻井深度增加和地质环境越来越恶劣,地应力预测模式也从简单的单轴应变模型发展到考虑地层刚度因素的模型。本节介绍这些模型的由来及适用范围。

6.7.1　单轴应变模型

假设地层在沉积过程中水平向的变形受到限制,即 $\varepsilon_H = \varepsilon_h = 0$,则水平方向的地应力是由上覆压力产生,由线弹性本构关系:

$$\sigma_H = \sigma_h = \frac{v}{1-v}\sigma_v \tag{6.7.1}$$

式中:σ_H、σ_h 为水平方向的地应力;σ_v 为上覆压力;v 为泊松比。

式(6.7.1)只适用于均匀各向同性且无孔隙地层,因此在实际工程中没有多大应用价值。常用的模型有以下四种:

(1)Mattens & Kelly 模型:

$$\sigma_H - p_p = \sigma_h - p_p = K_i(\sigma_v - p_p) \tag{6.7.2}$$

式中,p_p 为孔隙压力;K_i 为地应力系数。

(2)Terzaghi 模型:

$$\sigma_H - p_p = \sigma_h - p_p = \frac{v}{1-v}(\sigma_v - p_p) \tag{6.7.3}$$

(3) Anderson 模型：

$$\sigma_H - \alpha p_p = \sigma_h - \alpha p_p = \frac{v}{1-v}(\sigma_v - \alpha p_p) \quad (6.7.4)$$

(4) Newberry 模型(针对低渗透且有微裂缝地层)：

$$\sigma_h - p_p = \frac{v}{1-v}(\sigma_v - \alpha p_p) \quad (6.7.5)$$

式中，α 为有效应力系数。

单轴应变模型没有包含构造应力项，该模式中 $\sigma_H = \sigma_h < \sigma_v$，因此适用于弱构造运动地层。

6.7.2 黄荣樽模型

黄荣樽假设地下岩层的地应力主要由上覆岩层压力与水平方向的构造应力产生，且水平方向的构造应力与上覆压力成正比，提出了六五模型，如式(6.7.6)所示。该模型考虑了构造应力的影响，但没有考虑刚性地层和岩性对地应力的影响。

$$\begin{cases} \sigma_H = \left(\frac{v}{1-v} + \xi_1\right)(\sigma_z - \alpha p_p) + \alpha p_p \\ \sigma_h = \left(\frac{v}{1-v} + \xi_2\right)(\sigma_z - \alpha p_p) + \alpha p_p \end{cases} \quad (6.7.6)$$

式中，ξ_1、ξ_2 为应力构造系数

6.7.3 连续应变模型

黄荣樽假设地层为均质各向同性的线弹性体，并假定在沉积后期地质构造运动过程中，地层与地层之间不发生相对位移，所有地层两水平方向的应变均为常数，得到了七五模型：

$$\begin{cases} \sigma_H = \frac{1}{2}\left[\frac{\xi_1 E}{1-v} + \frac{2v(\sigma_z - \alpha p_0)}{1-v} + \frac{\xi_2 E}{1+v}\right] + \alpha p_p \\ \sigma_h = \frac{1}{2}\left[\frac{\xi_1 E}{1-v} + \frac{2v(\sigma_z - \alpha p_0)}{1-v} - \frac{\xi_2 E}{1+v}\right] + \alpha p_p \end{cases} \quad (6.7.7)$$

式中，E 为弹性模量。

该模型意味着地应力不但与泊松比有关，而且与地层的弹性模量成正比。此模型可解释砂岩地层比相邻页岩地层有更高的地应力的现象；但是其缺陷在于：各岩层水平方向应变相等的假设在构造运动剧烈地区受到一定的限制，并且使用此模型对具有非线性或大变形地层来说并没有意义。

探索与展望

目前，石油工程领域关于地应力的研究主要集中在单井地应力剖面计算及预测、三维地应力场计算、各种复杂条件下地应力场随时间的演变规律和地应力实验。岩石地应力是石油工程中最基本、最关键的问题，国内外对地应力都进行了长时间的研究，直到现在也是一个热门

话题,以下问题还需要进一步探究:

(1) 深部地层地应力计算和预测。水平井、水力压裂等增产措施已经成为深层非常规能源勘探开发取得成功的关键。有效获取地应力方向、大小的认识对油气钻探、开发所涉及的工程领域影响较大,表现为地应力的大小和方向通常与储层渗流优势方位、水力裂缝扩展关系密切,获取地应力信息有利于有效提高水平井井眼轨迹控制、射孔方位优化、水力压裂和预防套损等作业效果。

(2) 现场井下地应力测试方法的推新和优化。石油工程领域目前室内实验测试地应力的方法较多,且能复合两种或两种以上测试方法,提高测试精度。现场测试方法较少且测试费用较高,如何改进现场已有设备和方法或研制精度更高的设备,是油田和科研单位长期思考的问题。

(3) 复杂地质条件下的地应力场计算。地壳作为地质体,可能具有断层/断裂、裂缝、溶洞和岩性突变等复杂结构,导致岩石存在各向异性、非均质、非线性等特征。有效计算或模拟出复杂地质条件下的地应力场,对资源合理开发和指导工程设计意义重大。

(4) 动态地应力场计算。以钻井、射孔完井、水力压裂、生产和重复压裂为一个完整周期,有效预测、计算和模拟从原始状态地应力条件开始钻井、射孔、压裂和生产等整个生产周期下的地应力动态变化意义重大,不仅能整个时域监测油气井生产状况,判断井壁稳定性,评价射孔和压裂效果,预防套管损坏,给予各类作业有效指导,还能为临井提供地应力参考。

历史注释

1912年瑞士地质学家海姆首次提出了地应力的概念,并且基于各向等压假说,认为水平地应力和垂直地应力相等,且均等于上覆岩层的单位重量;1926年苏联学者金尼克在对海姆的静水压力假设中引入了泊松系数进行修正,他认为地壳中各点的垂直应力等于上覆岩层的重量,而侧向应力(水平应力)是泊松效应的结果;后来郎金又引入侧压力系数,其值为$v/(1-v)$,v是泊松比。1932年,在美国胡佛水坝下的隧道中,首次成功地测定了岩体中的天然应力。20世纪50年代,瑞典人哈斯特提出了应力解除法通过压磁变形计对地应力测量,1958年公布了1952—1953年在瑞典拉压斯瓦尔铅矿和斯堪的纳维亚半岛四个矿区的地应力测量结果,首次测得近地表地层中的水平应力高于垂直应力,引起了人们的关注。20世纪60年代末,美国人费尔赫斯特和海姆森提出了水压致裂法,其突出优点是能够测量地壳深部的地应力。60年代中期以后,随着计算机科学和工程技术手段的应用及发展,地应力测量由平面测量转向三维地应力测量。80年代初,瑞典国家电力局(SSPB)成功研制出水下钻孔三向应变计和具有自动对数据进行采集的三向应变计探头。20世纪80年代后,Zoback、StepPhansson Klein 和 Ban、Herget、Hudson、Kugawara、格佐夫斯基等人绘制了美国大陆、斯堪的纳维亚半岛、西欧、加拿大、英国、日本、前苏联等国家和区域的地壳应力图,如下图所示。

其中线条表示 S_{Hmax} 的方向,符号表示应力指标类型。颜色表示应力状态,红色表示正断层(NF),绿色表示走滑断层(SS),蓝色表示逆冲断层(TF),黑色表示未知状态(U)。来自A-C质量的震源机制解的数据被标记为可能的板块边界事件,没有显示出来。

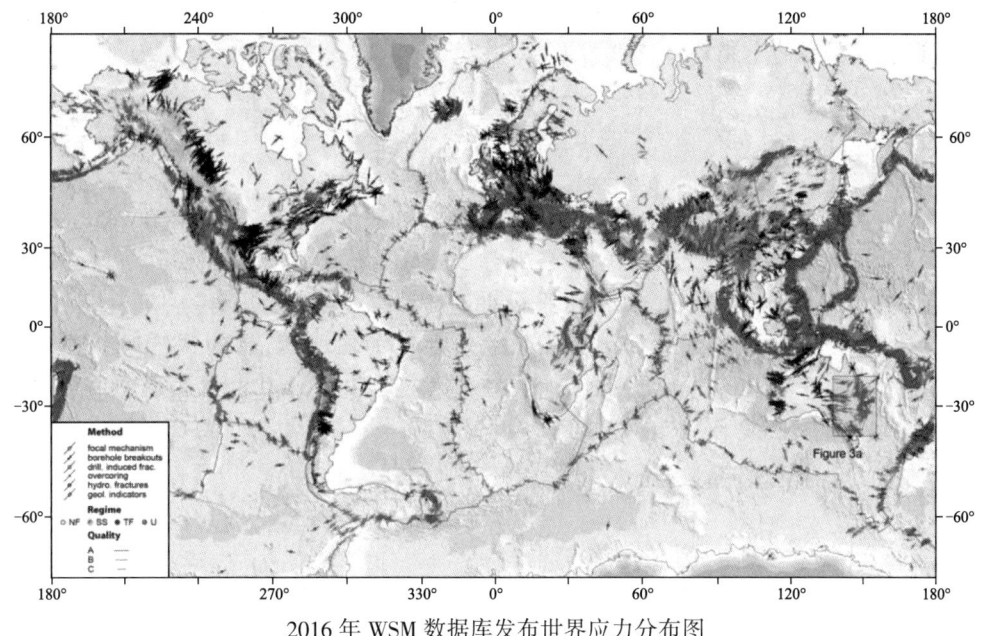

2016年WSM数据库发布世界应力分布图

李四光教授是中国地应力测量的创始人,早在20世纪20年代就提出地壳中水平运动为主,水平应力起主导作用。40年代,他把地应力作为地质力学的一部分并且倡导了一大批学者进行研究。地应力的实测工作从60年代开始,同时开始地应力对地震预报的研究。1964年,陈宗基教授指引中国科学院武汉岩土力学研究所在湖北大冶铁矿进行了国内首次应力解除测量,测量深度为80m,这次测量具有里程碑意义。1966年在河北隆尧县建立了我国第一个地应力观测台站。1980年国家地震局首次进行了水力压裂地应力测量。同年10月,水力压裂法由美国引入以后在河北易县首次成功进行了水力压裂法地应力测量。80年代以后,空心包体应变计进入我国,随后地质力学研究所、长沙矿冶研究所和长江科学院等都研制了自己的空心包体应变计。1984年石油大学著名岩石力学专家,原中国岩石力学与工程学会常务理事黄荣樽教授考虑了非均匀地下构造应力的作用、岩层真实泊松比和拉伸强度,以及导致井壁破裂的应力集中等因素,并结合现场地层破裂及室内岩石三轴试验的结果提出了计算地层破裂压力的新模式,并提出"六五模型""七五模型"等地应力计算模型,目前仍广泛使用。

思考题

1. 简述地应力的概念、成因及分布规律。
2. 简述地层异常高压的成因及影响。
3. 简述井眼轨迹和裂缝扩展与地应力方向的关系。
4. 对井深2000m的地层,通过水力压裂法测量地应力过程中,若已知地层抗拉强度为2MPa,孔隙压力为20MPa,裂缝闭合压力为35MPa,求两个水平地应力的当量钻井液密度。
5. 简述水力压裂法测量地应力的原理与方法,画出水力压裂压力典型曲线。
6. 什么是声发射凯塞尔效应试验?简述声发射凯塞尔效应法测量地层地应力的基本原理。

7. 简述油田现场和室内实验确定最大主地应力方向的两种方法。
8. 简述孔隙压力的变化对地应力的影响。

习题

1. 某井井深为 800m 处的砾岩岩心在没有施加孔隙压力的条件下,测得 0°、45°、90°和垂直方向上的岩心声发射凯塞尔效应点应力分别为 20.8MPa、5.4MPa、19.0MPa 和 18.3MPa,分别计算该深度条件下的水平最大地应力、水平最小地应力和上覆岩层压力。

2. 某一直井在 3000m 处进行的水力压裂试验曲线如图所示,已知试验时钻井液密度为 1.30g/cm^3,地层孔隙压力梯度 1.0g/cm^3,地层的有效应力系数 $\alpha=0.8$,依据图中的数据计算水平地应力当量钻井液密度。

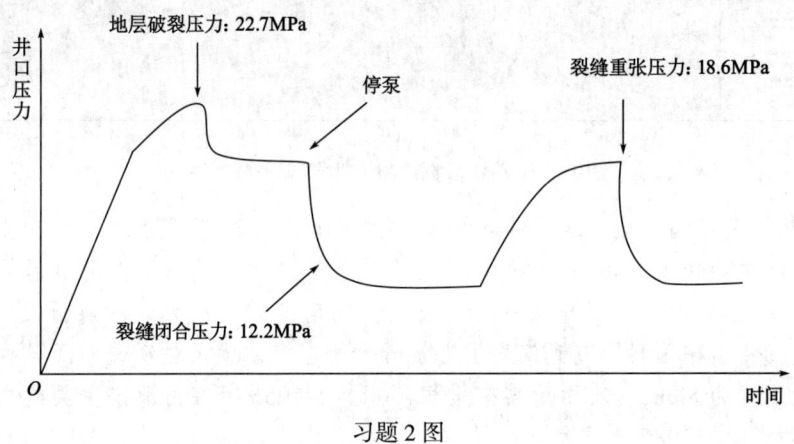

习题 2 图

第7章 井壁坍塌与破裂

井壁稳定指钻井过程中通过钻井液密度、钻井液体系和钻井工艺三者的协同来确保井眼不坍塌、不破裂、不缩径。井壁失稳主要是指钻井过程中井壁坍塌、井眼缩径和地层破裂。从力学上看,其主要失稳机理为井壁围岩张性破裂和剪切破坏。井壁稳定问题是钻井过程中经常遇到的复杂问题。根据哈里伯顿公司的统计,全球每年花在井壁稳定问题上的开支不低于85亿美元。深部地层通常受两个水平方向应力、一个垂向压缩应力及孔隙压力联合作用。井眼的形成打破了原地应力的平衡状态,应力在井壁围岩重新分布。当井眼通过低强度的脆性地层时,应力集中就可能使井壁围岩发生破坏,在环空钻井液流体的冲刷作用下井壁岩石坍塌、崩落掉块,在工程上表现为井径扩大。同时这也是钻头或钻具卡钻的原因之一(图7.0.1、彩图7.0.1)。

彩图7.0.1 滤液漏失后岩石坍塌破坏本质

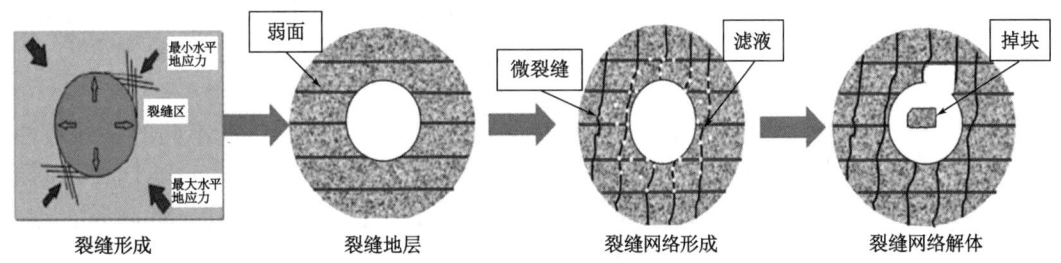

图7.0.1 滤液漏失后岩石坍塌破坏本质

7.1 井壁坍塌的原因

在岩石强度较高且地应力稳定的地层,一般不会发生井壁坍塌。导致井壁坍塌的原因很多,包括天然和人为两个方面:

(1)天然因素:地质构造类型和原地应力、地层的岩性和产状、含黏土矿物的类型、弱面的存在及其倾角、层面的胶结情况、地层强度、裂隙节理的发育、孔隙度、渗透率及孔隙流体压力等。

(2)人为因素:钻井液的性能(失水、黏度、密度)、钻井液和泥页岩化学作用的强弱(水化膨胀)、井壁周围钻井液侵入带的深度和范围、井眼裸露的时间、钻井液的环空返速对井壁的冲刷作用、循环波动压力和起下钻的抽吸压力、井眼轨迹的形状及钻柱对井壁的摩擦和碰撞等。

从力学的角度来说,造成井壁坍塌的主要原因为井内液柱压力较低,井壁周围岩石所受应力超过岩石本身的强度而产生剪切破坏(视频 7.1.1、视频 7.1.2)。

视频7.1.1　水基30°岩心物理模拟实验　　　视频7.1.2　水基水平井岩心物理模拟实验

井壁坍塌与井壁围岩的应力状态、围岩的强度特性等密切相关。综合起来包括如下影响因素:

(1)构造地应力的影响。水平构造应力的各向异性对坍塌压力和破裂压力有显著的影响,水平应力比值越大,坍塌压力和破裂压力的差值就越小,即安全钻井液密度窗口越窄,井壁失稳风险越大,当水平应力比值达到一定程度时,坍塌压力和破裂压力几乎相等,甚至出现"负压力窗口",导致无法安全钻进,由此可见,井壁力学失稳的主要诱因是强地应力的非均匀性。

(2)井眼轨迹。井斜角和井斜方位角对斜井的井壁稳定性有显著的影响。国内外大多采用孔隙弹性理论,考虑钻井液的渗流效应,建立大斜度井的井壁稳定力学模型。模型考虑了地应力的非均匀性、孔隙压力和井眼几何形状的影响,得出如下斜井稳定的一般性结论:上覆压力为中间主应力时,随着井斜角的增大,破裂压力值将增加,而坍塌压力值将减小。这说明,在同样条件下,井斜角越大,钻井越安全,换句话说,只要直井是安全的,斜井和水平井也安全。

(3)钻井液造壁性。钻井液的造壁性对井壁稳定有着显著的影响。不同的钻井液性能在井壁上形成的滤饼的性能有显著差别,钻井液滤液在井壁上渗透能力也不同,从而导致钻井液柱压力的扩散程度不一样,钻井液柱压力的扩散程度越好,井壁稳定性越差,当井壁完全渗透时,井壁稳定性最差。根据计算,渗透系数为零时,井壁不渗透,井段井壁稳定性最高;渗透系数为 1 时,井壁全渗透,井段井壁稳定性最低,此时,坍塌压力接近或超过破裂压力,几乎不可能进行钻井作业。因此,钻井时要求钻井液造壁性能高,在井壁形成薄而韧的滤饼。

(4)地层强度。地层强度包括地层的黏聚力、内摩擦角和抗拉强度,地层强度增大,坍塌压力降低,破裂压力增大,安全钻井液密度范围扩大,井壁稳定性就提高,钻井也更安全。尤其要提出的是,地层强度对浅井井壁稳定性有着显著的影响,如果浅部地层强度太低,就要求大幅度提高钻井液密度来满足井壁稳定。

7.2　垂直井壁的坍塌与破裂压力

井壁坍塌指井底压力不足以支撑井壁围岩,造成井壁围岩坍塌掉落的现象;井壁破裂指井壁围岩不足以承受井底压力,造成井壁围岩破裂的现象。精确计算地层坍塌压力和破裂压力,明确钻井液安全密度窗口可以有效预防井壁坍塌、破裂的发生。

7.2.1 坍塌压力

坍塌压力指的是维持井壁不坍塌或不缩径的最小井内钻井液柱压力,通常用当量钻井液密度来表示,其换算关系为:

$$\rho_b = \frac{101.94 p_b}{h} \tag{7.2.1}$$

式中,ρ_b 为当量钻井液密度表示的坍塌压力,g/cm^3;h 为地层深度,m;p_b 为坍塌压力,MPa。

钻井过程中,地层某点的坍塌压力不是一成不变的,随循环介质性能、井眼轨迹、水力参数等变化而体现出不同程度的增大或减小的趋势。对于同一地层,斜井钻井液密度等于直井钻井时的地层坍塌压力当量密度,在有的井眼轨迹条件下地层稳定,而另一些井眼轨迹条件下地层却坍塌比较严重。

坍塌压力本质上是井壁地层应力与强度综合变化的结果。如果井眼形成后,地层的物理、化学和力学特性保持原状,坍塌压力就处于最小值(可能小于0)。入井的钻井液改变了这些特性,使得坍塌压力不同程度地变大。井壁稳定的工作一定程度上就是如何最大程度有效地维持地层的原状。

岩石剪切破坏与否主要受岩石所受到的最大、最小主应力 σ_1 与 σ_3 控制,σ_1 与 σ_3 的差值越大,井壁越容易坍塌。井壁处岩石最大、最小主应力分别为周向应力和径向应力,这说明导致井壁失稳的关键是井壁岩石所受的周向应力 σ_θ 和径向应力 σ_r 的差值,即 $(\sigma_\theta - \sigma_r)$ 的大小。若水平地应力不均匀 $(\sigma_H \neq \sigma_h)$,则井壁岩石周向应力 σ_θ 是随 θ 而变化的。从式(6.3.6b)可看出,当 θ 为90°或270°时,$\cos2\theta = -1$,σ_θ 达到最大值,那么这两处的差应力值 $\sigma_\theta - \sigma_r$ 达到最大。这说明井壁失稳坍塌位置为 θ 等于90°或270°的位置,即井壁失稳方位与最小水平地应力方向一致。将 $\cos2\theta = -1$ 代入式(6.3.7a)、式(6.3.7b)、式(6.3.7c)且井壁不渗透时:

$$\sigma_r = p_i \tag{7.2.2}$$

$$\sigma_\theta = -p_i + \sigma_H + \sigma_h - 2(\sigma_H - \sigma_h)\cos2\theta + 2f(p_i - p_p) \tag{7.2.3}$$

$$\sigma_z = \sigma_v - 2\upsilon(\sigma_H - \sigma_h)\cos2\theta + 2f(p_i - p_p) \tag{7.2.4}$$

岩石一般表现为剪切破坏而发生坍塌扩径。剪切面的法向和 σ_1 的夹角等于 θ,法向正应力为 σ,剪应力为 τ。根据莫尔—库仑强度准则,岩石发生破坏时剪切面上的剪应力必须克服岩石的固有剪切强度值 C(称为黏聚力)加上作用于剪切面上的摩擦阻力 $\mu\sigma$,即:

$$\tau = C + \mu\sigma \tag{7.2.5}$$

式中,μ 为岩石的内摩擦系数,$\mu = \tan\varphi$;φ 为岩石的内摩擦角。式(4.2.15)用主应力 σ_1 和 σ_3 改写成:

$$\sigma_1 = \sigma_3 \cot^2\left(45° - \frac{\varphi}{2}\right) + 2C\cot\left(45° - \frac{\varphi}{2}\right) \tag{7.2.6}$$

当岩石孔隙中有孔隙压力 p_p 时,式(7.2.6)用有效应力可表示为:

$$\sigma_1 - \alpha p_p = (\sigma_3 - \alpha p_p)\cot^2\left(45° - \frac{\varphi}{2}\right) + 2C\cot\left(45° - \frac{\varphi}{2}\right) \tag{7.2.7}$$

由(7.2.7)知,对于井壁主应力有不同的排列方式,其破坏形态也不同。当 $\theta = \frac{\pi}{2}$ 或 $\frac{3\pi}{2}$ 时,即为水平最小地应力 σ_h 方位,σ_θ 取得极大值:

$$\sigma_\theta = 3\sigma_H - \sigma_h - p_i + 2f(p_i - p_p) \tag{7.2.8}$$

$$\sigma_z = \sigma_v + 2\upsilon(\sigma_H - \sigma_h) + 2f(p_i - p_p) \tag{7.2.9}$$

首先考虑第一种情况，如图 7.2.1 所示，$\sigma_\theta > \sigma_z > \sigma_r$，将式(7.2.8)、式(7.2.9)代入式(7.2.7)，得井壁渗透条件下的坍塌压力：

$$p_b^w = \frac{3\sigma_H - \sigma_h - 2CK + (\alpha K^2 - 2f - \alpha)p_p}{K^2 - 2f + 1} \tag{7.2.10}$$

其中 $K = \cot\left(45° - \dfrac{\varphi}{2}\right)$。

如果井壁不渗透，则：

$$p_b^g = \frac{3\sigma_H - \sigma_h - 2CK + (K^2 - 1)\alpha p_p}{K^2 + 1} \tag{7.2.11}$$

由式(7.2.10)和式(7.2.11)知：

$$p_b^g = p_b^w + 2f(p_p - p_b^w) \tag{7.2.12}$$

对于泥页岩地层，坍塌压力比孔隙压力要大，根据式(7.2.11)可知井壁不渗透情况下坍塌压力比渗透情况下要小，这说明滤饼对泥页岩地层井壁稳定有重要意义。

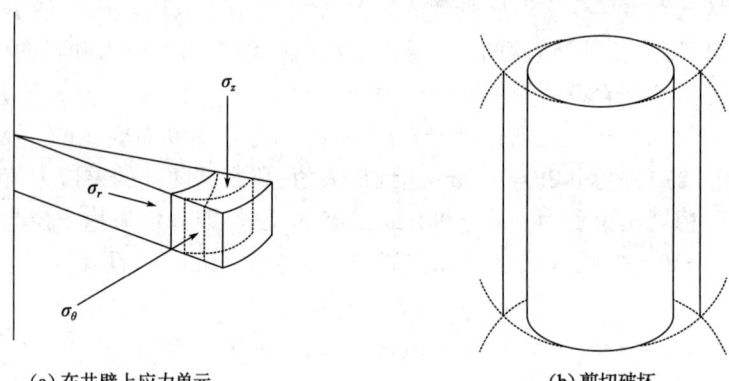

(a) 在井壁上应力单元　　　　　　(b) 剪切破坏

图 7.2.1　由切向应力和径向应力引起的破坏面

当垂向地应力大于水平最大地应力时，井壁主应力可能会出现 $\sigma_z > \sigma_\theta > \sigma_r$，如图 7.2.2 所示，将式(7.2.8)和式(7.2.9)代入式(7.2.7)，得井壁渗透条件下的坍塌压力：

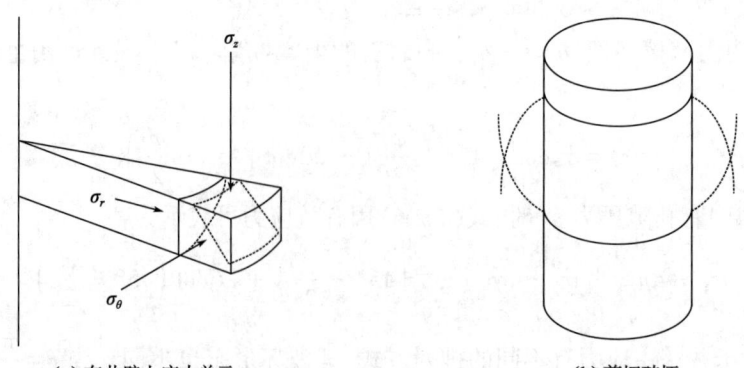

(a) 在井壁上应力单元　　　　　　(b) 剪切破坏

图 7.2.2　由垂向应力和径向应力引起的破坏面，破坏以环形状发展

$$p_b^w = \frac{\sigma_v + 2v(\sigma_H + \sigma_h) - 2CK + (\alpha K^2 - 2f - \alpha)p_p}{K^2 - 2f} \quad (7.2.13)$$

如果井壁不渗透:

$$p_b^g = \frac{\sigma_v + 2v(\sigma_H + \sigma_h) - 2CK + (K^2 - 1)\alpha p_p}{K^2} \quad (7.2.14)$$

当垂向地应力大于水平最大地应力,并随井内液柱压力的增大时,井壁主应力可能会出现 $\sigma_z > \sigma_r > \sigma_\theta$,如图 7.2.3 所示,将式(7.2.8)和式(7.2.9)代入式(7.2.7),得井壁渗透条件下的坍塌压力:

$$p_b^w = \frac{(3K^2 - 2v)(\sigma_H - \sigma_h) - \sigma_v + 2CK + (1 - K^2)(2f + \alpha)p_p}{K^2 - 2fK + 2f} \quad (7.2.15)$$

如果井壁不渗透:

$$p_b^g = \frac{(3K^2 - 2v)(\sigma_H - \sigma_h) - \sigma_v + 2CK + (1 - K^2)\alpha p_p}{K^2} \quad (7.2.16)$$

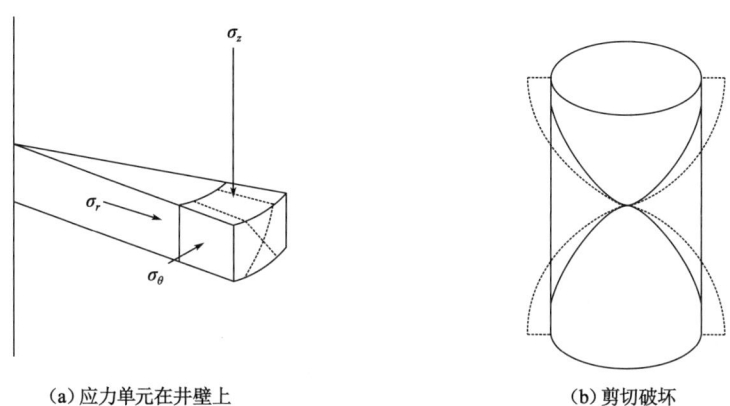

(a)应力单元在井壁上　　　　　　　　(b)剪切破坏

图 7.2.3　由垂向应力和切向应力引起的破坏面,径向裂缝将沿着井筒以螺旋状发展

7.2.2　破裂压力

在地层某深度处,当井内的钻井液柱所产生的压力升到高足以压裂地层,使其原有的裂隙张开延伸或形成新的裂隙时的井内流体压力称为地层破裂压力。地层破裂压力的大小与地应力的大小密切相关。

目前对于地层破裂的起因有两种基本不同的看法。一种观点认为地下岩层充满着层理、节理和裂缝,井内流体压力只是沿着这些薄弱面侵入,使其张开。因此,使裂缝张开的流体压力只需克服垂直于裂缝面的地应力。另一种观点却认为地层的破裂取决于井壁上的应力集中现象。增大井内的流体压力会改变井壁上的应力状态,井壁处切向应力超过井壁岩石抗拉强度时,地层便被压裂。地层的破裂压力和产生裂缝的方向都受到井壁上的应力、地应力、地层特性、井眼轨迹等相关因素的影响及控制。此外,如果需要知道裂缝延伸的方位,还应了解水平地应力的主方向。

破裂压力的影响因素可以分为两类:一是地层自身的特性,包括地应力、地层岩石的力学特征、地层层理、天然裂缝产状等,这些都是非可控因素;二是人为因素,包括井眼轨迹、井内压力,钻井液性能等。

迄今,国内外在研究地层破裂压力的预测方法上已经提出了许多模型,由于这些模型考虑的影响因素和假设条件的不同,所以不同模型的预测结果也存在着较大的差别。

1. 伊顿模型

伊顿(Eaton)模型在美国海湾地区应用比较广泛。它是在哈伯特(Hubbert M.K.)和威利斯(Willis D.G.)理论的基础上发展起来的。他们认为,地下岩层处于均匀水平地应力状态,且其中充满着层理、节理和裂缝,钻井液在压力作用下将沿着这些薄弱面侵入,使其张开并向远处延伸,且张开裂缝的流体压力只需克服垂直裂缝面的地应力,即:

$$p_f - p_p = \frac{\mu}{1-\mu}(\sigma_z - p_p) \tag{7.2.17}$$

于是地层破裂压力为:

$$p_f = \frac{v}{1-v}(\sigma_f - p_p) + p_p \tag{7.2.18}$$

该模型比较适用于像墨西哥湾这样的地层沉积较新、受构造运动影响小的连续沉积盆地,而对于地层年代较老、构造运动影响大的区域,其预测效果欠佳。但是这个模型,可能适合海洋钻井碰到的浅层破裂压力的预测。

2. 史蒂芬模型

史蒂芬(Stephen R.D.)模型认为作用在垂直裂缝面的水平地应力由两部分组成:水平均匀构造地应力和上覆岩层应力在水平向引起的侧向力。张开垂直裂缝所需的有效流体压力等于有效水平地应力,裂缝重新开启,地层破裂。于是:

$$p_f - p_p = \left(\frac{v}{1-v} + \xi\right)(\sigma_z - p_p) \tag{7.2.19}$$

即:

$$p_f = \left(\frac{v}{1-v} + \xi\right)(\sigma_z - p_p) + p_p \tag{7.2.20}$$

式中,ξ 为构造应力系数。

史蒂芬提出可直接采用声波法在实验室内大气压条件下用岩样测得的动态泊松比值,按式(7.2.20)计算各种地层的破裂压力值。

3. 黄荣樽模型

中国学者黄荣樽提出了适用性更广泛的方法。从力学上说,地层破裂是由于井内钻井液密度过大使岩石所受的周向应力达到岩石的抗拉强度而造成的,即:

$$\sigma_\theta = -S_t \tag{7.2.21}$$

式中,S_t 为岩石拉伸强度。当 p_i 增大时,σ_θ 变小,当 p_i 增大到一定程度时,σ_θ 将变成负值,即岩石所受周向应力由压缩应力变为拉伸应力,当拉伸应力大到足以克服岩石的抗拉强度时,地层产生破裂并造成井漏。破裂发生在 σ_θ 最小处,即 $\theta=0°$ 或 $180°$ 处,此时 σ_θ 值为:

$$\sigma_\theta = 3\sigma_h - \sigma_H - \alpha p_p - p_i + K_1(p_i - p_p) \tag{7.2.22}$$

将式(7.2.22)代入式(7.2.21),可得岩石产生拉伸破坏时地层破裂压力 p_f:

$$p_f = \frac{3\sigma_h - \sigma_H - \delta\left[\dfrac{\alpha(1-2\upsilon)}{1-\upsilon} - \phi\right]p_p + S_t}{1 - \delta\left[\dfrac{\alpha(1-2\upsilon)}{1-\upsilon} - \phi\right]} \tag{7.2.23}$$

若考虑地层低渗透($\delta=0$),则:

$$p_f = 3\sigma_h - \sigma_H - \alpha p_p + S_t \tag{7.2.24}$$

7.3 斜井井壁的坍塌与破裂压力

7.3.1 坍塌压力

由第 6 章的井壁应力表达式可以看到,地层的破裂和破坏是发生在 θ-z 平面上,斜井壁上的岩石单元如图 7.3.1 所示,其中 σ_r 是一个主应力,所以斜井壁面仍为一个主应力面。为了判断岩石的破坏发生的位置,必须先求出其余两个主应力面。

根据应力分析,与 z 轴(σ_z 方向)成 γ 角角斜平面上的正应力 σ 和剪应力 τ 与各应力分量间的关系为:

$$\begin{cases} \sigma = \sigma_\theta \cos^2\gamma + 2\sigma_{\theta z}\cos\gamma\sin\gamma + \sigma_z\sin^2\gamma \\ \tau = \dfrac{1}{2}(\sigma_z - \sigma_\theta)\sin 2\gamma + \sigma_{\theta z}\cos 2\gamma \end{cases} \tag{7.3.1}$$

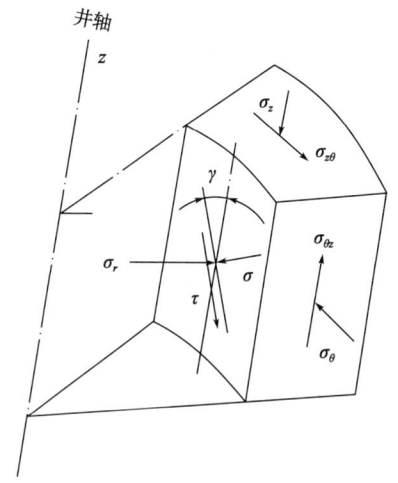

图 7.3.1 斜井井壁上岩石单元的应力分布

为了求主应力,只需令:

$$\frac{d\sigma}{d\gamma} = 0 \tag{7.3.2}$$

于是可得到相互间差 90°的两个角:

$$\begin{cases} \gamma_1 = \dfrac{1}{2}\arctan\dfrac{2\sigma_{\theta z}}{\sigma_\theta - \sigma_z} \\ \gamma_2 = \dfrac{\pi}{2} + \dfrac{1}{2}\arctan\dfrac{2\sigma_{\theta z}}{\sigma_\theta - \sigma_z} \end{cases} \tag{7.3.3}$$

把 γ_1、γ_2 代入式(7.3.1),便可得到待求的两个主应力值(设为 σ_j 和 σ_k)。至此已求得斜井壁上的三个主应力:

$$\begin{cases} \sigma_i = \sigma_r = p_i \\ \sigma_j = \dfrac{1}{2}[X - 4fp_p + (4f-1)p_i] + \dfrac{1}{2}\sqrt{(Y-p_i)^2 + Z} \\ \sigma_k = \dfrac{1}{2}[X - 4fp_p + (4f-1)p_i] - \dfrac{1}{2}\sqrt{(Y-p_i)^2 + Z} \end{cases} \tag{7.3.4}$$

其中

$$X = (A+D)\sigma_h + (B+E)\sigma_H + (C+F)\sigma_v$$
$$Y = (A-D)\sigma_h + (B-E)\sigma_H + (C-F)\sigma_v$$
$$Z = 4(G\sigma_h + H\sigma_H + J\sigma_v)^2$$

式中，p_i 为井内液柱压力，MPa；A、B、C、D、E、F、G、H、J 同式(6.4.7)。

井壁任一点正应力 σ_n 和剪应力 τ 可用主应力 σ_1 和 σ_3 可表示为：

$$\begin{cases} \sigma_n = \dfrac{\sigma_1 + \sigma_3}{2} - \dfrac{\sigma_1 - \sigma_3}{2}\sin 2\varphi - \alpha p_p \\ \tau = \dfrac{\sigma_1 - \sigma_3}{2}\cos 2\varphi \end{cases} \tag{7.3.5}$$

将莫尔—库仑强度准则改写为：

$$f = M(\sigma_1 - \sigma_3) - \sin\varphi(\sigma_1 + \sigma_3 - 2\alpha p_p) - 2C\cos\varphi = 0 \tag{7.3.6}$$

由式(7.3.6)知，当 σ_r 为最小主应力、第二主应力或最大主应力三种情况，对应地会出现三种井壁坍塌情况。

(1) 井壁坍塌一般发生在井内液柱压力较小时，即 σ_r 为最小主应力时，主应力 σ_1 和 σ_3 为：

$$\begin{cases} \sigma_3 = p_i \\ \sigma_1 = \dfrac{1}{2}[X - 4fp_p + (4f-1)p_i] + \dfrac{1}{2}\sqrt{(Y-p_i)^2 + Z} \end{cases} \tag{7.3.7}$$

将 σ_1 和 σ_3 代入莫尔—库仑强度准则式(7.3.6)，得到保持井壁稳定的坍塌压力计算公式为：

$$f(p_i) = M(\sigma_1 - \sigma_3) - \sin\varphi(\sigma_1 + \sigma_3 - 2\alpha p_p) - 2C\cos\varphi = 0 \tag{7.3.8}$$

式(7.3.8)可通过数值计算方法求解坍塌压力 $p_b^{(a)}$。

(2) 如果 σ_r 为第二主应力，主应力 σ_1 和 σ_3 为：

$$\begin{cases} \sigma_3 = \dfrac{1}{2}[X - 4fp_p + (4f-1)p_i] - \dfrac{1}{2}\sqrt{(Y-p_i)^2 + Z} \\ \sigma_1 = \dfrac{1}{2}[X - 4fp_p + (4f-1)p_i] + \dfrac{1}{2}\sqrt{(Y-p_i)^2 + Z} \end{cases} \tag{7.3.9}$$

将 σ_1 和 σ_3 代入莫尔—库仑强度准则式(7.3.6)，得到保持井壁稳定的坍塌压力计算公式为：

$$f(p_i) = M(\sigma_1 - \sigma_3) - \sin\varphi(\sigma_1 + \sigma_3 - 2\alpha p_p) - 2C\cos\varphi = 0 \tag{7.3.10}$$

式(7.3.10)可通过数值计算方法求解坍塌压力 $p_b^{(b)}$。

(3) 如果为最大主应力，主应力 σ_1 和 σ_3 为：

$$\begin{cases} \sigma_1 = p_i \\ \sigma_3 = \dfrac{1}{2}[X - 4fp_p + (4f-1)p_i] - \dfrac{1}{2}\sqrt{(Y-p_i)^2 + Z} \end{cases} \tag{7.3.11}$$

将 σ_1 和 σ_3 和代入莫尔—库仑强度准则式(7.3.6)，得到保持井壁稳定的坍塌压力计算公式为：

$$f(p_i) = M(\sigma_1 - \sigma_3) - \sin\varphi(\sigma_1 + \sigma_3 - 2\alpha p_p) - 2C\cos\varphi = 0 \tag{7.3.12}$$

式(7.3.12)可通过数值计算方法求解坍塌压力 $p_b^{(c)}$。

7.3.2 破裂压力

与直井一样的情况,井壁也有可能发生拉伸破裂,三个主应力中,只有主应力 $\sigma_3 = \frac{1}{2}[X - 4fp_p + (4f-1)p_i] - \frac{1}{2}\sqrt{(Y-p_i)^2 + Z}$ 出现负值的可能,因此破裂压力 p_f 由下式获得:

$$f(p_i) = \frac{1}{2}[X - 4fp_p + (4f-1)p_i] - \frac{1}{2}\sqrt{(Y-p_i)^2 + Z} - \alpha p_p + S_t = 0 \quad (7.3.13)$$

1. 井斜角与方位角的影响

一般情况下井斜角与方位角对井壁稳定性有明显的影响。

1) 垂向地应力为第二主地应力时

为了方便分析,假定水平最大主地应力为正北向,上覆地应力 $\sigma_v = 2.23 \mathrm{MPa/m}$,水平最大主地应力 $\sigma_H = 2.49\ \mathrm{MPa/m}$,水平最小地应力 $\sigma_h = 1.76\ \mathrm{MPa/m}$,黏聚力 $S_0 = 7\ \mathrm{MPa}$,内摩擦角 $\varphi = 25°$,拉伸强度 $S_t = 5\mathrm{MPa}$,孔隙压力 $p_p = 1.0\ \mathrm{MPa/m}$;泊松比 $\upsilon = 0.2$,钻井液在井壁处不发生渗透。

如图 7.3.2 所示,随着方位角的增大,坍塌压力值也将增大。但当井斜角接近 90°时,坍塌压力值趋于一定值。

图 7.3.3 所示是井斜角对井壁稳定性的影响规律,随着井斜角的增大,坍塌压力值减小。这说明,在同样条件下,井斜角越大,钻井越安全,换句话说,只要垂直井是安全的,斜井和水平井也安全。

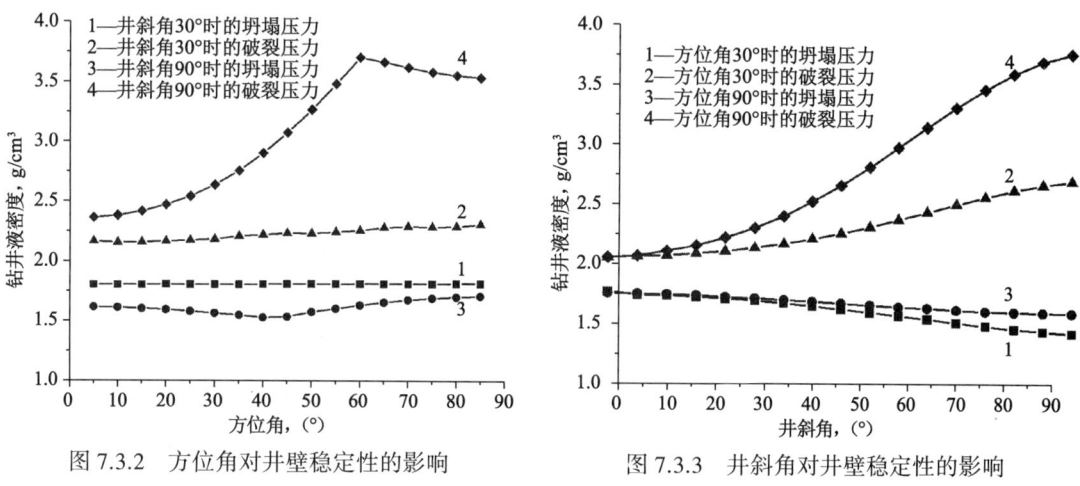

图 7.3.2 方位角对井壁稳定性的影响   图 7.3.3 井斜角对井壁稳定性的影响

2) 垂向地应力为最大地应力时

假定上覆地应力 $\sigma_v = 2.23\ \mathrm{MPa/m}$,水平最大主地应力 $\sigma_H = 2.09\ \mathrm{MPa/m}$,水平最小地应力 $\sigma_h = 1.56\ \mathrm{MPa/m}$,其余与第一种情况相同。

如图 7.3.4 所示,随着井斜方位角的增大,坍塌压力值减小,这说明,朝着最小地应力方向钻井较为安全,而最大地应力方位一般不利于钻井。

图 7.3.5 所示是井斜角对井壁稳定性的影响规律,随着井斜角的增大,坍塌压力值虽有局部减小但总体是增大的。这说明,如果钻井液密度对直井不安全,对斜井和水平井也不一定安全。

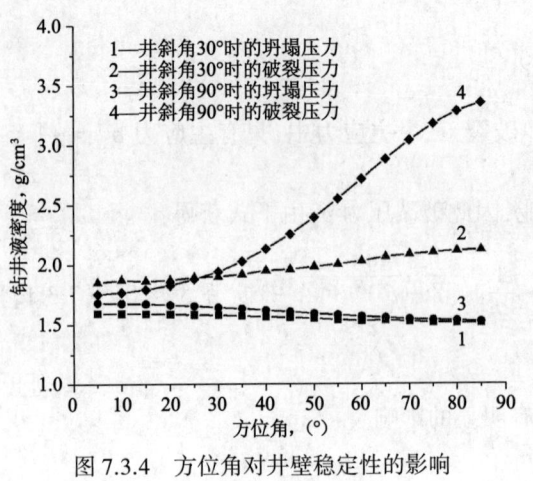
图7.3.4 方位角对井壁稳定性的影响

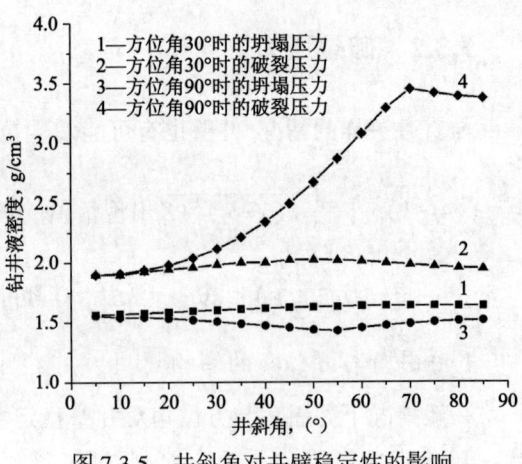
图7.3.5 井斜角对井壁稳定性的影响

2. 钻井液造壁性的影响

钻井液造壁性对井壁稳定性有着显著的影响。不同的钻井液性能在井壁上形成滤饼的性能有显著差别,钻井液滤液在井壁上渗透能力也不同,从而导致钻井液柱压力的扩散程度不一样,钻井液柱压力的扩散程度越好,井壁稳定性越差,当井壁完全渗透时,井壁稳定性最差。根据计算,渗透系数为零时,井壁不渗透,井段井壁稳定性最高;渗透系数为1时,井壁全渗透,井段井壁稳定性最低,此时,坍塌压力接近或超过破裂压力,几乎不可能进行钻井作业(图7.3.6)。因此,钻井作业时要求钻井液造壁性能好,能够在井壁上形成薄而韧的滤饼。

地层的黏聚力、内摩擦角和抗拉强度都属于地层强度参数。图7.3.7和图7.3.8分别是在不同方位角和井斜角情况下,地层强度由20%增加至80%时钻井液密度的变化。可以看出,在其他条件固定的情况下,地层强度增大,相应的地层坍塌压力降低,钻井较为安全。

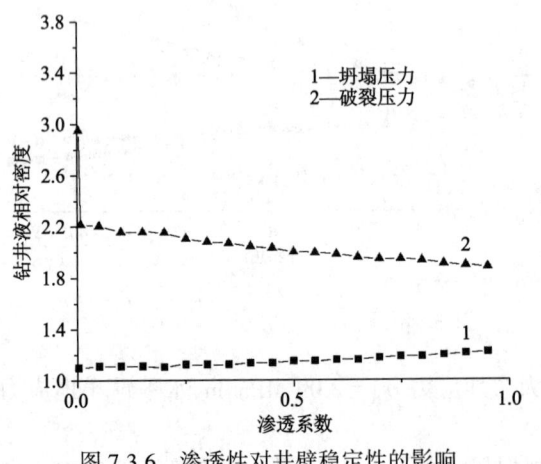
图7.3.6 渗透性对井壁稳定性的影响

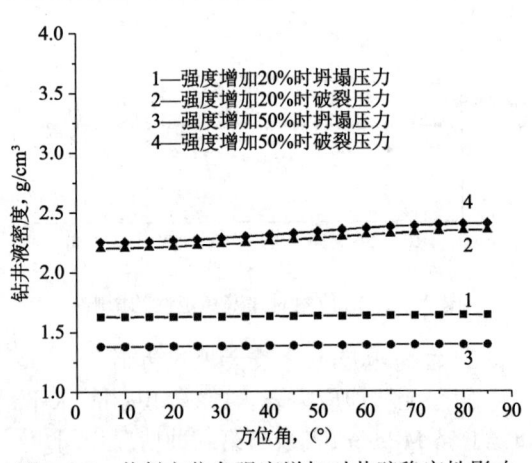
图7.3.7 井斜方位角强度增加对井壁稳定性影响

3. 地应力比值的影响

地应力比值对坍塌压力有显著的影响,σ_H/σ_h的值越大,坍塌压力和破裂压力的差值就越小,钻井作业就越困难。图7.3.9给出了σ_H/σ_h从1.0变化到1.7时的坍塌压力和破裂压力的变化情况。若 σ_H/σ_h 在 1.63 附近,坍塌压力和破裂压力几乎相等,这对于钻井来说是个灾难。由此可见,井壁力学失稳的主要诱因之一是地应力非均匀性。

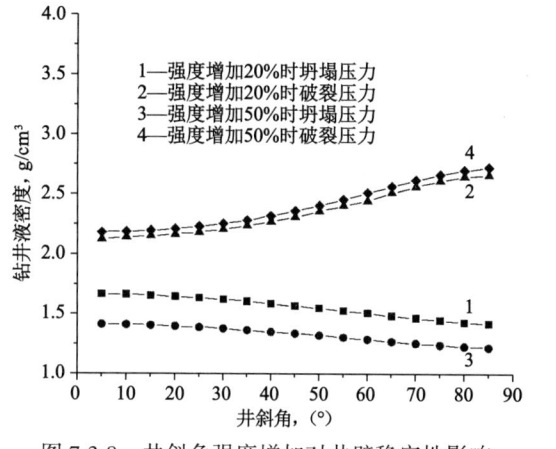

图 7.3.8 井斜角强度增加对井壁稳定性影响 图 7.3.9 地应力非均匀性对井壁稳定性的影响

探索与展望

目前,井壁稳定与破裂的研究取得了一定的成果,但由于勘探的深入及特殊油气藏的开发,高温、高压和高应力等复杂地质条件导致井壁稳定研究具有高度复杂性,积极探索复杂地层井壁力学机理,可以促进井壁稳定技术的积极、健康发展,具体体现在以下几个方面:

(1) 对于膨胀性泥页岩地层,模拟高温高压条件下泥页岩水化过程,描述应力、变形及岩石特征参数变化规律,确定泥岩水化的非线性变形本构模型,建立直井、大斜度井的动态井壁稳定化学、力学耦合模型,形成不同井型水化泥页岩井壁失稳程度和时效的评估方法,为泥页岩井壁稳定应用技术提供理论基础。

(2) 对于硬脆性泥页岩地层,重点描述高温高压条件下井壁围岩缝网体的形成、发育和贯穿过程,确定井筒流体与围岩缝网内流体的传导机理,建立井壁围压缝网体动态动态模型,形成硬脆性泥页岩地层井壁稳定控制技术。

(3) 对于软泥岩、盐膏盐地层,研究超高温(200℃)、超高压(120MPa)和超深层(7000m)盐膏层蠕变规律,确定盐岩蠕变本构关系,建立不同工艺方法下盐膏层井壁稳定力学模型,确定超深盐膏层井壁失稳力学机理,为超深层油气勘探成功提供理论支撑。

(4) 以提高油气采收率和钻速为目的的特殊工艺井、新技术带来的井壁稳定力学机理研究,如盐下水平井盐膏层造斜井段井壁失稳力学机理研究、气体钻井转换钻井液后带来的井壁稳定力学机理研究等。

历史注释

井壁坍塌机理及工程应用已经成为既有理论基础、又有实践目标的工程技术。井壁坍塌过程是一个力学过程,其实质是井壁岩石所受应力超过了其强度而诱发失稳破坏。为了评价钻井过程中井眼的力学稳定性，必须确定井眼周围的应力分布。1940 年 M.Westergaard 发表了第一篇关于井壁稳定的正式论文。文中在假设井内液柱压力为零和水平应力等于垂直应力的条件下，描述了直井井壁围岩弹塑性井眼的应力分布特征。在此基础上，1957 年 M.K.Hubbert 和 D.G.Willis 引入了井内液柱压力、垂向应力与两个水平应力不同情况下的井壁稳定性分析。

最初的井壁坍塌研究，主要是考虑钻井液密度与地应力对井壁坍塌的影响。随着海上油田的开发，人们发现井壁稳定不仅与钻井液密度、地应力有关，而且与井眼轨迹的井斜角和方位角有很大的关联。自 20 世纪 80 年代以来，国内在引进和发展井壁稳定性技术方面进展很快。许多油田都开展了地层坍塌压力预测方法与计算的研究。在国内井壁稳定性研究中以黄荣樽等人为代表的研究工作者做出了大量卓有成效的工作，通过大量的实验研究了各种地层岩石的力学特性，还对地层坍塌压力提出了适当的预测模型。

在井壁稳定性研究的前二十余年，人们一致认为井壁失稳主要是岩石的原始强度不足以抵抗破坏应力所致，一致把井壁失稳问题看成是一个纯力学问题。直到 20 世纪 50 年代中末期采用气体钻井在某些泥页岩地层得到了稳定的结果，人们才越来越清楚地认识到泥页岩与钻井液的接触导致的泥页岩水化是绝大部分井壁失稳的真正原因。C.H.Yew 和 M.E.Chenevert 于 1989 年发表了第一篇将力学与化学耦合进行定量分析井壁稳定的文献。中国学者黄荣樽和陈勉在 1995 发表了第一篇论文，研究了力学与化学耦合定量分析的井壁稳定。2000 年以后，邓金根、程远方、金衍等人利用力学与化学耦合的研究方法，提出了井壁坍塌周期的定量计算方法。

自 20 世纪以来，预测地层破裂压力的方法层出不穷，直接的方式是在现场取样，采用水压致裂的方法，但其以弹性力学为基础，要求地层性质符合一定的条件，且由于成本过高、操作过程繁琐，所以一般只在代表性地层进行。

除直接测量外，还有其他间接测量方法，如测井资料预测法，它是利用声波的全波资料确定地层的破裂压力；再如采用数学模型预测破裂压力，该方法不仅对于地层破裂的原理、误差的来源及其适用范围都有着重要的意义，而且在工程经济方面比其他方法成本低，在工程施工之前有着不可替代的作用。

最早致力于地层水压致裂研究的是 Hubbert 及 Willis，他们认为地层破裂压力与岩石上覆岩层压力有关；1967 年，Haimson、Faishurst 提出了新的破裂压力预测模型，考虑了压裂液向地层达西渗流对地层破裂的影响，认为地层破裂是由井壁应力集中引起的，与地层孔隙度相关；而在 1969 年，Eaton 提出上覆岩层压力梯度不是一个常数，而是与深度变化有关的函数，并以岩石泊松比函数来代表基岩应力系数；Stephen 在 1982 年提出的破裂压力模型与地层构造运动有关，并假设地层构造应力是均匀的。

而在国内，1984 年，黄荣樽考虑了岩石抗张强度对地层破裂压力的影响。2002 年，邓金根根据线性孔隙弹性理论，对岩石非线性特性对应力的影响进行了修正，将 Biot 弹性系数考虑进新的破裂压力模型中。2005 年，陈勉和金衍根据孔隙弹性理论，考虑非连续弱面结构特征，建立了井壁围岩沿裂缝张开、沿裂缝错动和本体破裂的三种力学模型，根据三者取值最小作为该地层的破裂压力，该破裂压力预测模型为裂缝性地层压力预测、水力压裂起裂压力确定提供了重要的依据。

思考题

1. 简述钻井液密度窗口及其对井壁稳定性的影响。
2. 简述钻井液滤液进入地层对井壁围岩稳定性的影响。
3. 分析井斜角、井斜方位变化对井壁坍塌的影响。
4. 走滑断层模式下破裂压力随井斜角的变化规律是什么?
5. 简述不同破裂压力预测模型的地层适应性。

习题

1. 某垂直井,在2000m深处上覆岩层压力为50MPa,地层压力为26.0MPa,地层岩石的泊松比为0.25。根据伊顿法计算该处地层的地层破裂压力、地层破裂压力梯度和钻井液密度的上限。

2. 某井某深处上覆岩层压力为50MPa,水平最大地应力为60MPa,水平最小地应力为40MPa,地层压力为25MPa,内聚力为1MPa,内摩擦角为30°,Biot系数为0.8,求井壁不渗透情况下该处地层的地层坍塌压力。

第8章 水力压裂

8.1 水力压裂概述

水力压裂是20世纪50年代初在美国发展起来的一种油气井增产、注水井增注的重要技术措施,迄今已广泛应用于世界各油田,为石油增产做出很大贡献,这种技术不仅适用于非常规、低渗透油气藏,而且在中、高渗油气藏的增产改造中也取得了很好的效果。

8.1.1 水力压裂的定义

液体被泵入井中,若液体的注入速度大于液体在地层中的扩散速度,则会在地层中引起高压,当这种压力高于井底附近地层岩石的破裂压力时,地层将被压开并产生水力裂缝(图8.1.1)。

裂缝产生后,泵入流体与地层的接触面积增大,液体的滤失量随之增加,当液体的注入量大于液体的滤失量时,裂缝将继续延伸和扩展(图8.1.2、彩图8.1.2)。

彩图8.1.2 水力压裂法裂缝扩展示意图

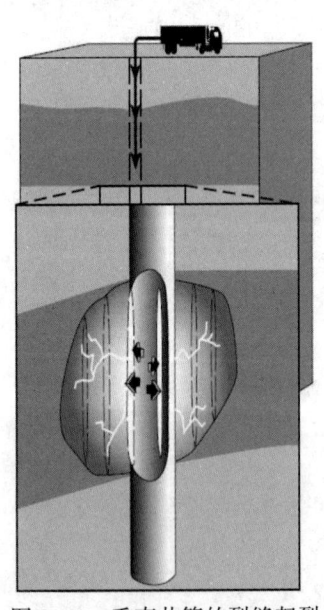

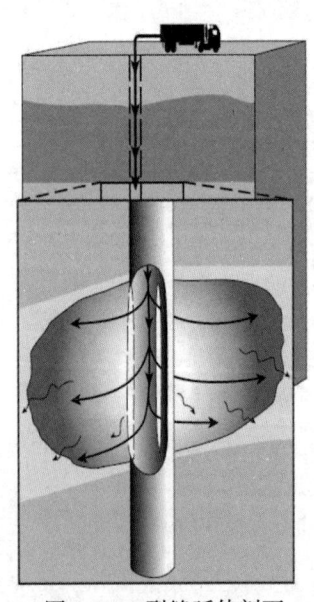

图8.1.1 垂直井筒的裂缝起裂　　图8.1.2 裂缝延伸剖面

施工结束后停止泵入液体,裂缝将会闭合。为了保持裂缝张开,需要采取措施支撑高导流能力通道。通常的方法是在压裂液中加入支撑剂,使其沉淀在裂缝中,支撑已形成的裂缝(图 8.1.3)。

最后,注入顶替液,将井筒的携砂液全部顶替进入裂缝(图 8.1.4),然后关井一段时间。缝内的压裂液通过裂缝壁面向地层滤失,最后在地层中留下一条或多条支撑裂缝。地层与井筒之间便建立起新的高导流流动通道。

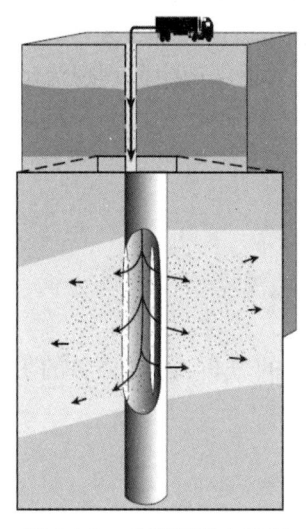 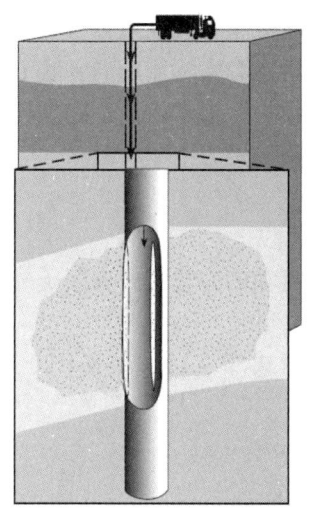

图 8.1.3　支撑剂进入裂缝　　　　　　　图 8.1.4　顶替与形成支撑裂缝

压裂过程中注入的液体称为压裂液。压裂液分为前置液、携砂液和顶替液。前置液是刚开始注入的液体,这部分液体起着压开油层、形成裂缝的作用;当裂缝形成后,注入携砂液,携砂液携带支撑剂进入裂缝,携砂液的作用为扩大和延伸裂缝并携带支撑剂进入深部地层;当加砂完毕后继续向井筒内注入压裂液以将携砂液顶替到裂缝中,这部分压裂液称为顶替液。

通过水力压裂后地层所形成的裂缝一般可以分为两类,即水平裂缝和垂直裂缝。水力裂缝一般在垂直于井壁围岩最小主应力方向起裂。

在理想状态下的岩石,裂缝垂直于最小轴应力方向扩展与延伸,也就是说,如果最小主应力是水平的,即 $\sigma_2<\sigma_1$、$\sigma_3<\sigma_1$ 时,裂缝是沿着垂直于 σ_2、σ_3 方向展开的,所形成的裂缝如图 8.1.5(a)所示;如果最小主应力是垂直的,即 $\sigma_2>\sigma_1$、$\sigma_3>\sigma_1$ 时,裂缝是沿着垂直于 σ_1 方向展开的,则所形成的裂缝是水平的,如图 8.1.5(b)所示。

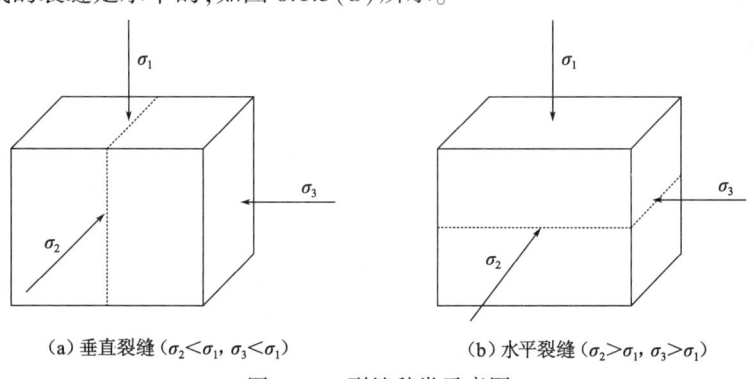

(a)垂直裂缝($\sigma_2<\sigma_1$, $\sigma_3<\sigma_1$)　　　　(b)水平裂缝($\sigma_2>\sigma_1$, $\sigma_3>\sigma_1$)

图 8.1.5　裂缝种类示意图

8.1.2 水力压裂的目的

1.穿透近井地带的伤害区

由于油气渗流通道堵塞或采取了其他作业措施,使地层原有渗透率有所改变,从而附加了流动阻力或减少了流动阻力,这种现象统称为表皮效应,其值以表皮因子 S 表示。

理想状态和实际流动的井底流压之差 Δp_s 代表着由于近井地层产生非理想流动而带来的附加压力损失。通常将这个附加压力损失称为表皮附加压力降,而表皮因子 S 定义为正比于这个压力降的阻力因子,即:

$$S = \frac{Kh}{1.842 \times 10^{-3}} \Delta p_s \tag{8.1.1}$$

理想流动的公式经表皮因子修正后,可近似代表实际流动,即:

$$\Delta p_{\text{real}} = \Delta p_{\text{ideal}} + \Delta p_s \tag{8.1.2}$$

通过对式(8.1.1)、式(8.1.2)及井筒附近伤害区渗透率的分析,得出著名的 Hawkins 方程式:

$$S = \left(\frac{K}{K_s} - 1\right) \ln \frac{r_s}{r_w} \tag{8.1.3}$$

式中 K 是未扰动油层的渗透率,而 K_s 是变异区域的渗透率。如果 $K_s<K$,则油井受到伤害,油层的渗透率降低,并且 $S>0$;如果 $K_s>K$,则 $S<0$,油层渗透率比未扰动时有所增加,说明油井已经采取了增产措施;如果 $S=0$,则井筒附近的渗透率等于原始油藏的渗透率。

水力压裂前,多种原因(如钻井液中固相颗粒或固井水泥浆造成的储层伤害)会使井筒附近的一个小范围内的储层孔隙(裂缝)堵塞,渗透率降低,油气向井筒的流动能力减弱,导致产量大幅降低,此时表皮因子 S 变为正值。

储层经过水力压裂改造后,产生的水力裂缝穿透了伤害层,降低了流动阻力,绕过了伤害层,油气产量得到了提高,此时表皮因子 S 由正值变为负值。

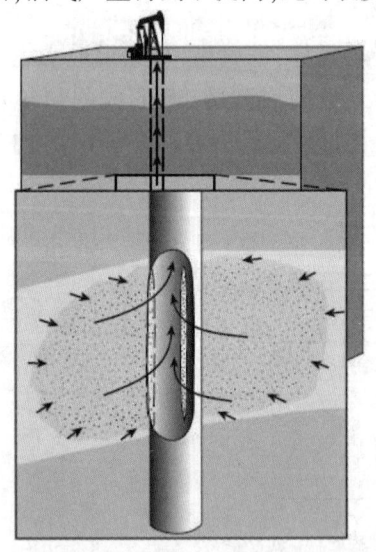

图 8.1.6 造缝增加了流动面积

2.增加与油藏的接触面积,提高油井产量

没有水力裂缝穿透的储层,在油藏压力与井底流压间的压差作用下,油气流向井筒。油气流动过程中,能量大部分消耗在克服流动阻力上。

储层经过压裂后,一条或几条被支撑剂所支撑的水力裂缝改变了储层原有的流动结构,提供了一条或几条高渗透率的油气流动通道。水力裂缝增加了渗流面积(图 8.1.6),大部分油气都是通过裂缝通道流向井筒的,流动阻力大幅降低,保证了流向井筒的流体具有较高能量,达到了增加产量的目的。

达西定律是油藏流体流动所遵循的基本规律:

$$q = \frac{Kh}{\mu} \frac{\Delta p}{\Delta x} \frac{A}{h} \tag{8.1.4}$$

式(8.1.4)表明产量 q 与地层渗透率 K、储层厚度 h、储层

液体黏度 μ、压降 Δp 和地层流动面积 A 有关。

3.改变地层中流体的流动状态

水力压裂增产增注的原理主要是降低了井底附近地层中流体的渗流阻力并改变流动状态,使原来的径向流动改变为油层与裂缝附近的单向流动和裂缝与井筒间的单向流动,大大降低了能量消耗。

8.1.3 施工泵注工序

压裂设计的目标是提供压裂液与支撑剂注入的程序。泵注工序反映的是获得理想裂缝长度的压裂液用量、黏度与获得理想导流能力的支撑剂数量和种类。

对于支撑压裂,泵注工序包含液体的选择、支撑剂的选择、前置液量的确定、与支撑剂的输送。

1.液体的选择

压裂液的选择主要考虑黏度和清洁度(压后返排),以使压后有最大的导流能力。压裂液要有足够高的黏度,砂子才可完全悬浮——这对砂子在裂缝中的分布非常有利;同时黏度也决定了压裂液的滤失性能,黏度高则滤失少,这是造长缝、宽缝的重要性能。清洁度即要求压裂液要低残渣,以免降低岩石及填砂裂缝的渗透率。

滤失性能是指压裂液渗透到地层内的能力。压裂液的滤失性能对压裂效果的影响很大。一般来说,压裂液的黏度越大,滤失量越低。对于有些压裂液,若在其中加入降滤失剂,能使压裂液在进入裂缝时在岩层表面形成很薄的滤饼,即使压裂液黏度小,滤失量也不大。所以要尽量选用滤失量较低的压裂液。当然还要考虑到压裂液与储层液体、岩石的匹配性,与储层压力的匹配性及地面泵注压力等因素。

在地层中一旦造成裂缝,液体进入缝中后,井眼附近的应力集中减弱。此后裂缝向三个方向延伸,即在裂缝的长度上、宽度上及高度上都要延伸。图 8.1.7 是压裂施工过程中比较理想的地面压力(泵压)变化曲线,它描述了从开泵到停泵后的地面压力变化。

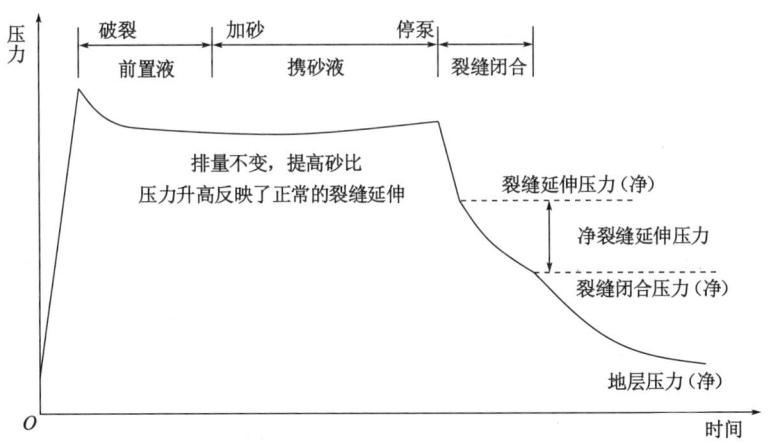

图 8.1.7 压裂施工中地面压力的变化

从图 8.1.7 可以看到,在泵注过程中,井底压力逐渐升高直至地层破裂,这正反映出水力压裂要平衡井眼周围两个水平主应力所形成的应力集中及其他应力、阻力,裂缝的开启可由压力—时间曲线中压力的突然下降表示;地层破裂后,裂缝在较低的压力下延伸,裂缝的延伸压力随着裂缝向地层内部延伸而稍有增加,这是流体在缝中流动阻力增加所致;停泵后,压力慢慢衰减。

2. 支撑剂的选择

支撑剂的选择必须考虑地层的导流能力和支撑剂的尺寸。通常较大的支撑剂会有较高的导流能力,颗粒越大,渗透率便越大。在选择支撑剂颗粒时,只要压裂设备能力满足要求,尽可能选择大颗粒支撑剂,同时颗粒要均匀。

一般可以通过嵌入压力及导流能力试验选择支撑剂,或者通过参考一些裂缝导流能力—闭合压力—支撑剂浓度曲线来确定支撑剂。

3. 前置液量的确定

前置液量决定了在支撑剂达到端部前可以获得的裂缝深度。同时,裂缝必须保证有足够的张开宽度以允许支撑剂进入。

常规施工的理想情况是:前置液全部滤失进入地层,泵注结束时支撑剂达到裂缝端部,形成充满支撑剂的裂缝,获得相当均匀的支撑宽度和足够的导流能力。

4. 支撑剂的输送

水力压裂依靠在地层裂缝中铺置支撑剂而形成一个油气渗流通道,因此压裂设计中主要考虑的是支撑剂的输送,其中包括三个方面——颗粒的沉降、对流和移动。

压裂液一般都是黏性的,其主要作用之一就是驱使支撑剂移动并流向裂缝端部,裂缝中会形成高支撑剂浓度的区域,并使支撑剂加速沉降。

8.2 水力裂缝破裂与延伸机理

水力压裂施工过程中,目的层的破裂压力、裂缝延伸压力和裂缝闭合压力是压裂施工参数设计的重要参考参数,关系到压裂施工工艺、泵组、管线、流体的配套选择及支撑剂的泵入和裂缝导流能力的维持。通过岩石力学理论的计算和压裂曲线的识别可以获取上述参数,为后续压裂施工提供有力指导。

8.2.1 岩石断裂力学

1. 岩石断裂形式

岩石的线弹性断裂力学理论是从 Griffith 脆性断裂力学理论开始,经 Orowan 修正并由 Irwin 发展起来的。Irwin 把材料断裂时的裂纹看成是位移向量的非连续表面。根据位移的形态将裂纹分为三种类型,即张开型、滑开型和撕开型,又称Ⅰ型、Ⅱ型、Ⅲ型裂纹。

(1)张开型(Ⅰ型):在垂直于裂缝面拉应力的作用下,使裂缝张开而扩展,如图8.2.1(a)所示;

(2)滑开型(Ⅱ型):在平行于裂缝表面而垂直于裂纹前缘的剪应力作用下,使裂缝滑开而扩展,如图8.2.1(b)所示;

(3)撕开型(Ⅲ型):在既平行于裂缝表面又平行于裂纹前缘的剪应力作用下,使裂纹撕开而扩展,如图8.2.1(c)所示。

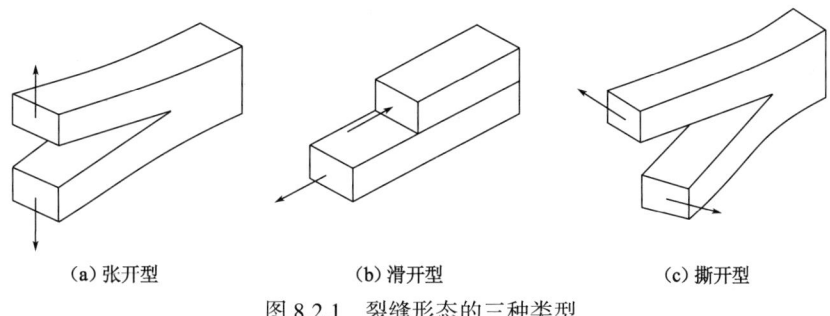

(a) 张开型　　　　　　(b) 滑开型　　　　　　(c) 撕开型

图 8.2.1　裂缝形态的三种类型

任何一种裂纹变形状态均可由这三种基本形式叠加得到,叠加得到的裂纹统称为复合型裂纹或混合型裂纹。

2. 应力强度因子

上述三种裂缝形态,在裂尖附近由于裂缝面位移很小,均存在应力集中现象,即应力奇异。应力奇异的程度可以用应力强度因子来描述。与裂缝的形态相对应,应力强度因子也存在三种类型,分别称为Ⅰ型、Ⅱ和Ⅲ型应力强度因子。由于大部分的水力裂缝由拉伸形成,即Ⅰ型裂缝,所以这里仅讨论Ⅰ型应力强度因子。

在裂缝尖端建立极坐标系,平面应变条件下的裂尖附近应力状态可表示为:

$$\left\{\begin{array}{c}\sigma_x \\ \tau_{xy} \\ \sigma_y\end{array}\right\} = \frac{K_{\mathrm{I}}}{\sqrt{2\pi r}}\cos\frac{\theta}{2}\left\{\begin{array}{c}1 - \sin\dfrac{\theta}{2}\sin\dfrac{3\theta}{2} \\ \sin\dfrac{\theta}{2}\cos\dfrac{3\theta}{2} \\ 1 + \sin\dfrac{\theta}{2}\sin\dfrac{3\theta}{2}\end{array}\right. \tag{8.2.1}$$

式中,K_{I} 为Ⅰ型裂缝应力强度因子,$\mathrm{MPa \cdot m^{0.5}}$;$\theta$ 为离开裂缝面的角度,rad;r 为离开裂缝尖端的距离,m。

在裂尖上,即 $r \to 0$ 时,可以看出应力的数值趋于无穷大,表明了裂尖处的应力奇异性,因此应力数值的大小不能作为裂缝是否延伸的依据。

Rice 给出了Ⅰ型裂缝的应力强度的计算模型:

$$K_{\mathrm{I}} = \frac{1}{\sqrt{\pi L}}\int_{-L}^{L}p(x)\sqrt{\frac{L+x}{L-x}}\mathrm{d}x \tag{8.2.2}$$

式中,L 为裂缝的半长度,m;$p(x)$ 为净压力分布,MPa。

3. 断裂韧性

断裂韧性又称临界应力强度因子,是裂缝体分析中的关键参数,可用来表征线弹性裂缝尖端场(应力和应变)的奇异性强度,其值一般与裂缝体的几何形状及所受载荷无关,是材料的一个基本属性。而岩石的断裂韧性受到多种因素的影响,如试件大小、温度等。

假设裂缝内的压力分布均匀,则可得应力强度因子 K_{I} 的简化形式:

$$K_{\mathrm{I}} = p\sqrt{\pi L} \tag{8.2.3}$$

当裂缝扩展时,延伸压力所对应的应力强度因子即为断裂韧性 K_{Ic},记为:

$$K_{\mathrm{Ic}} = p_{\mathrm{c}}\sqrt{\pi L} \tag{8.2.4}$$

4.断裂准则

根据线弹性断裂力,当应力强度因子大于断裂韧性时,岩石发生拉伸断裂,裂缝才继续延伸,即:

$$K_{\mathrm{I}} = K_{\mathrm{Ic}} \tag{8.2.5}$$

式(8.2.5)为Ⅰ型裂缝的断裂准则。

8.2.2 地层破裂压力

地层破裂压力是为使地层产生水力裂缝或张开原有裂缝时的井底流体压力。地层破裂压力与岩石弹性性质、孔隙压力、天然裂缝的发育情况及该地区的地应力等因素有关。地层破裂压力与深度的比值即为破裂压力梯度。地层破裂压力是确定井下管柱、井下工具、井口装置压力极限的主要依据。

根据地层破裂压力可以确定压裂施工时的最高地面泵注压力、泵注排量和需要的设备功率。根据破裂压力梯度可以大致推断水力裂缝的形状。压出水平裂缝所需要的破裂压力梯度值应等于或大于上覆岩层的梯度值,而产生垂直裂缝的破裂压力则要小很多。

8.2.3 裂缝延伸压力

裂缝延伸压力是水力裂缝在长、宽、高三个方向扩展所需要的缝内流体压力。延伸压力一般大于比闭合压力,且与裂缝大小及压裂施工有关。地层破裂后,裂缝在比破裂压力低的压力下向地层深处延伸,随着流体在缝中流动阻力的增加,裂缝延伸压力也随之逐渐增大。

裂缝延伸压力的变化反映了水力裂缝在延伸过程中可能发生的变化,所以可用来指导现场的施工工作。

8.2.4 裂缝闭合压力

裂缝闭合压力是指开始张开一条已存在的裂缝所必需的流体压力或使裂缝恰好保持不至于闭合所需要的流体压力。这一压力与地层中垂直于裂缝面上的最小主应力大小相等、方向相反。闭合压力小于开始形成裂缝时所需要的破裂压力,并始终小于裂缝的延伸压力,即使产层存在天然裂缝也是同样的结果。

裂缝闭合压力是所有压裂压力分析的参考或基准压力,其数值相当于油藏渗流分析中的原始地层压力,是压裂设计和效果评价的重要参数。

8.3 裂缝形态及其影响因素

砂岩储层均质、连续,水力裂缝一般呈椭圆形双翼缝形态,一般沿垂直于最小水平地应力的方向延伸。在煤岩、页岩、碳酸盐岩或者发育天然裂缝的砂岩储层中存在大量不连续面,储层非均质性强,水力裂缝形态受天然裂缝的影响显著,常形成复杂裂缝网络,对裂缝网络的控制和规模改造是非均质储层研究的重要课题。

8.3.1 地应力对裂缝形态的影响

在地层中的岩石单元处于三向应力状态,即两个垂直并不相等的水平主应力(σ_x、σ_y,假定$\sigma_x>\sigma_y$)和一个垂直主应力σ_z,如图8.3.1所示。水力压裂裂缝的形态取决于地层中地应力的相对大小和方向。地层在进行压裂施工时,在储层中形成何种类型的裂缝,取决于地层中垂向应力和水平应力的相对大小。

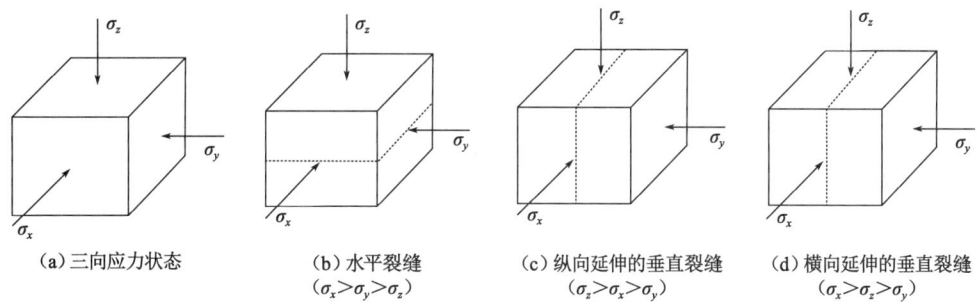

图 8.3.1　地应力状态与压裂裂缝形态关系图

水力裂缝总是沿阻力最小的路径发展,即水力裂缝在垂直于最小主应力的平面上产生和延伸。因此,油水井压裂时,水力裂缝的形态取决于油层中三向应力的相对大小。具体的压裂缝的产状和扩展方式如下:

(1)当应力状态为$\sigma_x>\sigma_y>\sigma_z$时,如图8.3.1(b)所示,将会出现垂直于$\sigma_z$的水平裂缝,其扩展方向为径向。这类破裂最可能沿地层中纹层面、层理面等近水平产状的力学薄弱面进行破裂和扩展,这类井的压裂效果一般不太好。

(2)当应力状态为$\sigma_z>\sigma_x>\sigma_y$时,如图8.3.1(c)所示,产生垂向张破裂,而且主扩展方向与σ_z平行。该类破裂,纵向上扩展能力强,横向扩展能力相对较弱,即产生纵向延伸的垂直裂缝,这类井的压裂效果一般。

(3)当应力状态为$\sigma_x>\sigma_z>\sigma_y$时,如图8.3.1(d)所示,产生垂直张破裂,而且主扩展方向与σ_x平行。该类破裂的纵向扩展能力弱,横向裂缝扩展能力很强,即产生横向延伸的垂直裂缝,这类压裂井的压裂效果相对较好。

8.3.2 天然裂缝和层理面对裂缝网络形态的影响

1.水力裂缝与天然裂缝的交互作用机制

现场水力压裂施工时,储层中的天然裂缝往往对水力裂缝扩展路径有着显著的影响。水力裂缝遇到天然裂缝后常表现出3种行为:(1)穿透天然裂缝;(2)张开天然裂缝;(3)沿着天然滑移面扩展。

2.水力裂缝与天然裂缝的相互作用形态

天然裂缝对水力裂缝的干扰行为主要表现为以下三种结果:(1)水力裂缝直接穿透天然裂缝;(2)水力裂缝转向沿着天然裂缝缝面扩展;(3)水力裂缝转向穿透天然裂缝,如图8.3.2所示。

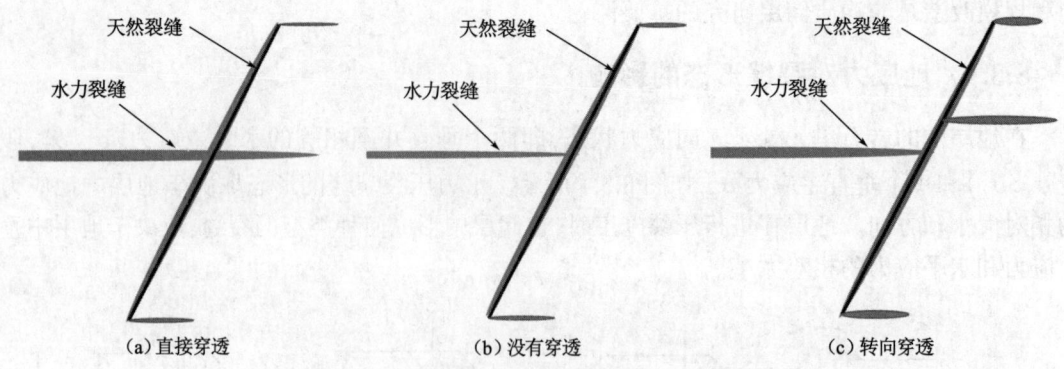

(a)直接穿透　　　　　(b)没有穿透　　　　　(c)转向穿透

图 8.3.2　水力裂缝与天然裂缝相互作用的三种状态示意图

在图 8.3.2(a)中,水力裂缝遇到天然裂缝后,没有改变传播方向,继续沿着原路径进行扩展,将此种状态定义为直接穿透天然裂缝;在图 8.3.2(b)中,水力裂缝遇到天然裂缝后,转向沿着天然裂缝面扩展,到达天然裂缝面的端部后,才恢复原来的传播路径,将此种状态定义为没有穿透天然裂缝;在图 8.3.2(c)中,水力裂缝遇到天然裂缝后,首先转向沿着天然裂缝面扩展,一段距离(没有到达天然裂缝面的端部)后再转向沿着原路径进行扩展,将此种状态定义为转向穿透天然裂缝。

3. 水力裂缝与层理面的交互作用形态

层理面一般与岩层的倾角、倾向和走向一致,因此在水力压裂过程中,层理面一般垂直于水力裂缝缝高方向。水力裂缝与层理面的交互作用机制和天然裂缝相似,但层理面主要影响水力裂缝缝高方向扩展,天然裂缝则主要影响水力裂缝缝长方向扩展。

水力裂缝与层理面发育的储层相互作用形态如图 8.3.3 所示,图中竖直方向的水力裂缝会在扩展过程中激活多条平行于水平井筒的层理面。

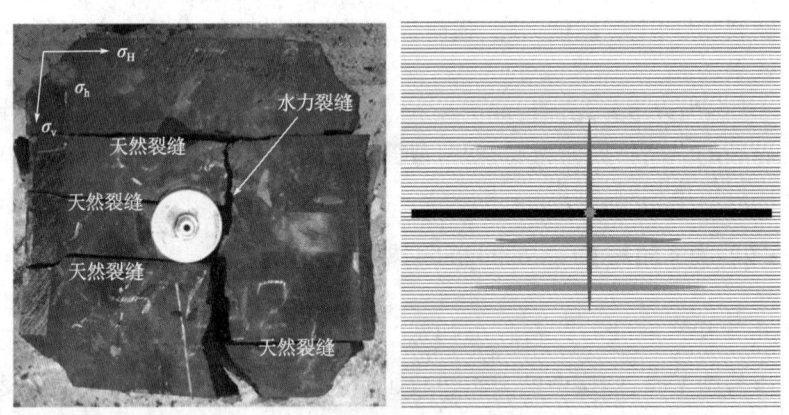

图 8.3.3　水力裂缝与层理面交互作用形态

4. 网络裂缝的形成

水力压裂在均质各向同性储层中一般形成双翼缝,裂缝形态规则。但在断层、天然裂缝、层理面、节理面发育的储层中,在上述水力裂缝与天然裂缝交互作用机制的约束下便会形成复杂裂缝网络(图 8.3.4)。在水平井多段多簇压裂施工条件下,复杂的井间和缝间应力干扰会显著增加网络裂缝的复杂程度。

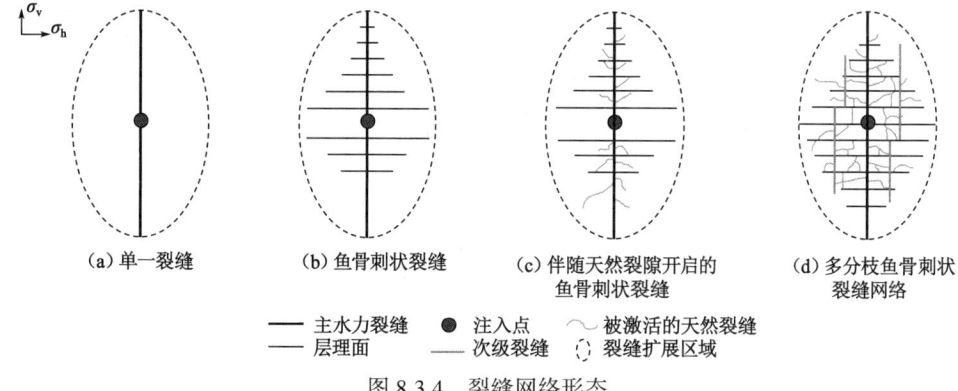

(a) 单一裂缝　　(b) 鱼骨刺状裂缝　　(c) 伴随天然裂隙开启的鱼骨刺状裂缝　　(d) 多分枝鱼骨刺状裂缝网络

── 主水力裂缝　● 注入点　～ 被激活的天然裂缝
── 层理面　── 次级裂缝　⚬ 裂缝扩展区域

图 8.3.4　裂缝网络形态

8.4　水力压裂的裂缝模型

水力裂缝形态的研究是水力压裂技术研究领域的重要课题,它是储层增产增注的关键,因为水压裂缝的几何形态(长、宽、高)是影响压裂效果的主要因素。在研究水力裂缝几何形态的过程中,使用的模型分为二维模型、拟三维模型和全三维模型三大类。水力压裂裂缝模型的构建丰富了水力压裂的研究方法,为水力压裂工艺技术的进步提供了充足的理论支撑。

8.4.1　理论模型

1. 二维模型

1) PKN 模型

Perkins 和 Kern 于 1961 年建立了垂直缝扩展模型,Nordgren 在 1972 年对该模型做了进一步改善,考虑了流量沿裂缝的变化,故称为 PKN 模型,如图 8.4.1 所示。

PKN 模型假设在储隔层界面上不产生滑移,因此裂缝的形状是椭圆形的。该模型的假设条件是:

(1) 缝高为常量;
(2) 压裂液为牛顿流体,沿缝长一维流动;
(3) 裂缝纵向、横向呈椭圆形;
(4) 垂向上无流动,裂缝垂直截面中压力恒定;
(5) 沿裂缝长度各点处的应力状态与其他位置的压力分布无关。

椭圆形的裂缝宽度与裂缝高度、净压力及岩石弹性参数有关:

$$w(x,t) = \frac{(1-v)h_f(p-\sigma_h)}{G} \tag{8.4.1}$$

式中,$w(x,t)$ 为裂缝宽度,m;v 为岩石泊松比;h_f 为裂缝高度,m;p 为裂缝内压力,MPa;σ_h 为水平最小地应力,MPa;G 为岩石剪切模量,MPa。

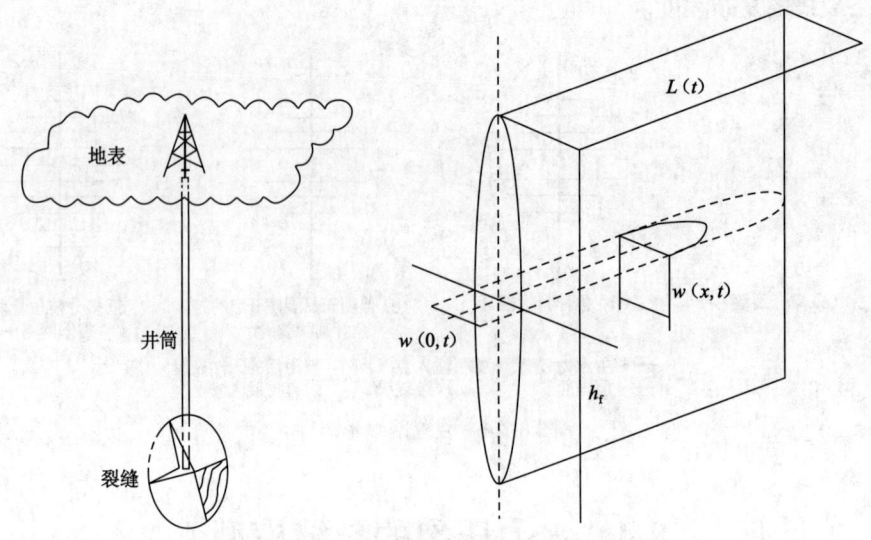

图 8.4.1　PKN 模型裂缝几何示意图

流体沿缝长方向的压力梯度为：

$$\frac{\partial(p-\sigma_h)}{\partial x} = -\frac{64}{\pi}\frac{q\mu}{w^3 h_f} \tag{8.4.2}$$

式中，q 为排量，m^3/s；μ 为压裂液黏度，$Pa \cdot s$。

将式(8.4.1)代入式(8.4.2)，再考虑连续性方程，可得宽度表达式：

$$w(x,t) = w(0,t)(1-x/L)^{1/4} \tag{8.4.3}$$

式中，L 为裂缝半长，m。

井筒处的裂缝宽度为：

$$w(0,t) = \sqrt[4]{\frac{256}{\pi}\mu\frac{(1-\upsilon)}{G}q_0 L} \tag{8.4.4}$$

式中，q_0 为注入排量，m^3/s。

2) KGD 模型

1955 年 Khristianovitch 和 Zheltov 提出 KGD 最初模型，1980 年 Geertsma 和 Deklerk 在 Khristianovitch、Zheltov 研究成果的基础上提出了裂缝动平衡的概念，并提出了裂缝扩展和延伸模型，简称 KGD 模型，如图 8.4.2 所示。

KGD 模型假设在边界层面上产生滑移，因此裂缝的形状是矩形。KGD 模型的假设条件是：

(1) 缝高为常量；
(2) 压裂液为牛顿流体，沿缝长一维流动；
(3) 裂缝以矩形断面从一个线源向外线性延伸；
(4) 沿缝长的压力分布遵循层流牛顿流体在窄矩形缝中的流动方程。

沿缝长方向的压力梯度方程为：

$$p(0,t) - p(x,t) = \frac{12\mu q_0}{h_f}\int_0^x \frac{1}{w^3(x,t)}dx \tag{8.4.5}$$

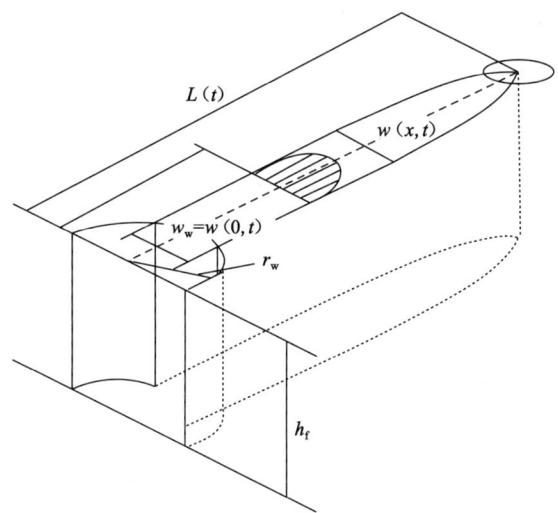

图 8.4.2　KGD 模型裂缝几何示意图

缝口处裂缝宽度为：

$$w(0,t) = \frac{2(1-v)L(p_\mathrm{f} - \sigma_\mathrm{h})}{G} \tag{8.4.6}$$

由于假设水平方向裂缝面为近似椭圆,可以得到任意位置处的裂缝宽度 $w(0,t)$ 的表达式。将缝宽表达式代入压力梯度方程中,便可得到该模型的长度表达式：

$$L(t) = 0.68\left[\frac{Gq_0^3}{\mu(1+v)h_\mathrm{f}^3}\right]^{1/6} t^{2/3} \tag{8.4.7}$$

3）Penny 模型

当水力裂缝的长度和半高度接近时,应当采用 Penny 模型。该模型假设裂缝形态为半圆形,流体流动符合径向流规律,界面处不存在滑动。

Penny 模型与 GKD 模型和 PKN 模型的不同之处是流体压力梯度方程：

$$p = p_0 - \frac{6\mu q_0}{\pi w^3}\lg(r/r_\mathrm{w}) \tag{8.4.8}$$

$$\overline{w} = 2.24\left(\frac{\mu q_0 r}{E'}\right)^{1/4} \tag{8.4.9}$$

式中,p_0 为井筒井底压力,MPa；$\overline{w}$ 为裂缝的平均缝宽,m；r 为地层距井轴的距离,m；r_w 为井筒半径,m；E' 为岩石的弹性模量,MPa。

根据体积守恒定律,可求得该模型的裂缝半径。

2.三维模型

1）拟三维模型

拟三维模型同时考虑裂缝的三维延伸和裂缝中的一维(也可能是二维)流动问题。它假设裂缝按椭圆形状向前延伸,且多为垂直裂缝,并考虑了压裂过程中裂缝高度的变化。

Van Eekelan 于 1982 年提出用固定缝高的 PKN 模型计算裂缝的横向扩展速度,用 KGD 模型计算垂向延伸速度，通过修正的弹性模量来考虑产层、隔层的弹性模量和厚度对裂缝的延伸影响。Advani 等人利用有限元方法研究了层状对称介质中裂缝的垂向延伸问题和层状介质承受非均匀地应力时裂缝扩展问题。Cleary、Settari 等在 PKN 模型和 KGD 模型的基础上提出了裂缝自相似扩展的假说，发展了 PKNC 综合模型和 KZGD 综合模型，用 KZGD 综合模型模拟裂缝垂向扩展，用 PKNC 综合模型模拟侧向扩展，形成了拟三维模型，并用有限差分方法进行了求解。

Palmer 和 Carrol 等人于 1985 年提出了一个比较完善的拟三维模型。该模型考虑了地层垂直方向上各层中最小水平地应力的差异。用 PKN 模型中的压降方程描述裂缝中的压力分布情况，在各段的横截面上应用断裂力学中的裂缝延伸判据建立裂缝的高度方程，并建立了包含缝高和缝内净压的裂缝宽度分布方程。其不足之处是没有考虑各层间岩石的弹性模量和断裂韧度的差异，且注入排量不随时间变化。

对于均质、各向同性的线弹性岩石，拟三维模型中的裂缝宽度 $w(x,y)$ 与净压力 $\Delta p(x,y_0+y')$ 的关系为：

$$w(x,y) = \int_{-h/2}^{h/2} \Delta p(x, y_0 + y') \left[\frac{1-\nu}{\pi G} \ln R_y(y, y') \right] \mathrm{d}y' \quad (8.4.10)$$

$$R_y(y,y') = \frac{\sqrt{(h/2+y')(h/2+y_0-y)} + \sqrt{(h/2-y')(h/2+y-y_0)}}{\sqrt{(h/2+y')(h/2+y_0-y)} - \sqrt{(h/2-y')(h/2+y-y_0)}} \quad (8.4.11)$$

式中，y 为以产层中部高度为坐标原点测定的值，m；y' 为以裂缝中部高度为坐标原点测定的值，m；h 为产层高度，m；ν 为岩石泊松比；G 为岩石剪切模量，MPa。

缝高方向应力强度因子为：

$$K_1^{a,b} = \frac{1}{\sqrt{\pi h/2}} \int_{-h/2}^{h/2} \Delta p(x, y_0 + y') \sqrt{\frac{h \pm 2y'}{h \mp 2y'}} \mathrm{d}y' \quad (8.4.12)$$

拟三维模型中假设流体为一维流动，则：

$$Q(x,t) = \int_{-h/2}^{h/2} \left(\frac{w^{2n'+1}}{\eta'} \frac{\partial p}{\partial x} \right)^{1/n'} \mathrm{d}y' \quad (8.4.13)$$

式中，n' 为流态指数；$Q(x,t)$ 为通过裂缝截面液体的体积流量，m^3/s；η' 为视黏度，$Pa \cdot s$；a、b 为指裂缝的上下段。

压降方程为：

$$\frac{\partial p}{\partial x} = \frac{\eta' Q(x,t)^{n'}}{\int_{-h/2}^{h/2} w^{(2n'+1)n'} \mathrm{d}y'} \quad (8.4.14)$$

质量守恒方程为：

$$-\frac{\partial Q(x,t)}{\partial x} = Q_L(x,t) + \frac{\partial A_e(x,t)}{\partial t} \quad (8.4.15)$$

式中，$Q_L(x,t)$ 为单位长度裂缝液体的体积滤失量，m^3/s；$A_e(x,t)$ 为裂缝面积，m^2。

同时求解质量守恒与压降方程，可得到压力与缝内流量分布。

拟三维模型能反映裂缝的三维形态，比二维模型更接近实际，其计算速度快，但不足之处是大都采用二维弹性理论推导裂缝的宽度方程，未能真实地反映岩石的三维变形本质，这样在裂缝垂向延伸较大的情况下是不适用的。

2)全三维模型

全三维模型是从三维岩石变形和二维流动出发来建立的裂缝控制方程,把地层的弹性状态看作是位置的函数,忽略流体沿裂缝宽度方向的流动,而考虑缝长和缝高两个方向上的流动,同时认为流体在裂缝中的流动为定常层流流动。因此,全三维模型比较真实地反映了裂缝延伸的实际情况。

全三维模型需要较多的数学和力学基础,由于涉及因素复杂,多用于室内研究。全三维模型包括缝宽压力弹性关系、二维流动方程等。

(1)缝宽压力弹性关系:

$$\Delta p(x,y) = \frac{G}{4\pi(1-v)} \iint_{A'} \nabla w \cdot \nabla (1/R) \mathrm{d}A' \quad (8.4.16)$$

$$R = \sqrt{(x-x')^2 + (y-y')^2} \quad (8.4.17)$$

式中,A'为裂缝微元面积,m^2;x、y为压力作用点,m;x'、y'为被积函数积分点,m。

(2)二维流动方程:

$$\frac{\partial q_x}{\partial x} + \frac{\partial q_y}{\partial y} = -q_L - \frac{\partial w}{\partial t} \quad (8.4.18)$$

其中

$$q_L = \frac{2C_L}{\sqrt{t - \tau(x,y)}}$$

式中,q_L为滤失速度,m/s;q_x为在y方向单位长度上沿x方向的体积流量,m^3/s;q_y为在x方向单位长度上沿y方向的体积流量,m^3/s。

3.各种模型的比较

现有各种模型都以准静态处理裂,都假设地层是线弹性的,利用岩石的断裂韧性建立裂缝延伸准则;都不考虑天然裂缝对人工裂缝的影响,在裂缝张开和流体流动方程中忽略惯性项对流体运动的影响。

二维(PKN、KGD)、拟三维和全三维模型的主要差别是裂缝的扩展和裂缝内的流体流动方式不同,在应用中也有很多差异:

(1)二维和拟三维模型被广泛地用于获得裂缝的几何形状,二维模型与拟三维、全三维模型的主要区别是在二维模型中裂缝的高度是固定的。裂缝高度恒定的假设本身可能就是一个较大的误差来源。

(2)在拟三维模型中,裂缝高度不定且随着产层最小应力的变化而变化。然而在拟三维模型中材料的性质假设为常数;流体沿着裂缝的流动及沿着裂缝的压力分布计算经过简化处理。

(3)全三维模型应用广泛,但仅能模拟平面裂缝。用全三维模型对储层模拟时应考虑天然裂缝与水力裂缝之间的关系。

8.4.2 压裂液的流动与滤失

在压裂施工的全过程中,需要考虑压裂液在地层中的流动方式及它的滤失情况,这对水力裂缝的扩展和延伸具有决定性作用。

1.压裂液流变曲线

在目前常见的压裂液中,除了水、活性水、油以外,凡是使用各种高分子聚合物增稠或交联的油基或水基压裂液,在其流动性特征上均有不同程度的非牛顿流体的性质。它们的剪切应力与剪切速度之间的关系,受剪切引起的内部分子结构变化的影响。

1)牛顿流体

牛顿流体的剪切应力 τ 与剪切速率 $\dot{D}$ 的关系为:

$$\tau = \mu \dot{D} \tag{8.4.19}$$

式中,比例常数 μ(黏度)不随剪切速率的变化而改变。

2)幂律流体

幂律流体(假塑性流体)的剪切应力与剪切速率不呈线性关系,为上凸曲线。其流变方程为:

$$\tau = K \dot{D}^n \tag{8.4.20}$$

式中,n 为流态指数,$n<1$;K 为稠度系数,$dyn \cdot s^2/cm^2$。

幂律流体曲线,随剪切速率的增加,其斜率变小。

3)宾汉型流体

宾汉型流体具有屈服值,加上一定的应力才开始流动,然后像牛顿流体一样,剪切应力与剪切速率呈线性关系。沥青、一些乳状液、泥浆具有这种流变性。宾汉型流体的流变方程为:

$$\tau = \tau_y + \mu \dot{D} \tag{8.4.21}$$

式中,τ_y 为屈服剪应力,Pa。

2.压裂液的滤失

压裂液的滤失是指压裂液在裂缝与储层的压差作用下,向储层中的流失。这个过程主要受三种因素的控制,即压裂液的黏度、地层流体的压缩性、压裂液的造壁能力。

(1)受压裂液黏度控制的滤失系数 C_1。当压裂液的黏度较大时,压裂液的滤失速度主要取决于压裂液的黏度,滤失系数定义为:

$$C_1 = \left(\frac{K\Delta p \phi}{2\mu_a}\right)^{1/2} \tag{8.4.22}$$

式中,K 为地层垂直于裂缝壁面的渗透率,m^2;ϕ 为地层孔隙度;Δp 为裂缝内外的压差,Pa;μ_a 为压裂液在缝内流动条件下的视黏度,$Pa \cdot s$。

(2)受地层流体压缩性控制的滤失系数 C_2。当压裂液的黏度较小时,压裂液的滤失主要取决于地层流体的压缩性,滤失系数定义为:

$$C_2 = \Delta p \left(\frac{KC_L \phi}{\pi \mu_a}\right)^{1/2} \tag{8.4.23}$$

式中,C_L 为油藏的综合压缩系数,$(kPa)^{-1}$。

(3)具有造壁性压裂液的滤失系数 C_3。有的压裂液具有很好的造壁性,其中添加有防滤失剂(硅粉或沥青粉等),能在壁面上形成滤饼,有效地降低滤失速度,其滤失系数 C_3 由试验确定。

(4)综合滤失系数 C。压裂液滤失同时受上述三种机理的控制,综合滤失系数 C 与各滤失系数的关系如下:

$$\frac{1}{C} = \frac{1}{C_1} + \frac{1}{C_2} + \frac{1}{C_3} \tag{8.4.24}$$

8.4.3 水力压裂的数值模拟

水力压裂的数值模拟旨在拓展裂缝起裂及扩展的研究方法,在现场测试和室内实验之外,数值模拟方法可以更加灵活地分析现有工况下裂缝扩展规律和缝网展布形态,也可以基于验证后的模型拓展研究其他工况下的储层改造效果,进而弥补现场测试和室内实验的局限性,模拟结果可以用于指导水力压裂优化设计。

水力压裂的数值模拟首要先建立针对具体工程问题的地质模型,地质模型应充分体现所研究储层的产状、井眼相对位置及岩石的力学性质;之后根据井下真实地应力状态和地层压力赋予地质模型相应边界条件及初始条件;在模型运行的过程中应采用适当的流固耦合计算方法,反应压裂液与岩体的相互作用。数值模拟结束后提取相应数据体,对裂缝的形态参数、地应力场变化、压裂曲线等进行定量化分析。更多的水力压裂数值模拟如视频 8.4.1、视频 8.4.2 所示。

视频 8.4.1 水力裂缝动态扩展(由 Lawrence Livermore National Laboratory, Livermore 付鹏程提供)

视频 8.4.2 水力裂缝动态扩展[由中国石油大学(北京)侯冰、刘伟共同提供]

8.5 小型压裂

对于一个典型的压裂施工(包括小型压裂),可得到施工压力随压裂时间的变化曲线(图 8.5.1)。小型压裂与常规压裂相比,其泵入液体的体积相对较小。通常在进行主压裂施工之前先进行小型压裂测试,得到破裂压力、闭合压力、滤失系数等参数值,为主压裂施工提供依据。一般用含 2% 的 KCl 盐水作为小型压裂测试的压裂液,加入凝胶可以减少液体滤失。

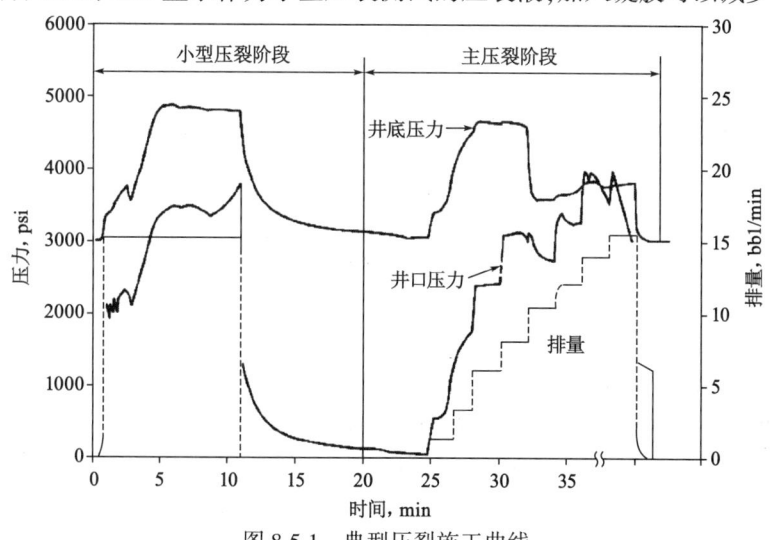

图 8.5.1 典型压裂施工曲线

8.5.1 小型压裂的基本依据

1. 水力裂缝中液体的流动压降

水力裂缝内压力梯度决定于压裂液的流变性、流速和缝宽。缝内液体流动的控制方程可由平板流动的力平衡条件推导得到。压裂液的流变性通常用幂律流体来表征。在大多数压裂应用中,液体在缝中可视为层流流动,沿缝长方向的压力梯度可表示为:

$$\frac{\mathrm{d}p}{\mathrm{d}x} \propto \frac{K v_x^n}{\overline{w}^{1+n}} \tag{8.5.1}$$

式中,$\mathrm{d}p/\mathrm{d}x$ 为压力梯度;K 为稠度系数,$\mathrm{Pa \cdot s}^n$;n 为液态指数;$\overline{w}$ 为高度方向上的平均缝宽,m;v_x 为沿缝长方向上的平均流体,由泵注排量 q_i、裂缝高度 h_f 及高度方向上的平均缝宽来决定,即 $v_x \propto q_i/(\overline{w} h_f)$。

在压裂液为牛顿流体($n=1$ 和 $K=\mu$,μ 为压裂液黏度)的情况下,式(8.5.1)可简化为:

$$\frac{\mathrm{d}p}{\mathrm{d}x} \propto \frac{\mu}{\overline{w}^2} \left(\frac{q_i}{\overline{w} h_f} \right) \tag{8.5.2}$$

2. 物质平衡

假设压裂液不可压缩,在不考虑延伸模型的情况下,可基于物质平衡进行压力分析。定义施工效率 η 为泵注结束时的造缝体积 V_{fp} 与累积注入体积 V_i 之比,即:

$$\eta = \frac{V_{\mathrm{fp}}}{V_i} \tag{8.5.3}$$

泵注结束时,体积 V_i 等于 V_{fp} 加上泵注期间滤失至地层的累积液量 V_{Lp},即:

$$V_i = V_{\mathrm{fp}} + V_{\mathrm{Lp}} \tag{8.5.4}$$

在停泵后任一时刻 Δt,裂缝体积为:

$$V_{\mathrm{f}}(\Delta t) = V_{\mathrm{fp}} - V_{\mathrm{Ls}}(\Delta t) \tag{8.5.5}$$

式中,$V_{\mathrm{Ls}}(\Delta t)$ 为停泵后 Δt 时间内压裂液滤失到地层内的体积,m^3。

多数情况下,小型压裂不加入支撑剂,裂缝闭合后压裂液将全部滤失入地层。

3. 岩石弹性变形

在小型压裂过程中,裂缝宽度方程符合线弹性平面应变假设。若假设在小型压裂过程中形成的是径向裂缝,其尺寸可表示为:

$$\overline{w} = \frac{16(\overline{p}_{\mathrm{f}} - \sigma_{\min})R}{3\pi E'} \tag{8.5.6}$$

$$w_{\max} = \frac{3}{2} \overline{w} \tag{8.5.7}$$

式中,$\overline{w}$ 为平均裂缝宽度,m;$\overline{p}_{\mathrm{f}}$ 为平均裂缝压力,MPa;$\sigma_{\min}$ 为最小主应力,MPa;R 为裂缝半径,m;E' 为平面应变模量,MPa;$w_{\max}$ 为最大裂缝宽度,m。

以上方程表明,只有当 $\overline{p}_{\mathrm{f}} > \sigma_{\min}$ 时,裂缝宽度才大于零。在裂缝未支撑的理想情况下,有效闭合压力 p_c 为:

$$p_c = \sigma_{\min} \tag{8.5.8}$$

式中,p_c为闭合压力,MPa。

这是通过水力压裂测试最小地应力的基础,也是小型压裂的目的之一。

8.5.2 根据小型压裂确定地层与裂缝参数

平均裂缝宽度与流体净压力p_n相关:

$$\bar{w} = c_f p_n = c_f(p_w - p_c)$$
$$p_n = p_w - p_c \tag{8.5.9}$$

式中,c_f为裂缝柔度,m/MPa;p_w为裂缝内流体压力,MPa;p_c为裂缝的闭合压力,MPa。

1. 滤失系数

假定c_f为常数,则连续性方程表明在关井与裂缝闭合这段时间内,流体滤失速率与裂缝体积改变速率相等:

$$-\frac{dV_f}{dt} = -A_f \frac{d\bar{w}}{dt} \tag{8.5.10}$$

将式(8.5.9)代入式(8.5.10),同时考虑$q = \frac{dV_f}{dt} = \frac{2Cf_p A_f}{\sqrt{t_0}} f(t_D)$,有:

$$-\frac{dp_n}{dt} = \frac{2Cf_p A_f}{C_t \sqrt{t_0}} f(t_D) \tag{8.5.11}$$

式中,V_f为裂缝体积,m³;A_f为裂缝面积,m²;C为滤失系数,m/min$^{0.5}$;f_p为前置液体积分数;t为滤失时间,min;t_0为参考时间,min;t_D为无量纲时间。

式(8.5.11)表明流体的滤失系数与净压力降成比例,在给定的时间t^*到t内对式(8.5.11)进行积分,得出以下压力差方程:

$$\Delta p_n(t_D^*, t_D) = \frac{2Cf_p \sqrt{t_0}}{c_f}[g(t_D) - g(t_D^*)] \tag{8.5.12}$$

并定义:

(1)当$G(t_D, t_D^*) = \frac{4}{\pi}[g(t_D) - g(t_D^*)]$时:

$$p^* = \Delta p_n(t_D^*, t_D) \tag{8.5.13}$$

(2)当$G(t_D, t_D^*) = 1$时:

$$p^* = \frac{\pi C f_p \sqrt{t_0}}{2c_f} \tag{8.5.14}$$

则可求得滤失系数C:

$$C = \frac{2p^*}{\pi f_p \sqrt{t_0}} c_f = \frac{\beta p^*}{f_p \sqrt{t_0} E'} \begin{bmatrix} h_f \\ L \\ \frac{32}{3\pi^2} R \end{bmatrix} \tag{8.5.15}$$

式中,t_D^*为给定的无因次时间;p^*为净压力降,MPa;β为平均净压力与井筒压力的比值;L为裂缝半长,m。

2.闭合压力

在通过小型压裂获得闭合压力的过程中,除了直接在压力曲线上读取闭合压力数值之外,更普遍采用的方法是 Nolte 的 G 函数法。该方法的基本思路是根据实际的压力数据序列按照 Nolte 提出的步骤进行处理后,进行绘图,横坐标为 G 函数时间,纵坐标分别为压力、压力导数及其乘积,根据压力和压力导数的乘积随 G 的变化规律确定闭合压力。

8.6 水力压裂物理模拟实验装置

水力压裂模拟试验是认识裂缝扩展机理的重要手段,通过模拟地层条件下的压裂试验,可以对裂缝扩展的实际物理过程进行监测,并且对形成的裂缝进行直接观察。这对于正确认识特定层位水力裂缝扩展的机理,并在此基础上建立更合理实际的数值模型具有重要的意义。下面主要介绍中国石油大学(北京)的水力压裂物理模拟的实验装置。

中国石油大学(北京)岩石力学实验室设计组建了一套大尺寸真三轴模拟实验系统。模拟压裂实验系统由大尺寸真三轴试验架、MTS 伺服增压器、Locan AT14 声发射仪、稳压源、油水隔离器及其他辅助装置组成。其整体结构如图 8.6.1 所示(视频 8.6.1)。

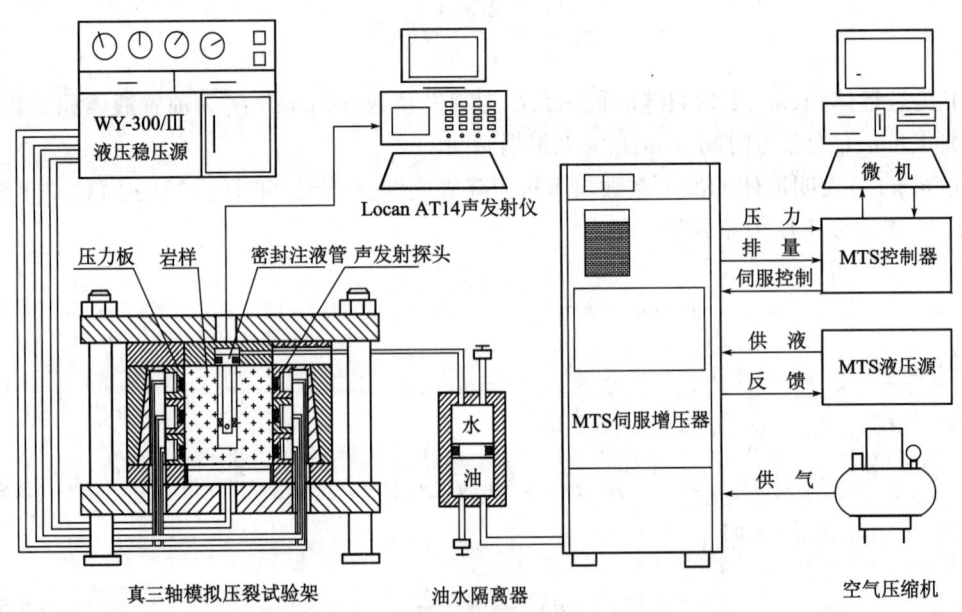

图 8.6.1 水力压裂模拟实验设备整体结构示意图

视频8.6.1 真三轴水力压裂物理模拟实验讲解

实验过程中在试样四周及底面采用扁千斤顶施加刚性载荷来模拟水平最大、最小及垂向地应力,各应力值由稳压源通过液压向偏千斤顶施加,最大施加值可达 30MPa。压裂过程中通过 MTS 伺服增压器将油水分离器中的压裂液注入试样内形成高压,其注入速率和总注入量可由 MTS 控制器控制,同时,模拟过程中压裂压力及排量随时间的变化可由数据采集系统进行记录。

模拟实验装置实物如图 8.6.2 所示。实验时,先将试样放入实验架,安装声发射探头,然后安装围压板和其他部件。试样安装完毕后,由液压稳压源施加三向围压,再根据选定的泵排量向模拟井筒注压裂液,直到试样破裂。在开始泵注压裂液的同时启动声发射仪器监测泵注过程中的声发射信号,并记录泵注压力、排量等参数。试样破裂后观察水力裂缝形态。

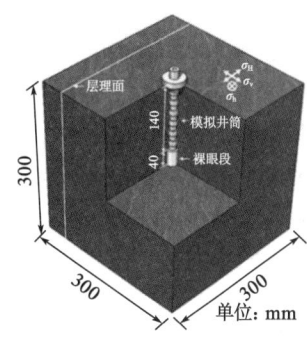
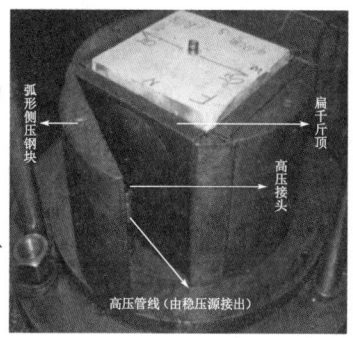

图 8.6.2　大尺寸真三轴模拟实验装置实物图

探索与展望

随着油气资源勘探开发领域不断向超低渗和深层进军,水力压裂技术作为一种有效的增产措施仍然是油气开发领域的研究重点。

(1) 裂缝控制技术:随着水力压裂技术在深层和多薄互层储层中的应用,对水力裂缝的控制要求日渐提高。要求通过完井和压裂施工设计优化的结合将水力裂缝的改造范围进行调控,例如在多互层储层中控制裂缝缝高扩展,令其穿透多个储层;在深层储层高地应力和高水平地应力差条件下增加缝长、缝高,提高支撑剂支撑效果。这要求在优化水力压裂施工参数的同时对水平井的分段、分簇、射孔参数进行调整,以得到全井段最优改造效果。目前国内还未针对各类储层形成体系化的裂缝控制技术,仍然需要进行大量的物理模拟实验和数值模拟分析,形成具体且规范化的裂缝控制技术。

(2) 裂缝监测技术:为了准确监测裂缝的动态扩展过程和水力压裂改造范围,发展出了成像测井、微地震监测、光纤监测、示踪剂监测等行之有效的裂缝监测技术。通过裂缝监测技术可以对水力压裂改造效果进行定量评估,从而对钻完井设计和压裂设计形成有效反馈,促进水力压裂技术的进步。目前各类裂缝监测技术已经在油田广泛应用,但监测数据体的精确解释技术仍有待开发。

(3) 立体开发技术:为了使超低渗储层获得工业开发,必须通过体积压裂改造形成大量高导流渗流通道。对超低渗储层的规模改造需要长水平井+小井距+小段间距+小簇间距的形式增加有效改造井段长度、加密改造段,形成复杂裂缝群,高效改造单井控制范围。针对巨厚及多套油气层叠置的储层,单口水平井无法充分改造储层,需要布设立体水平井网以立体式体积改造的方式进一步改造储层。

历史注释

自从 1947 年 7 月世界上第一口压裂井在美国堪萨斯州大县 Hugoton 气田 Kelpper 1 井成功压裂以来至今已有 70 多年,水力压裂技术已由简单的、低液量、低排量增产方法发展成为一项高度工程的成熟的开采工艺技术。

最初的压裂改造,仅仅针对单井而言,缺乏对油藏非均质性、水驱扫油效率与开采效益的总体考虑。最初的压裂作业,液量一般只有几立方米,而现代水平井体积压裂作业,单口井所用液量已达上万立方米,支撑剂用量达几千立方米。

20世纪80年代中后期,人们把油藏总体作为一个工作单元,将水力裂缝与油藏进行匹配研究,使水力压裂与油藏工程结合起来。水力压裂发展到90年代初,人们总结出水力压裂工艺技术包括压前地层评估、压裂材料研制与优选、优化设计、水力裂缝监测、压后评估等,水力压裂工艺技术日趋成熟和完善。90年代提出的压裂开发,是在部署开发井网前就考虑了水力裂缝方位、长度、导流能力等对油藏生产动态可能造成的影响,通过研究开发井网系统和水力裂缝系统的优化组合,用获得总体优化的经济净收益和最终采收率的井网系统来部署开发井网,最大限度地实现低投入、高产出的目标,使水力压裂与油藏工程结合更加紧密,使低渗透油藏的高效开采成为可能。到90年代后期水力压裂技术已经广泛应用到斜井和水平井,随着水力压裂技术在不同类型油气藏中的应用,发展出了丰富且具有针对性的水力压裂技术和工艺,例如适用于碳酸盐岩储层的酸化压裂技术、适用于已投产井的重复压裂技术、适用于致密砂岩和泥页岩等低渗储层的大型体积压裂技术、适用于煤层气储层的小井眼压裂技术等。

90年代后期,随着大型水力压裂技术在Barnett页岩气田的应用,北美页岩气首次实现了商业开发,2000年Antrim、Barnett等一批页岩气田实现了规模开发。随着水平井分段压裂技术的日趋成熟,美国迎来了"页岩气革命",美国不仅实现天然气全面的自给自足,还成为液化天然气出口国。2010年我国在长宁—威远地区建立了首个国家级页岩气产业示范区,经过10年的发展,到2020年以四川盆地埋深3500m以内的海相页岩区为重点,全国实现页岩气产量$200 \times 10^8 m^3$,埋深超过3500m的深层页岩气仍有很大开发潜力。

思考题

1. 简述水力压裂的目的。
2. 列举水力压裂的泵注工序。
3. 列举水力裂缝的几种破坏形式。
4. 绘制典型压裂曲线,并标注出破裂压力、延伸压力、闭合压力。
5. 分析不同地应力状态下水力裂缝形态的区别。
6. 简述PKN模型的边界条件和适用范围。
7. 如何通过小型压裂实验推算地应力?

习题

1. 假设井眼处缝宽为10mm,裂缝半缝长为80m,基于PKN模型求距离井眼75m处裂缝的缝宽。
2. 已知目的层岩石泊松比为0.25,上覆地应力为31MPa,孔隙压力为10MPa,用Eaton法求该目的层的破裂压力。
3. 假设裂缝为Ⅰ型裂缝,裂缝在扩展过程中的延伸压力保持不变。在半缝长为25m时,缝尖的断裂韧性K_{Ic}为$100\sqrt{\pi}$ MPa·m$^{0.5}$,请问当半缝长为49m时,缝尖应力强度因子大于多少时才能驱动裂缝继续扩展?

第9章 油气井出砂

油气井出砂是油气开采遇到的重要问题之一。如果出砂得不到治理，则油气田难以有效开发。出砂的处理方式有很多种：有些情况下不做任何处理，而有些情况下需要严格控制出砂量。然而，严格控制出砂量会带来额外的成本，通常会导致产量减少。而在稠油开采时，有些情况下甚至会故意诱发固体颗粒随流体产出。本章主要介绍出砂的基本概念、出砂机理、防砂的方法、相关的数学模型及出砂的工程预测方法。

9.1 油气井出砂概述

油气井出砂是指在生产压差的作用下，储层中松散砂粒随产出液流向井底的现象（图9.1.1、彩图9.1.1）。油气井出砂量有时较小，每吨产出液含几十克砂；有时会很大，砂粒会在井内沉淀并形成砂堵。

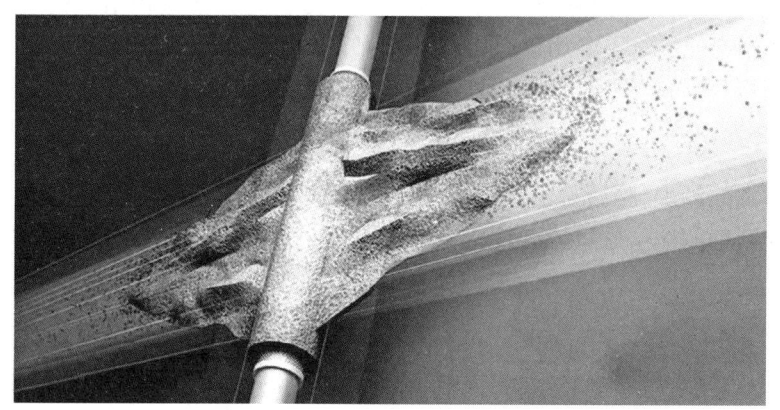

彩图9.1.1 油气井出砂示意图

图9.1.1 油气井出砂示意图

9.1.1 油气井出砂机理

从力学的角度来说，油气井出砂机理主要有两种。

1. 剪切破坏

剪切破坏主要是由于油藏压力衰减或生产压差过大，使得井壁周围岩石所受应力超过岩石本身的强度，造成地层的应力平衡失稳，产生剪切破坏。一旦发生这种情况，井壁附近的地层性能和应力状态也随之改变。Dussealt和Santarelli的研究结果表明，相对来说，很小的剪应力就会使靠黏聚力胶结在一起的材料发生破坏而形成颗粒状物质,而这些颗粒状物质自身的性能也发生了变化。

2. 拉伸破坏

过高的采油速率导致产出液在产出沿程对地层颗粒的拖曳力变大,当该力大于岩石拉伸强度时,就会使得岩石造成拉伸破坏,脱落的砂粒随地层流体进入井中造成出砂。

上述两种机制常常相伴发生而又相互影响。与地层流体的拖曳力相比,地层性能的改变更易受剪切破坏的影响。实际上,即使出砂机理主要是由剪切破坏控制的,由于渗流作用的结果,地层流体对砂粒的拖曳力也是不可忽略的。

剪切破坏可能会造成灾难性的出砂后果;而拉伸破坏是小灾难性的,因为当孔径增大后,流速梯度会减小,也使得出砂程度减小,因此拉伸破坏具有"自稳定"效应。

3. 微粒运移

除了上述两种机制外,还有一种机制也会造成出砂。在疏松砂岩油藏中,地层内存在着大量的自由微粒,在流体流动时,微粒会在地层内部运移,到达井筒。这些微粒被地层孔喉阻挡后,会使流体渗流阻力局部增大,增大了流体对岩石的拖曳力,未被阻挡的更细微粒随流体进入井筒,造成出砂。

9.1.2 出砂地层的类型及出砂特征

出砂地层根据地层砂胶结强度的大小可分成三种类型,每一类型又有各自的出砂特征。

1. 流砂地层

流砂是指没有胶结的地层砂。流砂地层仅靠很小的流体附着力和周围环境圈闭的压实力来聚集。这种地层一旦开井投产便连续不断出砂,但产出液含砂量相对稳定,基本是一常数。虽然累计出砂量不断增大,但套管周围不会出现地层空穴,只是地层越来越松。

2. 部分胶结地层

部分胶结地层含有胶结物数量少,胶结力弱,地层强度低。投产以后地层砂会在炮眼附近剥落,逐渐发展成空穴,这些剥落的地层砂进入井筒极易填满井底,堵塞炮管。其产出液含砂量随时间变化很大。

3. 脆性砂地层

脆性砂地层也称易碎砂地层,有较多的胶结物,是中等胶结强度的砂岩。这种地层开始投产时出砂几天或几周,随后出砂量大减,几乎是无砂产出,到一定时间可能重新出砂。这种出砂规律是因为在出砂过程中套管外部地层冲蚀空穴突然增大,过流面积成倍增长,从而使地层流体的流速大幅下降,导致出砂量明显下降。当单位面积的流体流速达到一定数值时,又会出现地层砂大块坍塌,过流面积倍增而停止出砂,出现另一个周期。周而复始任其发展,洞穴将越来越大,最终形成灾难性的地层坍塌,使套管变形而报废。

另外,根据出砂的速度和规模,也可以将出砂分为三种类型:

(1) 瞬态出砂,即出砂后,出砂速度连续下降。
(2) 连续出砂,即出砂速度相对恒定。
(3) 大规模出砂,即出砂速度快,导致油井堵塞。

9.1.3 油气井出砂的影响因素

影响油气井出砂的因素大体上分为三大类:地质因素、开采因素和完井因素。

1. 地质因素

(1)构造应力。疏松砂岩储层完井往往会造成井壁围岩发生塑性变形,当储层应力超过岩石屈服极限时,井周围岩的塑性半径向外扩展,导致岩石骨架结构发生破坏,导致出砂。在断层附近或构造部位,原构造应力很大,已局部破坏了岩石骨架,岩石产生了天然节理和微裂隙,这样一来,这些地方黏聚力较低、地层强度较弱,相对更容易出砂。

(2)颗粒胶结程度。颗粒胶结程度是影响出砂的主要因素,而胶结性能又与地层埋深,胶结物种类、数量和胶结方式及颗粒大小、形状密切相关。地层埋深越深,压实作用越强,地层岩石强度越高。胶结物种类不同,地层强度也不同:钙质胶结为主的砂岩比较致密,地层强度就比较高,以泥质胶结为主的疏松砂岩的地层强度就比较低。胶结方式中以孔隙式胶结性能最好,接触式的胶结方式胶结强度比较低。颗粒的大小、形状与分选性也影响胶结强度,较细的、分选性差而带有棱角的颗粒胶结较好,反之,粗颗粒、分选性好的圆颗粒则表现为弱胶结。从岩石力学的角度分析,地层的胶结性质直接影响了岩石颗粒固有的剪切强度,低地层强度是造成地层出砂的主要内在因素。

(3)流体性质。岩石的固结作用也与地层流体与颗粒之间的毛管力有关。含油饱和度越高,则胶结越好,这是由于油相颗粒界面张力较大。原油黏度也能影响胶结强度,因为稠油的毛管作用力小于稀油。毛管作用力受颗粒表面润湿性的影响,强亲水,则颗粒更易与水结合,内聚力就大。

2. 开采因素

(1)地层压降及生产压差。上覆岩层应力是由岩石骨架与岩石内流体压力共同平衡承担的,当开采方式为衰竭式开采时,油藏压力逐渐减低,施加在岩石骨架上的压力增加,当超过地层强度时,地层就会被破坏而造成出砂。压降增大也使岩石颗粒承受的载荷增大,造成岩石的剪切破坏,导致地层大量出砂;油藏压力低于原油饱和压力后,造成脱气,形成油气两相流,降低原油的渗透率,另外脱气还使原油的黏度增大,造成产量降低,这时为了提高产量,需要增大生产压差,就会使出砂严重。

(2)流速对出砂。疏松砂岩易出砂地层,经常存在速敏问题,当油层内流体流速低于临界流速时,虽然会发生微粒的运移,但会在弹孔入口处形成"砂拱",可以进一步阻止出砂;随流速增大,砂拱尺寸增大,稳定程度降低,当流体流速等于临界流速时,砂拱平衡被完全破坏,无法再形成砂拱,砂粒就可以自由进入井筒,开始出砂。

(3)地层伤害。在钻井、完井、采油、作业过程中,或由于工作液固相颗粒含量高,或者由于入井液与地层及地层流体不配伍,都会在井底附近造成一定的伤害,主要伤害类型包括弹孔及地层孔喉堵塞(固相颗粒堵塞)、黏土伤害(黏土膨胀、分散和运移)、产生二次沉淀和原油乳化伤害(使原油黏度急剧增加)。由于入井液的侵入导致井底附近地层渗透率显著下降,原油的乳化和近井地带含水饱和度的急剧增加等各种伤害使地层渗流条件恶化,增加了流动阻力,换言之,需要提高生产压差才能保持相同的产量。增大生产压差就会加大对出砂的影响,地层伤害的最终结果还是加剧出砂。出砂又会使地层伤害更严重,从而形成恶性循环,造成不堪设想的后果。

(4)含水上升或注水。①含水上升使地层颗粒间原始的毛管力下降,导致地层强度的降低。②由于胶结物被水溶解，特别是一些黏土矿物（如蒙脱石等）遇水后膨胀、分散，大大降低了地层的强度。③注水对地层的冲刷作用会导致地层强度降低。

（5）蒸汽吞吐开采。蒸汽的冲刷作用对岩石产生巨大、持续的拉伸破坏。气体的线流速度很高，其对岩石的拉伸破坏作用远大于液体。注蒸汽时的高压差对岩石造成了剪切破坏，使岩石发生形变，这种破坏范围局限在井周围。蒸汽对岩石颗粒产生溶蚀作用，降低了岩石的胶结强度。蒸汽中的水溶解了岩石颗粒的胶结物，降低了地层的毛管力。

（6）其他因素。原油的黏度变化和岩石表面润湿性变化也会对出砂产生一定影响。原油黏度增加，一方面会增大对岩石的剪切破坏作用力，另一方面会在流动过程中增大对岩石的拖曳力。若在油井作业过程中，应用了不当表面活性剂，使地层原亲水表面变成亲油表面，使毛管力由动力变成阻力，会加剧出砂。此外，对疏松油层频繁地开井、关井、负压射孔和冲砂都会造成油层激动（即流动压差瞬间上升），诱发大量出砂。

3. 完井因素

（1）射孔孔道填充物。射孔尺寸及孔道内充填物渗透率会对油流阻力产生巨大的影响，而充填物的渗透率是决定弹孔压降的关键因素，渗透率高则阻力就小，反之阻力就会很大。弹孔的压降占到生产压差的80%左右，如弹孔的压降很大，就极易造成地层破坏出砂。因此一般要有效采取措施减缓弹孔压降，达到防砂效果。

（2）射孔参数。对于整个井段而言，合理增大孔径、提高孔密就会提高流体的有效流动面积，降低流动阻力，也会降低流速，有利于减缓出砂。当射孔相位角为90°时产生的阻力最小，这是因为地层流线以井轴为中心，相对对称，减少了流线的弯曲和收缩，阻力最低，有利于减少出砂。

9.1.4 油气井出砂的危害

油气井出砂的危害主要表现在以下四个方面：

（1）影响产量。油气井出砂容易造成油层砂埋、油管砂堵及地面管汇和储罐积砂，严重时可能导致停产。出砂后，现场可能需要冲洗被砂埋的地层、清除油管砂堵，工作量大，浪费时间且增加成本，而且可能无法彻底清除出砂。重新作业后可能仍会出砂，导致生产周期缩短，使油气田产量大减。有时为了控制出砂，需要适当降低产量，会导致油气井减产。

（2）设备磨蚀。出砂时，油气井产出流体中含有地层砂，其主要成分是二氧化硅。它硬度高、破坏性很强，可能磨损抽油泵阀座，降低密封性；也可能损坏柱塞和泵缸，导致地面阀门失灵。

（3）套管损坏、油井报废。随着地层出砂量的不断增加，套管外的地层空穴越来越大，达到一定程度时，会导致突发性的地层坍塌。套管受坍塌地层的撞击和地应力的变化作用，产生变形，进而造成套管损坏；情况严重时也可能会导致油井报废。

（4）环境污染。处理废弃的地层砂会造成环境污染，尤其在海洋油气田需要注意。

9.2 砂拱数学模型

上节的介绍表明，在中等强度或中弱强度的含砂地层设计完井方案时，需要解决一系列复杂问题。要制定一套合理的完井方案，不仅需要丰富的现场经验、有关岩石力学性能的数据，还需要建立数学模型帮助分析。一般认为,即使对于弱胶结地层,未受钻完井影响的岩石也不会出现出砂,因为地层流体流动的渗流作用难以直接将砂粒从完整的岩石中析出。只有在单孔附近的岩石才易出砂,这与井眼周围的应力集中现象密切相关。弱胶结或破碎的岩石是出砂的必要条件,但不一定是出砂的充分条件。开始出砂后,由于弹孔连接洞穴的形状变化或渗透率增加,洞穴发生破坏后可能进入稳定状态,也可能形成稳定的砂拱,控制出砂。只有当砂拱受力突破稳定极限时,才会再次出现出砂现象。

9.2.1 砂拱稳定的数学模型

现考虑如图 9.2.1 所示由砂拱所形成的理想化洞穴。为了简单起见,假设应力场关于整个球面对称,因此两个切向应力相等。沿着径向方向受力平衡,方程如下:

$$\frac{d\sigma_r}{dr} + 2\frac{\sigma_r - \sigma_\theta}{r} = 0 \quad (9.2.1)$$

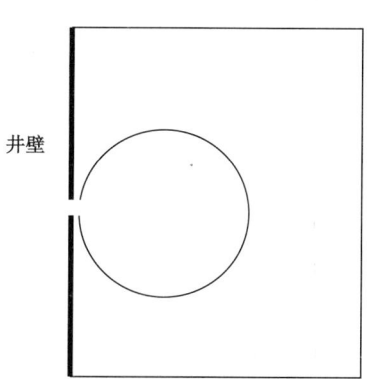

图 9.2.1 理想化的产出洞穴

与柱面情况不同的是,应力平衡方程中第二项前面多了个系数 2。

假设洞穴周围的材料很软呈现塑性,可以用莫尔—库仑准则来描述。径向应力和切向应力通过如下方程联系起来:

$$(\sigma_\theta - p_i) = 2S_0\tan\beta + (\sigma_r - p_i)\tan^2\beta \quad (9.2.2)$$

式中,S_0 为岩石固有的黏着力(黏聚力),MPa;p_i 为井内液柱压力,MPa;σ_θ、σ_r 分别为切向、径向应力,MPa;β 为岩石破裂角(破裂面法向与最大主应力方向的夹角)。

式(9.2.2)在洞穴壁上有如下方程成立:

$$\sigma_\theta - \sigma_r = 2S_0\tan\beta = \sigma_c \quad (9.2.3)$$

式中,σ_c 是单轴抗压强度,MPa。

联合式(9.2.1)和式(9.2.3),则洞穴壁上有如下方程:

$$\frac{d\sigma_r}{dr} = \frac{4S_0\tan\beta}{r_1} \quad (9.2.4)$$

式中,r_1 是洞穴半径,m。

壁面的流体压力梯度可用达西定律求得。为简化模型,现在可以认为流体从洞穴外部半球的壁面流入,得:

$$\frac{dp_p}{dr} = \frac{\mu \dot{v}_f}{2\pi K r_1^2} \quad (9.2.5)$$

式中,p_p 为流体压力,MPa;$\dot{v}_f$ 是洞穴中流体的流动速率,cm³/s;μ 是流体的黏度,mPa·s;K 是渗透率,mD。

由于物质已经呈塑性,假定它不能承受有效拉伸应力,这就意味着流体压力梯度不能超过井壁处径向应力梯度,于是得到如下稳定准则:

$$\frac{\mu \dot{v}_f}{2\pi K r_1} < 4S_0\tan\beta = 2\sigma_c \quad (9.2.6)$$

式(9.2.6)实际是 Bratli 和 Risnes 稳定准则。

此处应注意,这里假设所研究的物质由于受剪切破坏的作用呈塑性状态,这样才能使用莫尔—库仑准则把井壁处的径向应力、周向应力和强度联系起来。实际上,关于稳定问题的计算是以拉伸破坏为基础的,而在式(9.2.6)中没有出现地应力项,这是由于物质呈塑性状态,使得井壁周围应力松弛的结果。

再一次假设流体从外部球面流入洞穴,从达西定律得到压力降与流动速率的关系:

$$p_p(r) = C_1 - \frac{C_2}{r} \tag{9.2.7}$$

式中的系数 C_1、C_2 可以通过以下的边值条件得到:无穷远处有 $p_p = p_{p0}$(初始地层孔隙压力);在 $r = r_1$ 处,有 $p_f = p_i$(注入压力)。代入(9.2.7)得到以下表达式:

$$p_f(r) = p_{f0} - (p_{f0} - p_i)\frac{r_1}{r} \tag{9.2.8}$$

将式(9.2.8)两边同时对 r 微分,通过式(9.2.5)得到用 p_i 和 p_{f0} 表示的稳定准则为:

$$p_{f0} - p_i < 4 S_0 \tan\beta = 2\sigma_c \tag{9.2.9}$$

从式(9.2.6)可看出,如果每个洞穴的流速保持一定,孔径大的洞穴比孔径小的洞穴更易稳定。如果保持压力降一定,则流动速率就会与洞穴半径成正比,而不会达到稳定的效果。这可以通过式(9.2.9)中没有洞穴半径这一项反映出来。

以上研究表明,洞穴的增长缺乏自稳定状态,这与流体沿着整个球面流入洞穴的假设有关。如果把这种球面的流动想象为距离洞穴一定远处向着井筒方向的径向流动,就会达到预期的稳定状态。

9.2.2 有关的数值模型

Dusseault 和 Santarelli 在1989年的研究中发现可以用两种数值模型来描述出砂机理。一种是三维粒子模型,用来研究一种颗粒状介质的微观力学机制。当发生屈服时,岩石上部分黏接在一起的物质被破坏,就会形成这种颗粒状物质。另一种模型是有限元模型,用以描述物质的宏观屈服和由于这种屈服而引发的塑性流动。

Morita 应用弹塑性模型研究产出洞穴的稳定性,认为在炮眼附近洞穴的稳定控制机理中,两点因素起主导作用:

(1)生产压差,即井底压力与孔隙压力的差值。
(2)洞穴表面的孔隙压力梯度,它与总流量、炮眼的尺寸、炮眼的数量、井壁周围的渗透率、流体的黏度都有关系。

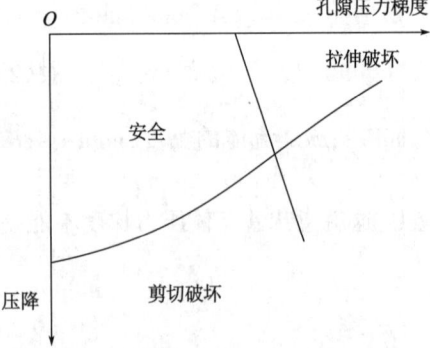

图 9.2.2 预测产出洞穴稳定性分区图

图 9.2.2 为洞穴的稳定分区图。当孔隙压力和压降都较低时,所对应的区域表示安全状态。当孔隙压力梯度较高时会发生拉伸破坏,当压降较高时会发生剪切破坏。

Morita 发现有效应力增加,发生剪切破坏的风险可能性增加,但会降低拉伸破坏发生的危险。孔隙压力减小,有效应力增大,这就意味着当流体枯竭时,发生剪切破坏的概率较大。这样可以通过注水过程使油藏压力保持一定的水平,从而降低灾难性出砂的风险。

研究表明,地层是否发生剪切破坏与其胶结强度密切相关,但是否发生拉伸破坏与其胶结强度的关系不大。有一点值得注意的是,由于受到较高剪切荷载的作用而发生改变的物质更易受拉伸破坏的影响。

总之,数值模型的结果需要靠经验和岩心的性能进行验证。

9.3 出砂工程预测方法

9.3.1 概述

砂岩储层出砂预测是提高油气井产能表现的一项重要任务。准确预测出砂发生的位置和条件有助于设计油井的最佳开发方案和完井策略。可靠的出砂预测需要合适的出砂模型及一套完整的模型参数。研究表明,目前可用的出砂模型能够以合理的精度预测出砂的起始点,但精确预测出砂量的模型仍待进一步研究。

出砂预测需要两组数据:岩石性质(主要是强度参数)和地层条件(地应力和孔隙压力)。然而,现场通常很难在全井段内获取具有连续性的此类数据。这就导致了现场经常使用更简单的方法进行预测。

最简单的一种出砂预测方法是给定一个临界深度,超过深度不需要防砂。该临界深度是根据现场经验确定的,并且随着研究区域的不同而发生变化。这种方法的力学依据主要是岩石强度通常随深度增加。其他一些预测方法则将临界压降与声波时差数据(压缩、剪切或两者兼有)联系起来,但这种方法需要考虑到声波时差与岩石强度之间相关性的影响。

部分预测模型中使用了有限元方法并假设岩石变形符合线弹性行为,以精细描述洞穴周围的应力状态。此类建模的预测结果可以通过厚壁圆筒方法(TWC)进行强度参数的校准。这样,厚壁圆筒校准数据可以表征非线弹性和塑性,而有限元模型则直接采用线弹性方法分析射孔周围的应力分布情况。此外,更复杂的预测模型则基于弹塑性建模,比如被广泛接受的Morita出砂预测模型。

对于出砂量的预测则需要额外的参数,获取参数的工作量和难度更大,很多参数只能从出砂试验中得出。同时,此类模型中的流量对出砂量的准确预测非常重要,因此,需要对岩石渗透率和流体黏度进行评价。在另外一些出砂量模型中,参数的选择有所不同,如 Willson 等人的半经验模型及 Chin 和 Ramos 的耦合数值模型将模型将出砂量与岩石的塑性变形直接联系起来。不过,总体上来说,这些模型建立过程中的基本思路与方法都是类似的。

9.3.2 常见的出砂预测方法

在工程应用时,常见的出砂预测方法有现场观察法和经验分析法。

1.现场观察法

1)岩心观察

肉眼观察、用手触摸等方法判断岩心强度。

2) DST 测试

DST 测试时，若井出砂，则油气井在生产初期就有可能出砂；如果不出砂，但是检查井下钻具发现接箍台阶上有砂粒，或在 DST 测试完毕后下探砂面，发现砂面上升，则肯定该井肯定出砂。

3) 临井状态

在同一油区，临井在生产过程中出砂，则该井就有可能出砂。

4) 岩石胶结物

胶结物分易溶于水与不易溶于水两种，当油气井含水量增加时，易溶于水的胶结物（泥质胶结物）溶于水，含量减少，岩石强度降低。胶结物含量少的岩石的强度主要由压实作用提供，对出水因素不敏感。

2. 经验分析法

1) 声波时差法

根据中纵波在井壁剖面岩石中传播速度的倒数：

$$\Delta t_c = \frac{1}{V_c} \tag{9.3.1}$$

如果声波时差超过某一临界值，生产过程中就会出砂，一般情况下 Δt_c 达到 295μs/m 时就应该采取防砂措施，有人指出预测是否出砂的临界值处于 295～395μs/m 之间。

2) 地层孔隙度法

孔隙度是检验岩石压实程度的一个参数。当孔隙度大于 30% 会严重出砂，孔隙度介于 20% 和 30% 之间时会微量出砂，孔隙度小于 20% 时就不会出砂。

3) 组合模量法

根据声波测井和密度测井法得到的声波时差与岩石密度来求组合模量：

$$E_c = \frac{9.94 \times 10^8 \rho_r}{\Delta t_c^2} \tag{9.3.2}$$

判别组合模量的大小，其值越小就越可能出砂。当 $E_c \geq 2.0 \times 10^4$ MPa 时，正常生产时不会出砂；当 2.0×10^4 MPa$>E_c>1.5 \times 10^4$ MPa 时，在正常生产时会轻微出砂；当 $E_c<1.5 \times 10^4$ MPa 时，正常生产时会严重出砂。

4) 出砂指数法

出砂指数表示为：

$$B = K + \frac{4}{3}G \tag{9.3.3}$$

其中

$$K = \frac{E}{3(1-2\upsilon)} \tag{9.3.4}$$

$$G = \frac{\rho_r}{\Delta t_s^2} \tag{9.3.5}$$

式中，B 为地层出砂指数，MPa；K 为地层岩石体积模量，MPa；G 为地层岩石剪切模量，MPa；E 为地层岩石弹性模量，MPa；υ 为地层岩石泊松比。

B 值越大,则 E 与 G 之和就越大,那么岩石强度就越大,稳定性越好,不易出砂。当 $B>2.0\times10^4$ MPa,在正常生产时油层不会出砂;当 2.0×10^4 MPa$>B>1.4\times10^4$ MPa,油层微量出砂,但油层见水后就会严重出砂,需生产中适时防砂;当 $B<1.4\times10^4$ MPa 时生产过程中会大量出砂,需早期防砂。

5) 产层岩石坚固程度判别指数法

根据研究成果,垂直井井壁岩石所受的切向应力是最大张应力。对于任意角度的定向斜井,最大切向应力表达如下:

$$C = 2(p_p - p_i) + \frac{3-4v}{1-v}(10^{-6}\rho_f gH - p_p)\sin\alpha + \frac{2v}{1-v}(10^{-6}\rho_f gH - p_p)\cos\psi \quad (9.3.6)$$

式中,ρ_f 为上覆岩石平均密度,kg/m³;C 为最大切向应力,MPa;p_p 为地层孔隙压力,MPa;p_i 为井内液体压力,MPa;g 为重力加速度,m/s²;H 为地层深度,m;ψ 为井斜角。

根据岩石破坏理论,当岩石的最大切向应力大于其抗压强度时,就会引起岩石结构的破坏导致产出骨架砂。那么垂直井的防砂判据为:

$$\sigma_c \geq C \quad (9.3.7)$$

如果式(9.3.7)成立,表明在生产压差 $p_p - p_i$ 下,井壁岩石是坚固的,不会引起岩石结构破坏,可选择不防砂的完井方式;反之则需要进行防砂完井。

9.4 防砂方法及其选择

9.4.1 防砂方法

按照油藏性质的不同,油井可以是自然完井、防砂完井,或者是用酸化、水力压裂等油层增产措施完井。针对有出砂危险的油井要进行防砂完井,可采取多种有效的措施进行防砂,根据防砂原理及工艺特点,防砂方法大致分为两类,一类是通过自然完井防砂,另一类是通过采取了有效措施的完井防砂。

1. 自然完井防砂

所谓自然完井是指下套管射孔完井后不再下入任何机械防砂装置或充填物,也不注入化学药剂的防砂方法。一般通过控制施工参数诸如生产压力差(井底压力与地层压力之差)、采油速率等来预防出砂。

2. 采取有效措施的完井防砂

按照防砂机理的不同,这种防砂方法又分为机械防砂、化学防砂、砂拱防砂、焦化防砂四类。

(1) 机械防砂又分为两类,一类是下入滤砂器(筛管、衬管等)防砂,另一类是下入机械滤砂管后,充填材料用以防砂。最常用的充填材料是砾石,即砾石充填防砂法。而砾石充填又分为管内砾石充填(图9.4.1)、管外砾石充填和裸眼井砾石充填(图9.4.2)。对于单一油层、厚度大、无气、水夹层等要求较高的油层,一般采用下套管射孔完井,再在井筒内下入筛管或衬管,并使之正对油层,最后将砾石充填在筛管与套管环形空间内,该方式称为管内砾石充填。裸眼井砾石充填防砂工艺用于油井先期防砂,适用的条件是单一厚油层,无气、水夹层,地层渗透率较差,且地层结构有一定的强度。裸眼井砾石充填防砂具有渗流面积大、渗流速度低、砾石层厚、防砂效果好等优点。选择砾石充填是为了把地层砂挡在砾石的外部边缘,如果地层砂侵入砾石充填层后会降低充填层的渗透率,导致产能降低。因此选择合适的砾石尺寸尤为重要,有关研究表明用以充填砾石颗粒尺寸直径为地层砂颗粒粒度中值的5~6倍较合适。

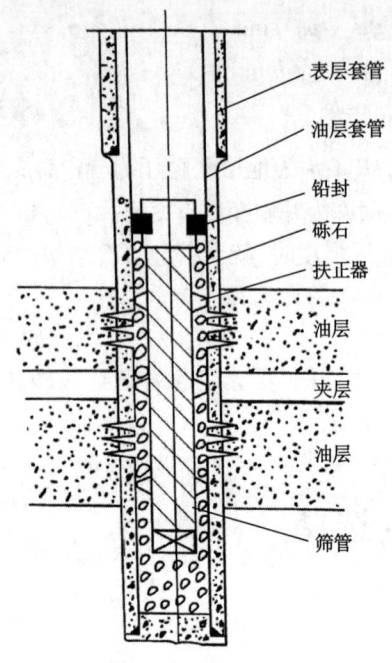

图9.4.1 管内砾石充填

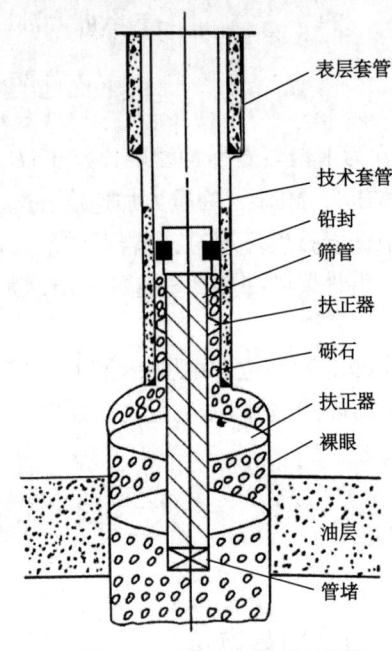

图9.4.2 裸眼井砾石充填

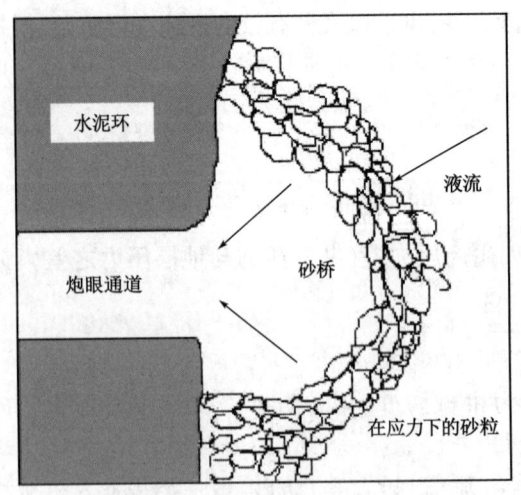

图9.4.3 用颗粒—颗粒承受应力的办法形成的稳定砂拱

(2)化学防砂是将化学药剂或化学剂与砂浆的混合物注入地层,把疏松的砂岩颗粒或充填到地层的砾石胶结起来,从而稳定地层结构,提高低层强度,达到防砂的目的。化学防砂适用于渗透率相对均匀的薄油层,特别是在粉细砂岩地层的防砂效果优于机械防砂。其缺点是影响地层渗透率,降低油井产能。另外化学防砂法还分为人工胶结固砂法与人工井壁防砂法等。

(3)砂拱防砂是指油气井射孔完井后,不再下入任何机械防砂装置或充填物,也不注入化学剂的防砂方法。砂拱防砂原理是许多砂粒在炮眼处形成如同图9.4.3的砂拱,其具有一定的承载能力,可以挡住地层砂随液产出。而砂拱的稳定性与砂层基体中颗粒堆砌的密切程度有关,因而有必要使这些砂粒承受压力,造成必要的颗粒堆砌。稳定砂拱防砂是指用泵对一个很长的膨胀式封隔器元件加压,提高井筒周围的径向应力,把松散砂粒堆砌在一起,稳定砂拱预防出砂。另外砂拱的稳定性还与地层流体的流速有关,降低流速,使其控制在一定临界值内而不至于冲垮砂拱,这个流速临界值称为临界流速。

(4)焦化防砂是指向地层通入热空气或短期火烧油层,使原油在砂粒表面焦化,形成具有胶结力的焦化薄层。其缺点主要是强度低、可控性差,对油藏流体性质依赖性强。

9.4.2 防砂方法的选择

对于特定的出砂油井,选择合适的防砂方法是防砂成功的关键。防砂方法选择不当是造成防砂失败的主要原因之一。但是采用有效措施的完井防砂方法无论是投产费用还是维护费用都较高,而且会降油井产能。因此,如果可行的话,自然完井防砂的方法是首选。

了解出砂机理与各种防砂方法后,对所钻油气井需要进行防砂方法的选择,考虑如下:

(1)研究所获得的资料(测井数据、岩心数据、邻近井的经验数据),决定是自然完井还是采取有效的防砂措施完井。

(2)如果需要采取有效措施的完井防砂,要确定哪种防砂方法最优。

(3)如果选择自然完井防砂,施工中要注意哪些事项。

对于软地层来说,需采取有效措施的完井防砂;而对于胶结强度较大的地层来说选择自然完井防砂比较合适。对于强度介于两者之间的地层来说,选择完井方式时需格外小心。对于这种中等强度地层,如果选择自然完井并确保成功,既需要降低费用同时又需提高产量;另一方面,对原本需要进行砾石充填的油井没有充填,有可能造成砂堵进而导致油井损失。

探索与展望

尽管前人已经开展了大量的、具有成效的理论研究和现场工程实践,油气井出砂仍有许多问题有待进一步探索。在数值模拟方面,早期大量模型采用二维建模,这样无法真实还原射孔及其周围岩石的真实空间结构。为了解决这一问题,就需要结合大型计算机和数值模拟软件开展三维高精度数值模拟。此外,数值模型参数选取和数值结果的验证也需要进一步研究以提高模型的可靠性。在离散元模型中,如果能够实现在近井出砂地带使用离散元模型而在远离井筒的储层中使用连续介质模型,则可以进一步提高数值模型的真实性和可靠性。在理论研究方面,注水井井周地层岩石的砂土液化现象尚未有研究,尚不清楚此现象诱发的出砂是渐变的还是突发的,但是开展此研究的一个难点是注水井诱发的出砂较难监测。此外,提高出砂模型的精度需要解决的另一个问题是如何通过物理实验校准多种模型中的系数,尤其在基于剥蚀假设的模型中,系数的改变会极大地影响出砂预测结果。

历史注释

早在20世纪20年代,出砂现象就已在加拿大油砂的稠油出砂冷采中普遍出现。利用稠油出砂冷采技术,可以人为诱发出砂以获取持续的稠油产量。此过程中不使用任何防砂手段,在加拿大稠油开采中取得了较好的经济效益。在1936年,奥地利工程师 Karl von Terzaghi 首次提出了砂拱稳定性研究的理论方法,并通过实验证明了砂拱能够稳定存在。之后,Hall 和 Harrisberger 在此基础上改进了实验方法,给出了不出砂条件下的最大采油速率。进入 20 世纪 70 年代后,Tixier 等人首次提出利用声波测井方法预测油田现场的出砂情况,他们建立了针对第三纪盆地地层岩石强度与动态弹性模量的关系,发现该方法在预测出砂时成本更低、效率更高。同样从 70 年代开始,国内外油气井开始广泛采用砾石充填、筛管等方式进行防砂,这对提高油气井生产的效率和经济效益十分关键。之后,Morita 等人提出了三维有限元流固耦合数值模型,能够通过计算塑性应变判断出砂临界条件。Morita 等人的模型既能够计算油井生产出砂,也能够计算注水井中的出砂问题。

进入 21 世纪后,随着计算机性能的提高和工业化数值模拟技术的进步,基于离散元方法和有限元方法的出砂数值模型也变得更加先进,能够预测出砂临界条件和出砂量。在三维数值模型中,可以根据完井参数和局部网格加密建立更加精确的模型,以开展更可靠的出砂防砂分析。现场也开始采用更先进的超声波监测技术进行出砂的实时监测,并结合适度出砂的方式合理解放产能,以达到油气井产能与防砂的动态平衡。

思考题

1. 在油砂开采时,为何有时候会故意诱发出砂以帮助产油?
2. 判断一口油气井所需的防砂措施的步骤是什么?
3. 如果让你选择油气井防砂方式,请简述你的思路。

习题

1. 列举出三种油田常见的防砂完井方法。
2. 简述油气井出砂的机理。
3. 如何理解适度出砂?
4. 油气井出砂的主要影响因素有哪些?

第 10 章 地球物理中的岩石力学

10.1 弹性介质中的纵波与横波

声波是一种机械波,按照频率分为声波、次声波和超声波。质点振动频率在 20Hz～20kHz 的波称为声波,它能引起人们的听觉;质点振动频率低于 20Hz 的波称为次声波;质点振动频率高于 20kHz 的波称为超声波。目前,石油工业中声波测井所采用的波源的频率为 20kHz～20MHz,覆盖了声波和超声波。声音在岩石中传播会产生纵波和横波。纵波也叫压缩波(P 波),质点的振动方向和波的传播方向一致。在纵波的传播过程中,质点分布呈疏密状,弹性体内的体积元只发生体积改变,不发生边角关系变化。横波也称为剪切波(S 波),质点振动方向与波的传播方向垂直(图 10.1.1、彩图 10.1.1)。在横波的传播过程中,弹性体内体积元的边角关系将发生变化。

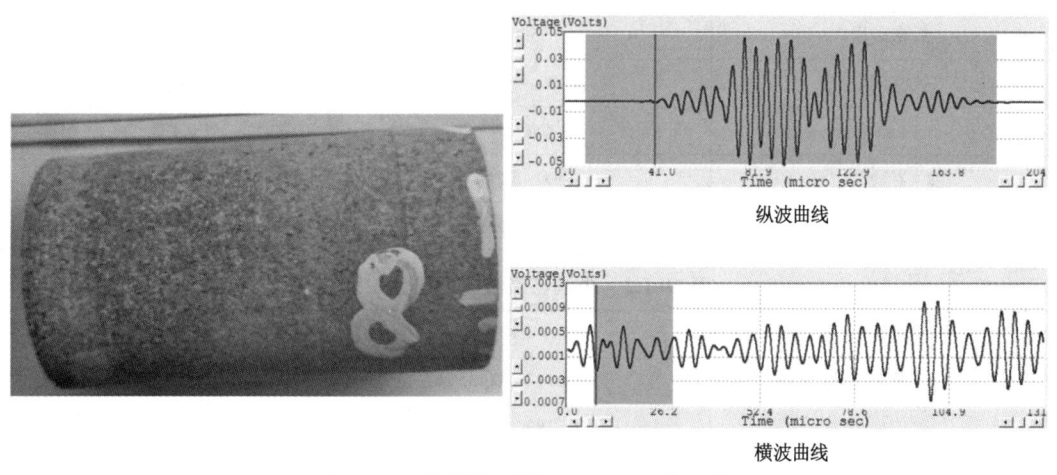

图 10.1.1 某井岩心样品照片及纵横波曲线

根据声波波动理论的研究成果,介质传播纵波、横波的速度与介质的弹性参数、密度大小有关,其关系式为:

$$\begin{cases} v_P = \sqrt{\dfrac{E(1-v)}{\rho_b(1+v)(1-2v)}} \\ v_S = \sqrt{\dfrac{E}{2\rho_b(1+v)}} \end{cases} \quad (10.1.1)$$

彩图10.1.1 某井岩心样品照片及纵横波曲线

式中,v_P 为纵波速度;v_S 为横波速度;E 为动态杨氏模量;v 为动态泊

松比;ρ_b 为介质体积密度。同一介质中,纵波和横波的速度比为:

$$\frac{v_P}{v_S} = \sqrt{\frac{2(1-v)}{1-2v}} \tag{10.1.2}$$

大多数岩石的泊松比近似等于 0.25,因此,岩石的纵横波速比约为 1.73。由此可见,岩石中纵波传播速度比横波传播速度快,也正因为如此,在普通的声波测井中,纵波总是先于横波到达接收探头,成为首波。表 10.1.1 列出了一些常见岩石和物质纵波的传播速度。由表可见,不同岩石、不同性质流体的纵波速度是不同的,因此,通过测量声波在地层中的传播速度,可以研究地层及其孔隙流体的性质。声波的速度特性是声波时差测井等声速类测井方法的基础。部分岩性的纵横波速度关系见表 10.1.2。

表 10.1.1 常见岩石和物质中纵波的传播速度

介质	纵波速度 v_P, m/s	传播时差 Δt, μs/m
空气(0℃)	330	3000
甲烷(1atm)	442	2260
石油	1070~1320	985~757
普通钻井液	1530~1620	655~622
铁	5340	187
无水石膏	6100~6250	164~163
泥岩	1830~3962	548~252
致密砂岩	5500	182
致密灰岩	6400~7000	156~143
白云岩	7900	125
岩盐	4600~5200	217~193
泥灰岩	3050~6400	330~156

表 10.1.2 纵波与横波速度线性关系

岩性	$v_P = av_S + b$	相关系数
砂岩	$v_P = 1.6117v_S + 0.3503$	0.955
泥岩	$v_P = 1.8389v_S - 0.4574$	0.96
生物灰岩	$v_P = 1.4613v_S + 0.872$	0.971
火成岩	$v_P = 1.7684v_S + 0.2482$	0.97

声波在不同介质分界面上传播时,将产生反射和折射。如图 10.1.2 所示,有两种弹性介质 Ⅰ 和 Ⅱ,它们的纵波速度和横波速度分别为 v_{P1}、v_{S1} 和 v_{P2}、v_{S2},界面为平面。以纵波入射为例。入射角为 θ 的一束纵波,经界面反射和折射后,会在这两种介质中产生四种波:

(1)反射纵波 P_1——反射角为 β_1,$\beta_2 = \theta$;

(2)反射横波 S_1——反射角为 β_2;

(3)折射纵波 P_2——折射角为 θ_1;
(4)折射横波 S_2——折射角为 θ_2。

在上述四种声波中,反射纵波和反射横波没有进入介质Ⅱ内部,因此,这两种波的速度特性与介质Ⅱ无关,但其幅度特性能反映出介质Ⅱ的表面特性。液相和气体介质中不能传播声波横波,因此测井时,当介质Ⅰ为井筒内流体、介质Ⅱ为地层时,井眼中传播的声速只有纵波。反射纵波的传播特性是各种评价井壁状况、监测套管表面特征的测井方法的基础。对折射纵波,根据斯奈尔定律有:

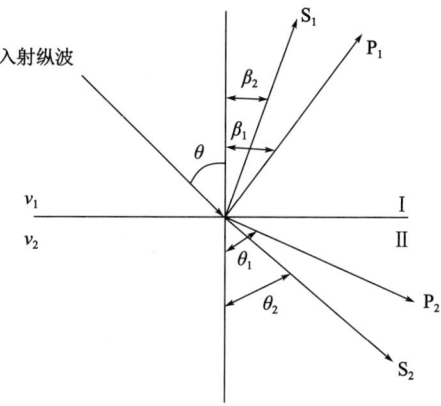

图 10.1.2 声波在界面上的反射与折射

$$\frac{\sin\theta}{\sin\theta_1} = \frac{v_{P1}}{v_{P2}} \qquad (10.1.3)$$

当纵波在入射介质中的传播速度 v_{P1} 低于在折射介质中的传播速度 v_{P2} 时,折射角 θ_1 大于入射角 θ。随着入射角 θ 增大,折射角 θ_1 也将增大,当 θ 增大到某个临界值 θ_1^* 时,$\theta_1 = 90°$,由式(10.1.3)可得到:

$$\sin\theta_1^* = \frac{v_{P1}}{v_{P2}} \qquad (10.1.4)$$

因此:

$$\theta_1^* = \arcsin\frac{v_{P1}}{v_{P2}} \qquad (10.1.5)$$

θ_1^* 称为第一临界角。当入射纵波的入射角 $\theta = \theta_1^*$ 时,折射进入介质Ⅱ的纵波,将以速度 v_{P2} 沿界面滑行,形成滑行纵波。$v_{P1} < v_{P2}$ 是产生滑行纵波的先决条件。当 $\theta > \theta_1^*$ 时,入射纵波将在界面产生全反射,在介质Ⅱ中不出现折射纵波。对折射横波,同样根据斯奈尔定律有:

$$\frac{\sin\theta}{v_{P1}} = \frac{\sin\theta_2}{v_{S2}} \qquad (10.1.6)$$

当入射纵波在入射介质中的传播速度 v_{P1} 低于折射横波在折射介质中的传播速度 v_{S2} 时,随着入射角 θ 增大,折射角 θ_2 也将增大,当 θ 增大到某个临界值 θ_2^* 时,$\theta_2 = 90°$,由式(10.1.6)可得:

$$\sin\theta_2^* = \frac{v_{P1}}{v_{S2}} \qquad (10.1.7)$$

因此,有:

$$\theta_2^* = \arcsin\frac{v_{P1}}{v_{S2}} \qquad (10.1.8)$$

θ_2^* 称为第二临界角。当纵波的入射角增大到临界值 θ_2^* 后,折射横波将在介质Ⅱ中以 v_{S2} 的速度沿界面滑行,形成滑行横波。$v_{P1} < v_{S2}$ 是产生滑行横波的先决条件。

10.2 岩石弹性与强度参数的声学响应

石油工程岩石弹性和强度参数主要包括抗压强度、抗拉强度、黏聚力、内摩擦角、泊松比、弹性模量和体积模量等，这些参数是解决许多石油工程技术难题的基础数据，对判断井壁失稳、产层出砂、模拟水压裂缝起裂和扩展、天然裂缝分布等工程问题有着重要意义。

岩石的弹性和强度参数可通过钻井取心进行室内实验测试获得，但由于钻井取心的不连续性及高成本，依靠室内实验测试来掌握地层每一深度处的岩石力学参数是不切实际的，更为可行的方法是通过反映地层信息的声波测井资料、密度测井资料和自然伽马测井资料来计算地层岩石的弹性和强度参数。结合室内实验和相应的测井数据，建立或选择合适的岩石弹性和强度参数测井模型可真实地反映地层特性，为解决石油工程问题提供基础数据。

10.2.1 声波测井简介

声波时差测井原理如图 10.2.1 所示。声波测井过程中，发射探头发射声波，然后记录声波首波到达接收探头的时间，换算成在单位厚度岩层中传播所用的时间作为声波的时差。通过选择恰当的源距(发射探头和接受探头间的距离)，可以使滑行纵波成为首波，第一个到达接收探头。

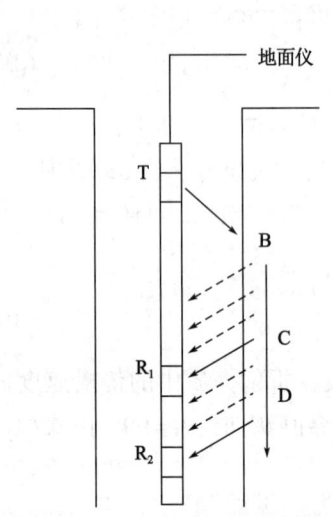

图 10.2.1 声波时差测井原理图

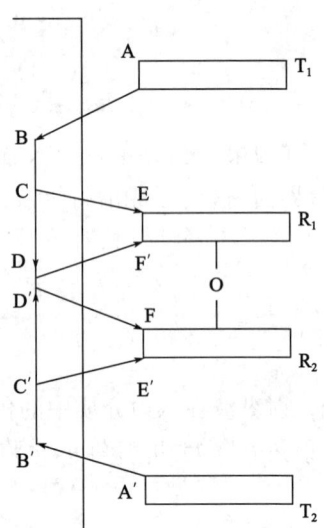

图 10.2.2 BHC 双发双收声系

为了消除井径不规则和地层厚度等对声波时差测井值的影响，目前广泛使用具有双发双收声系的井眼补偿声波测井仪 BHC(borehole compensated sonic tool)和长源距声波测井仪 LSS(long spaced sonic tool)。BHC 双发双收声系如图 10.2.2 所示。BHC 的两个发射探头 T_1、T_2 轮流交替发射脉冲声波。T_1 发射声波时，接收探头 R_1、R_2 记录得到一个时差值 Δt_1；T_2 发射声波时，接收探头 R_1、R_2 记录得到另一个时差值 Δt_2。取两次测量结果的平均值作为记录值。

10.2.2 动静态弹性参数

岩石力学特性参数的静态值和动态值存在着一定的差值,静态弹性模量普遍小于动态弹性模量,而静态泊松比有的大于动态泊松比,有的小于动态泊松比。根据实际受载情况,岩石的静态力学特性参数更适合工程需要,利用声波法得到的参数不能直接用于工程分析。因此利用现场提供的纵波测井、密度测井、地层压力、部分岩心等资料,寻找动、静态力学特性参数之间的关系及静态参数之间的关系有重要意义。

中国石油大学(北京)岩石力学实验室通过对东部各主要油田砂泥岩的三轴试验研究发现,静态泊松比随围压增大而增大,岩石的泊松比、弹性模量与所处的深度有关,并提出用下式来描述岩石泊松比和弹性模量的变化规律:

$$v_s = v_{so} + mp_c^n \tag{10.2.1}$$

$$E_s = E_{so} + ap_c^b \tag{10.2.2}$$

式中,v_s 为静态泊松比;m、n、a 和 b 为取决于岩性的常数;E_s 为静态杨氏模量;v_{so} 为单轴静态泊松比;E_{so} 为单轴静态杨氏模量;p_c 为围压。

而后通过对华北油田 30 多块岩心在三轴下进行动静态同步测试得出:

$$v_s = A_1 + K_1 v_d \tag{10.2.3}$$

$$E_s = A_2 + K_2 E_d \tag{10.2.4}$$

其中

$$A_1 = a_{11} + a_{12} \lg(\sigma_1 - \sigma_3)$$

$$K_1 = k_{11} + k_{12} \lg(\sigma_1 - \sigma_3)$$

$$A_2 = a_{21} + a_{22} \lg(\sigma_1 - \sigma_3)$$

$$K_2 = k_{21} + k_{22} \lg(\sigma_1 - \sigma_3)$$

式中,a_{ij}、k_{ij} 为回归系数,此式应用在东部油田新地层效果良好。后者更能反映实际情况。

10.2.3 强度参数

砂泥岩的单轴抗压强度 σ_c 和动态杨氏模量及岩石的泥质含量 V_{cl} 之间存在定量关系:

$$\sigma_c = (0.0045 + 0.0035 V_{cl}) E_d \tag{10.2.5}$$

岩石抗拉强度 S_t 与单轴抗压强度 σ_c 一般存在如下关系:

$$S_t = \frac{\sigma_c}{K_{tc}} \tag{10.2.6}$$

即:

$$S_t = \frac{0.0045 E_d (1 - V_{cl}) + 0.008 V_{cl} E_d}{K_{tc}} \tag{10.2.7}$$

式中,K 为岩石拉压强度比例系数,一般取为 8~15。

后来,Coates 又提出了沉积岩的黏聚力 C_0 和单轴抗压强度 σ_c 的经验关系式:

$$C_0 = 3.625 \times 10^{-6} \sigma_c K_d \tag{10.2.8}$$

$$K_d = \frac{E_d}{3(1 - 2v_d)} = \rho \left(v_P^2 - \frac{4}{3} v_S^2 \right) \tag{10.2.9}$$

式中,K_d是岩石的动态体积压缩模量。

由式(10.2.8)和式(10.2.9)可推得:

$$C_0 = A(1 - 2v_d)\left(\frac{1 + v_d}{1 - v_d}\right)^2 \rho^2 v_P^4 (1 + 0.78V_{cl}) \tag{10.2.10}$$

式中,A为与岩石性质有关的常数。

岩石的类型、颗粒大小等均对内摩擦角φ值有很大影响。一般岩石的φ值与C_0值存在着一定的关系,其相关关系的建立应根据试验数据的回归来实现。对塔里木油田岩心的实测强度参数值通过回归分析得到砂泥岩地层内摩擦角φ与黏聚力C_0间的相关关系式为:

$$\varphi = a \cdot \lg[M + (M^2 + 1)^{\frac{1}{2}}] + b \tag{10.2.11}$$

其中
$$M = a_1 - b_1 C_0$$

式中,a、b、a_1、b_1为与岩石有关的常数。

10.3 三个压力的测井解释

10.3.1 地层孔隙压力测井解释

地层孔隙压力是指岩石孔隙中流体所具有的压力。在正常地质环境中,地层正常压实,地层孔隙压力等于从地表至该地层处的静液压力,称为正常地层孔隙压力,正常地层孔隙压力梯度一般为10.5MPa/m。在某些特殊的地质环境中,经常遇到地层孔隙压力高于或低于静液压力的情况,称为异常地层孔隙压力。高于静液压力的地层孔隙压力称为异常高压;低于静液压力的地层孔隙压力称为异常低压。钻井实践表明,三种地层孔隙压力情况都可能遇到。

传统的利用测井资料检测异常地层孔隙压力的方法,其理论依据是"泥质沉积物不平衡压实造成地层欠压实并产生异常高压"这一最普遍的异常高压形成机制。对于泥质沉积物,假定孔隙度与垂直有效应力有如下关系(通常称为压实函数):

$$\phi = \phi_0 e^{-kp_e} \tag{10.3.1}$$

式中,ϕ_0为有效应力为零时岩石的孔隙度;k为与地层有关的常数;p_e为垂直有效应力。

正常压实情况下,泥质沉积物的垂直有效应力随着埋深的增加而逐渐增大,孔隙度减小。因此,式(10.3.1)可改写为孔隙度与深度的关系:

$$\phi = \phi_0 e^{-ch} \tag{10.3.2}$$

式中,c为与地层有关的常数;h为地层深度。

式(10.3.2)表明,在孔隙度为对数横坐标、深度为普通纵坐标的半对数坐标系中,孔隙度与深度的关系为随深度增大而逐渐减小的直线关系。该直线称为正常压实趋势线。

对于欠压实泥页岩地层,孔隙度比正常压实情况偏大,即偏离了正常压实趋势线,按照不平衡压实造成地层欠压实并产生异常高压的机制,则认为该处地层存在异常高压。

在常用的测井系列中,有多种测井资料可以比较准确地确定孔隙度,因此,可用来检测地层孔隙压力。测井资料检测地层孔隙压力常用的传统方法有泥页岩声波时差法、泥页岩电阻率(或电导率)法和泥页岩视密度法。根据泥页岩的声波时差、电阻率(或电导率)、视密度与孔隙度的相关关系,在正常压实情况下,可以分别导出它们与深度的关系,这些关系在形式上与式(10.3.2)完全相同。因此,存在正常压实泥页岩声波时差趋势线、正常压实泥页岩电阻率或电导率趋势线、正常压实泥页岩视密度趋势线。若这些测井参数偏离了其正常压实趋势线,则认为该处地层存在异常高压。

根据测井参数是否偏离正常压实趋势线只能定性判断是否存在异常高压。通过下述方法可定量确定地层孔隙压力。

(1) 等效深度法。某点 a 的等效深度指的是在正常压实趋势线上与 a 点的垂直有效应力(对应于压实程度)相同的 b 点对应的深度,a 点的地层孔隙压力梯度 G_{pa} 由下式计算:

$$G_{pa} = G_{oa} - (G_{ob} - G_{hb}) \frac{h_b}{h_a} \tag{10.3.3}$$

式中,G_{oa}、G_{ob} 分别为 a、b 两点的上覆岩石压力梯度;G_{hb} 为点 b 的静液压力梯度。

(2) 经验系数法。利用已有的地层孔隙压力实测数据与相应地层的测井参数(声波时差、电导率、视密度)数据做出经验系数图版或回归成经验公式,然后利用图版或公式并根据实际测井参数计算地层孔隙压力。

(3) Eaton 法。它是 Eaton 根据墨西哥湾等地区经验及理论分析建立起来的地层孔隙压力与测井参数间的关系式:

$$G_p = G_0 - (G_0 - G_h) \left(\frac{k}{k_n}\right)^n \tag{10.3.4}$$

式中,k、k_n 为计算点的测井值;n 为 Eaton 指数。

10.3.2 破裂压力测井解释

将地应力预测模式代入地层破裂压力准则,得到地层破裂压力预测模型:

$$p_f = \frac{\xi_1 E_s}{1 - v_s} - \frac{\xi_2 E_s}{1 + v_s} + \frac{2v_s}{1 + v_s}(\sigma_v - \alpha p_p) - \alpha p_p + S_t \tag{10.3.5}$$

式中,p_f 为地层的破裂压力,MPa;E_s 为静态弹性模量,MPa;v_s 为静态泊松比;σ_v 为上覆地层压力,MPa;p_p 为地层孔隙压力,MPa;S_t 为岩石抗拉强度,MPa;α 为有效应力系数;ξ_1、ξ_2 为构造地应力系数。

为了使用式(10.3.5)实现地层破裂压力预测,需要解决式中各参数的确定问题,下面介绍各参数的确定方法。

(1) 模型中的地层孔隙压力可以通过自然电阻率曲线分析,或者根据油田已掌握的地下孔隙流体的密度及试井资料所建立的地层压力梯度公式计算,也可用钻井过程中的多种检测地层压力的方法求得,由于砂泥岩地层压力预测技术已比较成熟,因而所得结果可直接引用。

(2) 关于有效应力系数值,可以根据声波测井及密度测井用下式计算得到:

$$\alpha = 1 - \frac{K_B}{K_m} \tag{10.3.6}$$

其中

$$K_B = \rho \left(\frac{1}{\Delta t_p^2} - \frac{4}{3\Delta t_s^2}\right) \times 10^6$$

$$K_m = \rho_m \left(\frac{1}{\Delta t_{mp}^2} - \frac{4}{3\Delta t_{ms}^2}\right) \times 10^6$$

式中,ρ 为岩石的密度,g/cm³;Δt_p、Δt_s 为纵波、横波时差,μs/m;ρ_m 为岩石骨架的密度,g/cm³;Δt_{mp}、Δt_{ms} 为岩石骨架的纵波、横波时差,μs/m。

除了具有十分低的渗透性外,根据特查希(Terzaghi)理论,一般砂岩的有效应力系数可取 $\alpha=1$。

(3)静态弹性参数 E_s、v_s 的确定。声波测井可以连续测取地层的纵波、横波时差,从而可以计算出动态弹性模量 E_d 和动态泊松比 v_d。由于井下岩石处于静力状态,因而在应用时应先将其转换成静态弹性模量 E_s 和静态泊松比 v_s。

岩石动、静态弹性参数的转换关系可采用式(10.2.11)、式(10.2.12),转换系数要可通过对室内实验数据回归获得。根据华北油田砂岩的试验结果,发现转换系数 A_1、K_1、A_2、K_2 不仅与岩石性质有关,而且与岩石所受的差应力有关,试验所得值为:

$$\begin{cases} A_1 = 0.24543 - 0.155483\lg\sigma \\ K_1 = 0.050248 + 0.364781\lg\sigma \\ A_2 = 198.4 + 1810.2\lg\sigma \\ K_2 = 0.066184 + 0.160931\lg\sigma \end{cases} \quad (10.3.7)$$

式中,σ 为岩石所受差应力,MPa。

(4)岩石抗拉强度 S_t 的确定。由声波测井资料及密度测井资料先求得 E_s、v_s,再由伽马测井求得泥质含量 V_{cl},代入式(10.2.7)即可求得 S_t。

$$S_t = [0.0045E_d(1-V_{cl}) + 0.008V_{cl}E_d]/K_{tc}$$

(5)构造应力系数 ξ_1、ξ_2 的确定

要确定构造应力系数,首先必须确定该地区的地应力(地应力的确定方法前面已介绍过),假定岩石所受最大、最小水平地应力分别为 σ_H、σ_h,则有:

$$\begin{cases} \xi_1 = \dfrac{1}{E_s}[(\sigma_H + \sigma_h - 2\alpha p_p)(1-v_s) - 2v_s(\sigma_v - \alpha p_p)] \\ \xi_2 = \dfrac{1}{E_s}(\sigma_H - \sigma_h)(1+v_s) \end{cases} \quad (10.3.8)$$

利用前面求出的 E_s、v_s、α、p_p、σ_H 及 σ_h 即可求得 ξ_1、ξ_2。

对于某一构造区域,构造应力系数是一个常数,因此只要井下某处的应力系数确定后,即可应用于全区域。

上面的分析表明,利用测井资料及现场地应力可以完全确定出预测模式中的所有参数,也就是可以求出地层破裂压力,因此利用测井资料就可以对全井的地层破裂压力进行连续预测。

10.3.3 坍塌压力测井解释

声波测井可以求得地层的强度参数 S_0、φ 值,若假设地层的破裂服从库仑准则(对硬脆性泥页岩,该准则比较适用),则根据井壁中的力学分析可以得到井壁坍塌时的钻井液密度:

$$\rho_i = \dfrac{\eta(3\sigma_H - \sigma_h) - 2S_0K + \alpha p_p(K^2-1)}{(K^2+\eta)H} \times 100 \quad (10.3.9)$$

其中

$$K = \cot\left(45° - \dfrac{\varphi}{2}\right)$$

式中，H 为井深，m；ρ_i 为钻井液密度，g/cm³；C_0 为岩石的黏聚力，MPa；η 为非线性修正系数；σ_H、σ_h 为水平地应力，MPa。

σ_H、σ_h、α 与 p_p 的确定方法与前述相同，η 对一般泥页岩可取为 0.95。因此只要根据声波测井、伽马测井及密度测井数据，再利用式（10.2.17）及式（10.2.18）求得 C_0、φ 值后，代入式（10.3.9）即可得井壁坍塌时的钻井液密度，做出井壁坍塌时的压力剖面曲线。

探索与展望

测井技术的每个重要发展和进步，都以石油工业大量生产实践中的需求作为动力；同时，科学技术的进步又为测井技术的发展提供了坚实的技术保障。如今石油工程对测井技术的需求主要体现在三个方面：

（1）发展和推广应用低渗、低丰度储层测井综合评价技术。我国低渗、低丰度大面积含油区探明石油储量占比高达 50% 以上，尽管大部分储层是砂泥岩剖面，但由于岩体分布不规则，岩性细且层薄，普通测井技术难以准确区别岩性和储层，需要垂向分辨率高的岩性测井系列和薄层电阻率测井。由于储层低渗、低丰度，单井普遍产能低，有时垂向上还出现油水倒置现象，测井评价需要有大量精确的储层物性、毛细管压力等依据作基础，增加核磁共振测井信息和可疑层段的 MDT 信息，有利于油水界面的准确性划分和产能预测。

（2）完善碳酸盐岩、砾岩、火山岩等复杂岩性裂缝性油气藏测井综合评价技术。碳酸盐岩、砾岩、火山岩等复杂岩性裂缝性双重介质的油气藏，由于其储集空间极不均匀，基质孔隙度一般较低，测井资料识别裂缝空间流体类型、预测产能及结合地震资料预测裂缝横向发育分布规律等评价技术有待进一步完善。研究岩石电学性质的频率特性对建立合理电法测井方法、正确使用不同频率条件下的电测井信息十分重要。

（3）重点发展和推广动态监测技术及时准确监测油气藏动态参数变化。我国油田开发难度越来越大，对动态监测技术提出的要求也越来越高。我国大部分老油田已普遍进入高含水、特高含水及高采出程度阶段，此时油田开发特点一是储层剩余油分散，准确确定剩余油分布成为关键，因此需要发展剩余油饱和度测井技术，尤其是水淹层剩余油饱和度测井新技术和井间剩余油测井技术；二是油水关系复杂，特高含水井增多，多层高含水，控水稳油的条件变差，应当发展注采剖面测井新技术。

随着油气勘探种类、难度和钻井技术的不断发展，传统三压力测井解释方法的局限性日益凸显。传统地层孔隙压力检测方法的局限性主要有以下几点：

（1）不适用于泥页岩以外的其他地层，因此，对于比较复杂的地层剖面无法获得真正连续的地层孔隙压力纵向剖面。

（2）不适用于不平衡压实以外其他异常高压形成机制（如孔隙流体膨胀）引起的异常高压。

（3）假定正常压实情况下泥页岩孔隙度与深度的关系符合式（10.3.2），从而得出在半对数坐标系中泥页岩正常压实趋势线为直线的结论。严格说来这一结论并不完全合理，对有些情况不完全适用。

（4）确定测井参数（如声波时差比值、电阻率比值等）与地层孔隙压力之间的经验关系（如经验系数图版、公式），需要大量的地层孔隙压力实测数据，且属于纯经验做法，缺乏比较坚实的理论基础。

(5) 建立经验系数图版或公式时,地层孔隙压力实测数据来源于泥页岩层间或其相邻渗透性地层。但是大段渗透性地层的孔隙压力往往低于相邻泥岩地层的孔隙压力。用这些经验图版或公式来确定泥页岩地层的孔隙压力,其结果往往偏低。

传统地层破裂压力和坍塌压力解释方法也存在一定的局限性:

(1) 不适用于裂缝性地层。裂缝性地层的破裂压力和坍塌压力往往更低。

(2) 式(10.3.5)和式(10.3.6)均是在岩石线弹性变形假设下得到的。对于深部地层岩石非线性变形特征明显,依据线弹性本构方程计算的破裂压力和坍塌压力并不完全合理。

历史注释

1927年,Conrad Schlumberger 和 Marcel Schlumberger 两兄弟在法国 Pechlbrom 油田,用一个手动绞车和电缆,将一个电极下入 488m 深的井中,测出了世界上第一条测井曲线。曲线清楚地指示出盖层下面的厚层含油砂岩,测井技术由此诞生,并很快得到推广应用。我国测井工作比西方国家晚了十多年,1939年12月20日,我国著名地球物理勘探专家翁文波首次在四川石油沟一号井测出一条电阻率和一条自然电位曲线,并划分出气层位置。从1927年记录第一条测井曲线至今,测井技术已走过95个年头,经历了从模拟到数字处理技术、从单发单收到多发多收、从单频到多频、从单电极到阵列电极、从单能带到全能谱、从曲线到成像的发展和演变。测井技术自诞生以来,不仅为认识地下流体性质、储集层岩性及物性提供了有效途径,而且极大地提高了油气田的开发效益,已成为石油工程技术人员解决工程技术问题重要而必需的资料来源。

思考题

1. 滑行纵波是如何在地层中产生的?
2. 测井解释对于石油工程有怎样的意义?
3. 动静态弹性参数的区别与联系是什么?
4. 如何利用测井资料识别异常高压地层?
5. 如何利用测井资料计算三压力剖面?

习题

1. 已知某直井钻遇井深 $H=1100\text{m}$ 处发生井喷,测得该点处上覆岩层压力梯度钻井液当量密度为 2.3g/cm^3,测井声波时差为 $85\mu\text{s/ft}$,已知该区域正常压实的声波时差趋势关系满足关系:$\ln(\Delta t_n) = -0.0012H + 5.6559$,Eaton 指数取 3,请利用 Eaton 法求取该点处地层孔隙压力梯度(重力加速度 $g=9.81\text{m/s}^2$,计算结果保留小数点后 2 位)。

2. 试推导岩石动态体积压缩模量与声波速度的关系。

参考文献

[1] 武际可.力学史[M].上海:上海辞书出版社,2010.

[2] 德冈辰雄.理性连续介质力学入门[M].北京:科学出版社,1982.

[3] 杨桂通.弹塑性力学引论[M].北京:清华大学出版社,2013.

[4] 窦宏恩.油田开发基础理论[M].北京:石油工业出版社,2018.

[5] 王龙甫.弹性理论[M].2版.北京:科学出版社,1984.

[6] 何满潮.工程地质力学的挑战与未来[J].工程地质学报,2014,22(4):543-556.

[7] 米恩斯 WD.应力与应变[M].淮南煤炭学院,译.北京:科学出版社,1982.

[8] Timoshenko S. History of strength of materials:with a brief account of the history of theory of elasticity and theory of structures[M]. Massachusetts:Courier Corporation,1983.

[9] 梅斯 G E.连续介质力学的理论与习题[M].王维襄,韩玉英,译.武汉:武汉地质学院出版社,1986.

[10] 陈勉,金衍,张广清.石油工程岩石力学基础[M].北京:石油工业出版社,2011,18-26.

[11] 陈勉,金衍,张广清.石油工程岩石力学[M].北京:科学出版社,2008,19-30.

[12] Jaeger J C,Cook N G W,Zimmerman R. Fundamentals of rock mechanics[M]. Hoboken:John Wiley & Sons,2009.

[13] Fjaer E,Holt R M,Horsrud P,et al. Petroleum related rock mechanics[M]. Amsterdam:Elsevier,2008.

[14] Zoback M D. Reservoir geomechanics[M]. Cambridge:Cambridge University Press,2010.

[15] Labuz J F,Zang A. Mohr-Coulomb failure criterion[J]. Rock mechanics and rock engineering,2012,45(6):975-979.

[16] Hoek E,Brown E T. The Hoek-Brown failure criterion and GSI-2018 edition[J]. Journal of Rock Mechanics and Geotechnical Engineering,2019,11(3):445-463.

[17] Alejano L R,Bobet A. Drucker-prager criterion[M]//The ISRM Suggested Methods for Rock Characterization,Testing and Monitoring:2007—2014.Springer,Cham,2012:247-252.

[18] Han L,He Y,Zhang H. Study of rock splitting failure based ongriffith strength theory[J]. International Journal of Rock Mechanics and Mining Sciences,2016,83:116-121.

[19] 俞茂宏,昝月稳,范文,等.20世纪岩石强度理论的发展——纪念Mohr-Coulomb强度理论100周年[J].岩石力学与工程学报,2000(5):545-550.

[20] 陈森,林伯韬,金衍,等.SAGD井微压裂储层渗透率变化规律研究[J].西南石油大学学报(自然科学版),2018,40(1):141-148.

[21] Cheng A H D.Poroelasticity[M]. Cham,Switzerland:Springer International Publishing,2016.

[22] Coussy O. Poromechanics[M]. Hoboken:John Wiley & Sons,2004.

[23] Coussy O. Mechanics and physics of porous solids[M]. Hoboken:John Wiley & Sons,2011.

[24] Das B M. Principles of geotechnical engineering[M]. Michigan:Cengage Learning,2021.

[25] Pellant C,Pellant H. Rocks and minerals[M]. New York:Dorling Kindersley Ltd,2021.

[26] Fjaer E,Holt R M,Horsrud P,et al. Petroleum related rock mechanics[M]. Amsterdam:Elsevier,2008.

[27] Geertsma J. The effect of fluid pressure decline on volumetric changes of porous rocks[J]. Transactions of the AIME,1957,210(1):331-340.

[28] 李广信,张丙印,于玉贞.土力学[M].2版.北京:清华大学出版社,2013.

[29] 李剑峰,肖波,肖莉,等.智能油田[M].北京:中国石化出版社,2020.

[30] Lin B,Chen M,Jin Y,et al. Modeling pore size distribution of southern Sichuan shale gas reservoirs[J]. Journal of Natural Gas Science and Engineering,2015,26:883-894.

[31] Lin B,Chen S,Jin Y. Evaluation of reservoir deformation induced by water injection in SAGD wells considering formation anisotropy, heterogeneity and thermal effect[J]. Journal of Petroleum Science and Engineering,2017,157:767-779.

[32] Nur A,Byerlee J D. An exact effective stress law for elastic deformation of rock with fluids[J]. Journal of geophysical research,1971,76(26):6414-6419.

[33] 舒红林,仇凯斌,李庆飞,等.页岩气地质力学特征评价方法——中国南方海相强改造区山地页岩地质力学特征[J].天然气工业,2021,41(S1):1-13.

[34] Skempton A. Effective stress in soils, concrete and rocks[J]. Selected papers on soil mechanics,1984,1032(3):4-16.

[35] Tortike W S,Ali S M. Reservoir simulation integrated with geomechanics[J]. Journal of Canadian Petroleum Technology,1993,32(5).

[36] Wang H F. Theory of linearporoelasticity with applications to geomechanics and hydrogeology[M]//Theory of Linear Poroelasticity with Applications to Geomechanics and Hydrogeology. Princeton University Press,2017.

[37] Wong R C K. A model for strain-induced permeability anisotropy in deformable granular media[J]. Canadian geotechnical journal,2003,40(1):95-106.

[38] Xu B,Wong R C K. A 3D finite element model for history matching hydraulic fracturing in unconsolidated sands formation[J]. Journal of Canadian Petroleum Technology,2010,49(4):58-66.

[39] 姚天波,邵长跃,赵德才,等.夹岩工程硬脆灰岩力学特征及数值试验研究[J].水利水电技术(中英文),2021,52(3):144-154.

[40] Bernabe Y. The effective pressure law for permeability in Chelmsford granite and Barre granite[C]//International Journal of Rock Mechanics and Mining Sciences & Geomechanics Abstracts. Pergamon,1986,23(3):267-275.

[41] Zoback M D,Byerlee J D. Permeability and effective stress[J]. AAPG Bulletin,1975,59(1):154-158.

[42] 程远方,程林林,黎慧,等.不同渗透性储层Biot系数测试方法研究及其影响因素分析

[J].岩石力学与工程学报,2015,34(S2):3998-4004.

[43] 中国石油天然气集团公司测井重点实验室.测井新技术培训教材[M].北京:石油工业出版社,2004.

[44] 马中高,解吉高.岩石的纵、横波速度与密度的规律研究[J].地球物理学进展,2005(4):905-910.

[45] 刘向君,刘堂晏,刘诗琼.测井原理及工程应用[M].北京:石油工业出版社,2006.

[46] 尉中良,邹长春.地球物理测井[M].北京:地质出版社,2005.

习题答案

第 2 章

1. 1 号样品抗压强度：

$$\sigma_{c1} = \frac{P}{A} = \frac{563340}{\pi \times 0.025^2} = 286906706(\text{Pa}) = 286.907(\text{MPa})$$

2 号样品抗压强度：

$$\sigma_{c2} = \frac{P}{A} = \frac{502300}{\pi \times 0.025^2} = 255819289(\text{Pa}) = 255.819(\text{MPa})$$

3 号样品抗压强度：

$$\sigma_{c3} = \frac{P}{A} = \frac{600000}{\pi \times 0.025^2} = 305577490(\text{Pa}) = 305.577(\text{MPa})$$

这一现象表现了储层岩石的非均质性及各向异性。

2. $v = -\dfrac{\varepsilon_r}{\varepsilon_z} = -\dfrac{-0.000238}{0.003} = 0.079$

$E = \dfrac{\Delta \sigma_z}{\Delta \varepsilon_z} = \dfrac{2 \times 10^4 \times 9.8 / (7 \times 7 \times 10^{-4})}{0.003} = 13(\text{GPa})$

3. $\rho = \dfrac{m}{V} = \dfrac{26.6}{3+7} = 2.66(\text{g/cm}^3)$

$\phi = V_\phi / V = \dfrac{V_\phi}{V_\phi + V_s} = \dfrac{3}{3+7} = 0.3$

第 3 章

1. $t_n = 4e_1 - \dfrac{10}{3} e_2$

2. (1) $t_n \cdot n = \dfrac{44}{9}$

(2) $|t_n| = 5.2$

(3) $t_n \cdot n = |t_n| \cos\theta, \cos\theta = 0.94, \theta = 20°$

3. $t_n = -\dfrac{9}{7} e_1 + \dfrac{5}{7} e_2 + \dfrac{10}{7} e_3$

4.主应力：
$$\sigma_1 = -2, \quad \sigma_2 = 1, \quad \sigma_3 = 4$$

主应力方向：
$$\boldsymbol{n}_1 = \left(0, \frac{1}{\sqrt{2}}, -\frac{1}{\sqrt{2}}\right)$$

$$\boldsymbol{n}_2 = \left(\frac{1}{\sqrt{3}}, -\frac{1}{\sqrt{3}}, -\frac{1}{\sqrt{3}}\right)$$

$$\boldsymbol{n}_3 = \left(-\frac{2}{\sqrt{6}}, -\frac{1}{\sqrt{6}}, -\frac{1}{\sqrt{6}}\right)$$

5. $[\varepsilon] = \begin{bmatrix} 2 & 0 & 66 \\ 0 & 0 & 0 \\ 66 & 0 & 0 \end{bmatrix} k$

第 4 章

1.（1）因为 $\alpha = \frac{\pi}{4} + \frac{\varphi}{2} = 60°$，则 $\varphi = 30°$，即内摩擦角为 30°。

（2）由 $\sigma_c = \sigma_1 - \frac{1+\sin\varphi}{1-\sin\varphi}\sigma_3$，得 $\sigma_c = \sigma_1 - \frac{1+\sin\varphi}{1-\sin\varphi}\sigma_3 = 70 - \frac{1+\sin 30°}{1-\sin 30°} \times 10 = 40(\text{MPa})$，即单轴抗压强度为 40MPa。

（3）由 $\sigma_c = c\frac{2\cos\varphi}{1-\cos\varphi}$，得 $c = \sigma_c \frac{1-\sin\varphi}{2\cos\varphi} = 40 \times \frac{1-\sin 30°}{2\cos 30°} = 11.55(\text{MPa})$，即内聚力为 11.55MPa。

（4）$\tau = c + \sigma\tan\varphi = 11.55 + 20 \times \tan 30° = 23.09(\text{MPa})$，即抗剪强度为 23.09MPa。

2.假设岩体处于极限平衡状态，根据莫尔—库仑强度准则，由 $\sigma_1' = 2c\cot\left(\frac{\pi}{4} - \frac{\varphi}{2}\right) + \sigma_3'\cot^2\left(\frac{\pi}{4} + \frac{\varphi}{2}\right)$，得：

$$\sigma_1' = 2 \times 45 \times \cot\left(\frac{\pi}{4} - \frac{48°}{2}\right) + 100 \times \cot^2\left(\frac{\pi}{4} + \frac{48°}{2}\right) \approx 249.19\text{MPa}$$

由于 $\sigma_1' \approx 249.19\text{MPa} > 200\text{MPa}$，所以根据摩尔—库仑强度准则，该岩体中该点处的岩石不会发生破坏。

第 5 章

1.（1）此点在旧坐标系下的应力张量为：
$$\sigma = \begin{pmatrix} \sigma_x & \tau_{yx} \\ \tau_{xy} & \sigma_y \end{pmatrix} = \begin{pmatrix} 30 & -20 \\ -20 & 40 \end{pmatrix}$$

坐标系旋转 60°下该点的应力张量为：
$$\sigma' = \beta\sigma\beta^{\text{T}}$$

其中，$\beta = \begin{pmatrix} l_{x'x} & l_{x'y} \\ l_{y'x} & l_{y'y} \end{pmatrix} = \begin{pmatrix} \cos\theta & \sin\theta \\ -\sin\theta & \cos\theta \end{pmatrix}$，$l$ 为新坐标轴相对于旧坐标轴的方向余弦。

可得：
$$\sigma' = \begin{pmatrix} \cos\theta & \sin\theta \\ -\sin\theta & \cos\theta \end{pmatrix} \begin{pmatrix} \sigma_x & \tau_{yx} \\ \tau_{xy} & \sigma_y \end{pmatrix} \begin{pmatrix} \cos\theta & -\sin\theta \\ \sin\theta & \cos\theta \end{pmatrix}$$

代入 $\sigma_x=30\text{MPa}$、$\sigma_y=40\text{MPa}$、$\tau_{xy}=\tau_{yx}=-20\text{MPa}$、$\theta=60°$，可得坐标系旋转 60°下该点的应力张量为：$\sigma' = \begin{pmatrix} 20.18 & 14.33 \\ 14.33 & 49.82 \end{pmatrix}$

（2）新坐标下的有效应力张量：

$$\sigma''_{ij} = \sigma'_{ij} - \delta_{ij}\alpha p_p = \begin{pmatrix} \sigma'_x & \tau'_{yx} \\ \tau'_{xy} & \sigma'_y \end{pmatrix} - \alpha p_p \begin{pmatrix} 1 & 0 \\ 0 & 1 \end{pmatrix} = \begin{pmatrix} \sigma'_x - \alpha p_p & \tau'_{yx} \\ \tau'_{xy} & \sigma'_y - \alpha p_p \end{pmatrix}$$ 代入 $\alpha=0.6$、$p_p=10\text{MPa}$ 可得新坐标下的有效应力张量：

$$\sigma'' = \begin{pmatrix} 14.18 & 14.33 \\ 14.33 & 43.82 \end{pmatrix}$$

2.总体积 $V=\pi(25/2)^2 \times 50 = 24543.69(\text{mm}^3) \approx 24.5(\text{cm}^3)$，因为 $V_s=18.8\text{cm}^3$，根据式（5.1.2）可计算其初始的孔隙度为：

$$\phi_0 = (1 - V_s/V) \times 100\% = 23.3\%$$

岩心柱的体应变为 $\varepsilon=1.2/24.5=0.049$；根据式（5.3.9）可计算新的孔隙度为：

$$\phi = \frac{23.3\% - 0.049}{1 - 0.049} \times 100\% = 19.3\%$$

3.水在20℃时的黏度为1mPa·s；根据式（5.1.8）并将所有参数均取国际单位制，可得该岩心的渗透率为：

$$K = 1.6 \times 10^{-7} \times 10^{-3}/(10^3 \times 9.81) = 1.63 \times 10^{-14}(\text{m}^2);$$

进一步换算其单位为 mD，有：

$$K = 1.63 \times 10^{-14}\text{m}^2 = 1.63 \times 10^{-2}\mu\text{m}^2 = 1630\text{mD}$$

第 6 章

1.由于实验没有施加孔隙压力，因此孔隙压力 $p_p=0$。

$$\sigma_V = \sigma_\perp + \alpha p_p = 18.3 + 0 = 18.3(\text{MPa})$$

$$\sigma_H = \frac{\sigma_{0°} + \sigma_{90°}}{2} + \frac{\sigma_{0°} - \sigma_{90°}}{2}(1+\tan^2 2\theta)^{\frac{1}{2}} + \alpha p_p = \frac{19.0+20.8}{2} + \frac{20.8-19.0}{2} \times (1+0.729^2) + 0 \approx 22.59(\text{MPa})$$

$$\sigma_h = \frac{\sigma_{0°} + \sigma_{90°}}{2} - \frac{\sigma_{0°} - \sigma_{90°}}{2}(1+\tan^2 2\theta)^{\frac{1}{2}} + \alpha p_p = \frac{19.0+20.8}{2} - \frac{20.8-19.0}{2} \times (1+0.729^2) + 0 \approx 17.21(\text{MPa})$$

$$\tan 2\theta = \frac{\sigma_{0°} + \sigma_{90°} - 2\sigma_{45°}}{\sigma_{0°} + \sigma_{90°}} = \frac{20.8+19.0-2\times 5.4}{20.8+19.0} \approx 0.729$$

因此 800m 条件下的水平最大地应力为 22.59 MPa、水平最小地应力为 17.21 MPa、上覆岩层压力为 18.3 MPa。

2.液柱压力为 $p_0 = \rho_0 gh = 1.3 \times 10 \times 3000 \times 1000 = 39(\text{MPa})$

地层孔隙压力为 $p_p = \rho_p g h = 1 \times 10 \times 3000 \times 1000 = 30(\mathrm{MPa})$

裂缝闭合压力=最小水平主应力，因此 $\sigma_h = 39+12.2 = 51.2(\mathrm{MPa})$

破裂压力 $p_f = 22.7+39 = 61.7(\mathrm{MPa})$，裂缝重张压力 $p_r = 39+18.6 = 57.6(\mathrm{MPa})$

$S_t = p_f - p_r = 4.1(\mathrm{MPa})$

$\sigma_h = 51.2(\mathrm{MPa})$

$\sigma_H = 3\sigma_h - p_f - \alpha p_p + S_t = 3 \times 51.2 - 61.7 - 0.8 \times 30 + 4.1 = 72(\mathrm{MPa})$

$\rho_h = \sigma_h / gH = 51200000/(1000 \times 3000 \times 10) = 1.7(\mathrm{g/cm^3})$

$\rho_H = \sigma_H / gH = 72000000/(1000 \times 3000 \times 10) = 2.4(\mathrm{g/cm^3})$

因此最大水平主应力和最小水平主应力当量钻井液密度分别为 $1.7\mathrm{g/cm^3}$ 和 $2.4\mathrm{g/cm^3}$。

第7章

1.
$$p_f = \frac{\mu}{1-\mu}(\sigma_z - p_p) + p_p$$

代入数据得地层破裂压力：$p_f = 34\mathrm{MPa}$。

$$\rho_f = \frac{p_f}{h}$$

代入数据得地层破裂压力梯度：$G_{p_f} = 0.017\mathrm{MPa/m}$。

$$\rho_f = \frac{101.94 p_f}{h}$$

代入数据得钻井液密度上限：$\rho_f = 1.73298\mathrm{g/cm^3}$

2.
$$p_b^g = \frac{3\sigma_H - \sigma_h - 2CK + (K^2-1)\alpha p_p}{(K^2+1)}$$

$$K = \cot\left(45° - \frac{\varphi}{2}\right)$$

代入数据得：$K = \sqrt{3}$

代入数据得地层坍塌压力：$p_b^g = 44.13397\mathrm{MPa}$

第8章

1. PKN模型求解裂缝宽度的公式为：$w(x) = w(0)\left(1 - \frac{x}{L}\right)^{\frac{1}{4}}$

$$w(75) = 10 \times \left(1 - \frac{75}{80}\right)^{\frac{1}{4}}$$

$$w(75) = 10 \times \left(\frac{1}{16}\right)^{\frac{1}{4}}$$

$$w(75) = 5\mathrm{mm}$$

2. Eaton法求破裂压力的公式为：

$$p_f = \frac{v}{1-v}(\sigma_z - p_s) + p_s$$

代入求得 $p_f = 17$MPa。

3. 根据 $K_{Ic} = p_c\sqrt{\pi L}$ 可求得 p_c 为20MPa,计算可知此当缝长为49m时,缝间的断裂韧性为 $140\sqrt{\pi}$ MPa·m$^{0.5}$,因此当半缝长为49m时,缝尖应力强度因子大于 $140\sqrt{\pi}$ 才能驱动裂缝继续扩展。

第10章

1. 由该点处上覆岩层压力梯度为 2.3g/cm³ 知,该点处上覆岩层压力为:
$$p_v = 0.00981 \times 2.3 \times 1100 = 24.82(\text{MPa})$$

由正常压实趋势求得1100m处正常声波时差为76.39μs/ft,
$$\Delta t_n = e^{(-0.0012H \times 1100 + 5.6659)} = 76.39(\mu s/ft)$$

则由 Eaton 法计算该点孔隙压力为:
$$p_p = p_v - (p_v - p_w)\left(\frac{\Delta t_n}{\Delta t}\right)^c = 24.82 - (24.82 - 11) \times \left(\frac{76.39}{85}\right)^3 = 14.79(\text{MPa})$$

则该点处孔隙压力梯度为:
$$G_p = \frac{14.79}{0.00981 \times 1100} = 1.37(\text{g/cm}^3)$$

2. 由 $v_P = \sqrt{\dfrac{E_d(1-\nu_d)}{\rho_b(1+\nu_d)(1-2\nu_d)}}$ 和 $v_S = \sqrt{\dfrac{E_d}{2\rho_b(1+\nu_d)}}$ 可知:

$$E_d = \rho_b v_S^2 \frac{3\left(\dfrac{v_P}{v_S}\right)^2 - 4}{\left(\dfrac{v_P}{v_S}\right)^2 - 1}$$

$$\nu_d = \frac{\left(\dfrac{v_P}{v_S}\right)^2 - 2}{2\left[\left(\dfrac{v_P}{v_S}\right)^2 - 1\right]}$$

所以:
$$K_d = \frac{E_d}{3(1-2\nu_d)} = \rho\left(v_P^2 - \frac{4}{3}v_S^2\right)$$